10년 후 중국!
차이나 키워드

10년 후 중국! 차이나 키워드

초판 1쇄 발행 2024년 6월 17일

지은이 최헌규
발행처 뉴스핌
발행인 민병복

교정 한장희
디자인 정은혜, 정윤솔
편집 정윤솔
검수 이주희, 이현
마케팅 김윤길, 정은혜
인쇄 지식과감성#

주소 서울시 영등포구 국제금융로 70, 미원빌딩 906호
전화 02-761-4409
홈페이지 www.newspim.com

ISBN 979-11-950458-5-3(03320)
값 19,000원

- 이 책의 전부 또는 일부 내용을 재사용 하려면 뉴스핌과 지은이의 동의를 받아야합니다.
- 잘못된 책은 구입하신 곳에서 바꾸어 드립니다.

10년 후 중국!
차이나 키워드

최헌규 지음

베이징 특파원이 목격한 리얼 차이나!

- 기로에 선 디지털 중국
- 공산당을 만나다
- 시진핑의 뉴차이나
- 길에서 만난 중국
- 베이징 오리지널

뉴스핌

추천사

한국 예금보험공사 사장 유재훈

2019년 말 베이징 한인촌 왕징에서 '10년 후 중국! 차이나 키워드' 저자 최헌규 기자와 스쳐 지나가듯 한 번 만난 뒤 4년이 훌쩍 지난 늦봄 서울에서 다시 재회했다. 당시 최 기자는 뉴스핌 통신사 베이징 특파원으로 막 중국에 부임했는데 어느새 근 4년의 임기를 마치고 복귀한 것이다.

최 특파원의 중국 근무 기간은 코로나 팬데믹이 기승을 부리고 미중 패권 경쟁이 격화하던 시기였다. 코로나 발생으로 인적 교류가 끊기면서 중국은 잠시 대한민국의 시야에서 사라졌다. 한국에 전해지는 중국 보도는 대부분 초강력 코로나 통제와 격리 봉쇄, 이로 인한 경제 사회 혼란으로 중국 사회가 극도의 홍역을 앓고 있다는 뉴스였다. 하지만 눈을 돌려 보면 중국의 첨단 정보기술 굴기는 오히려 코로나 도중에 가속화했고 글로벌 경제 패권을 위한 노력은 더욱 강화됐다.

한국 과학기술정통부가 2024년 2월 발표한 주요국 기술평가 보고서에 따르면 중국은 미국과의 기술 격차에서 한국을 추월했다. 첨단 모빌리티와 차세대 통신 기술, 항공 우주 및 인공지능(AI) 로봇 기술 등 핵심 국가전략 기술 모두 한국을 앞질렀다. 코로나 도중 중국은 미국과 유럽이 독점해 온 상용 항공기와 크루즈 제작을 완성했고 수년 안에 반도체 판 '대륙의 실수'가 재현될 것이라는 얘기도 나온다.

'10년 후 중국! 차이나 키워드' 저자 최헌규 기자는 격동의 시기 새로운 국제 질서 개편의 한 축인 중국의 진면목을 살피기 위해 뉴스핌 통신사 특파원으로서 '코로나 사선'을 넘어 중국 구석구석을 누볐다. 최헌규 기자는 코로나 기간 엄격한 도시 간 주민 이동 통제 속에서도 한두 달에 한 번은 현장 취재를 위해 베이징을 벗어났다고 소개했다.

최 전 특파원은 한중 간 하늘길이 막히고 중국 국내 이동까지 크게 통제된 와중에도 중국의 변화를 좇기 위해 각고의 노력을 다했다. 2008년 베이징 올림픽 전후 첫 베이징 특파원 시절 중국 31개 성시를 모두 다닌 저자는 코로나 기간 두 번째 특파원을 보내면서 또다시 중국의 대부분 지역을 돌아봤다.

특히 '중국의 뉴욕'으로 불리는 상하이, 베이징 중관촌과 자율주행 무인 로보택시가 질주하는 이좡 경제기술개발구, 선전시와 화웨이를 수도 없이 오가며 비상하는 중국 경제와 사회상을 취재했다. 중국 공산당은 '누구'이며 공산당의 진짜 경쟁력은 무엇일까. 중국 대륙의 현 주인인 중국 공산당을 파악하기 위해 저자는 코로나 기간 중에도 약 반년 간 공산당의 궤적, 홍색 루트를 탐방했다.

'10년 후 중국! 차이나 키워드'는 최헌규 기자가 코로나로 중국 내에서도 이동이 쉽지 않았던 시기 발품 팔아 얻어 낸 값진 중국 견문록이다. 30년 동안 열정으로 중국을 관찰해 온 저자는 호불호의 주관을 배제하고 냉철한 기자의 시선으로 '중국 현상'을 짚어 내고 있다. 현장 상황을 구술하듯 중국의 내면을 생동감 있게 묘사하고 있어 잠시도 책장에서 눈길을 떼기가 힘들다.

저자는 "미국과 친하다고 중국을 배척할 이유가 없고, 중국과 교류한다고 해서 미국과 소원해질 이유도 없다"라고 말한다. 실리 외교에 주력해 우리의 국익을 극대화하는 게 최선이라는 주장이다. 미중 패권 경쟁으로 살벌한 시대지만 잘만 대응하면 이는 기회 요인이기도 하다. 미국과의 동맹관계를 공고히 하는 한편으로 중국 관계도 굳이 멀어지지 않도록 잘 관리할 필요가 있다.

많은 독자들에게 있어 이 책이 중국에 대한 이해를 넓히고, 중국에 대해 균형 잡힌 시각을 갖는 데 도움이 될 것이라고 생각한다. 얽히고설킨 수많은 곁가지 속에서도 중국의 큰 줄기와 흐름을 놓치지 않은 '10년 후 중국! 차이나 키워드'의 출간을 진심으로 축하한다. 아울러 비즈니스와 여행, 학업, 연구 등 다양한 이유로 중국에 관심을 가진 분들께 이 책이 중국 이해의 충실한 가이드 역할을 할 수 있기를 기대한다.

추천사

전병서 박사(중국경제금융연구소장)

"돈을 앞에 두고서는 상대를 미워하지 말라"라는 말이 있다. 사리 분별력이 떨어지기 때문이다. 우리는 그간 경계와 의심 가득한 눈초리로 중국의 경제 데이터를 보는 경향이 강했다.

2020년 우한 코로나 발생 이후 한중 관계는 최악이고, 물리적인 왕래 자체가 제한되면서 한국의 중국에 대한 인식은 4년 전에 그대로 머물러 있다. 그래서 우리는 중국의 변화를 잘 모른다. 특히 한국은 1992년 이후 30년간 무역흑자를 내던 중국 시장에서 2023년 처음으로 무역적자를 내면서 한국에서는 "중국 위기론"이 넘쳐나고 있다.

중국이 2024년 경제 성장 목표를 5% 내외로 내걸자 인도 외에 가장 높은 성장인데도 한국에서는 "중국 피크론(쇠퇴)"이 쏟아져 나왔다. 5%대 성장하는 나라가 피크라면 1%대 성장을 한 한국은 어떻게 봐야 할까?

미국의 맹방이자 우방인 한국은 미중의 전쟁에서 미국의 완승, 중국의 완패를 기대했지만 팩트는 달랐다. 2018년 이후 2023년까지 미국의 무역적자, 경상적자는 더 확대되었고 중국의 대미 무역흑자, 경상흑자는 더 늘어났다. 2018년 이후 미국은 600여 개 이상의 중국기업을 제재했지만 이들 기업 중 부도난 기업은 하나도 없었다.

　미국 정부가 앞장서서 중국에 첨단 기술 수출을 금지하고 중국에서 공장을 빼라고 하는데 세계 1위의 전기차 업체 테슬라는 중국에 세계 최대의 메가 팩토리를 지었다. 현대차는 중국 공장을 매각했지만 GM, 포드는 중국에서 공장을 닫는다는 얘기가 없다.

　한국의 삼성은 스마트폰 공장을 중국 밖으로 옮겼지만 애플은 여전히 중국에서 1, 2위 점유율로 장사 잘하고 있고 한국의 마트들은 중국을 떠났지만 미국의 월마트는 중국 사업을 접는다는 얘기가 없다.

　2023년 중국 자동차 판매량은 3,005만 대로 늘었지만 미국은 1,613만 대에 머물렀다. 전기차 판매량은 중국이 887만 대에 달한 반면 미국은 120만 대에 그쳤다. 중국은 전 세계 벤츠의 37%를 구매했고 럭셔리 제품도 37%를 소비했다. 지금 전 세계 최대의 자동차, 전기차, 스마트폰, 럭셔리 시장은 중국이기 때문이다.

　중국은 국토의 길이가 남북으로 5,500km, 동서로 5,200km나 되기 때문에 저녁 뉴스에 전국에 동시에 비가 온다거나 눈이 내린다는 뉴스가 없다. 그래서 중국은 살아 보고, 공부해 보고, 일해 보지 않으면 절대 알 수 없는 나라. 중국에 관한 만권의 책을 읽는 것보다 중국의 만 리를 다니며 직접 보는 것이 더 중요하다.

그래서 이번에 발행된 뉴스핌 통신사 최헌규 본부장의 책, 베이징 특파원으로서 생생한 현장 취재 경험을 담은 '10년 후 중국! 차이나 키워드'가 더 관심을 끈다. 코로나 이후 중국의 변화도 궁금하지만 1992년 한중수교 이후 30년간을 지켜본 저자의 중국에 대한 판단도 흔한 중국 관련서들의 관점과는 격이 다르다.

세계의 G2이자 미국과 맞짱 뜨고 있는 중국을 이끄는 것은 공산당이다. 중국에 대한 해석은 공산당에 대한 깊은 이해가 없으면 쉽지가 없다. 미중이 경제 전쟁을 시작하면서 서방 언론은 중국에서 공산당 체제는 필망이고, 혁신이 없는 중국은 이제 피크를 쳤고 하강할 일만 남았다고 본다.

그러나 IMF는 서방 언론의 독재 필망론, 중국 피크론의 관점과는 완전히 다른 시각을 내놓고 있다. 2024년 4월 IMF는 향후 5년, 2025~2029년 중국의 세계 경제 성장기여도가 미국과 나란히 21%에 달할 것이라고 예측했다. 중국의 세계 경제 비중은 과거의 제국, 청나라처럼 팽창하고 있다.

미국의 어설픈 대중국 기술 견제가 중국의 분노 게이지를 높이는 바람에 이것이 공산당 체제의 강한 사회집중력과 맞물려 기술 혁신을 촉진시켰다. 또한 14억 인구의 강한 신분 상승 욕구는 여전히 중국을 세계 두 번째의 경제 규모, 두 번째로 높은 성장을 하는 나라로 만들었다. 그런데 이런 변화의 중심에는 중국 공산당이 있다.

"앞이 보이지 않으면 역사책을 펴 보라"라고 한다. 중국의 미래는 공산당의 미래이고 중국 공산당의 역사를 잘 살펴보면 중국 굴기의 요인과 중국의 미래를 추론해 볼 수 있을 것이다.

2019년 이후 뉴스핌 통신사 베이징 특파원으로 4년 동안 중국 신기술 신경제 현장은 물론이고 공산당 홍색 루트를 중심으로 중국 변화의 현장을 밀착 취재한 결과인 최헌규 뉴스핌 중국본부장의 이번 저서는 이런 측면에서 큰 의미가 있다.

코로나 이후 중국 경제 사회의 급격한 변화와 미중 패권 경쟁에 따른 세계정세의 대변국 속에서 중국 공산당이 만들어 갈 중국의 미래를 제대로 파악하고 싶다면 반드시 일독을 권하고 싶다.

머리말

한중수교 며칠 전(1992년 8월 24일) 중국 동북 지역을 여행하다가 랴오닝(辽宁)성에 있는 커다란 석유화학 회사에 들른 적이 있다. 종업원 3만 명이 넘는 이 대기업의 대외협력부 책임자는 비닐, 날염, 플라스틱 공장 어느 분야든 상관없다며 한국 돈 5천만 원이라도 좋으니 투자의향이 있는 한국 기업을 소개해 달라고 요청했다. 외자 도입이 얼마나 절박하면 이럴까 하는 생각이 들었는데 지금까지 당시 상황이 잊히지 않는다.

난생처음인 중국 여행을 마치고 귀국길에 오른 8월 24일은 역사적인 한중수교일이었다. 당시 휴대폰도 없고 수교가 극비에 부쳐진 터라 필자는 기자 신분임에도 이 소식을 톈진(天津)공항 아시아나 항공기에 탑승한 뒤 기내 신문을 통해 알았다. 탑승 전 쓰고 남은 '외화 태환권'을 달러로 바꾸려 했으나 공항 내 은행의 환전 창구 셔터가 굳게 닫혀 있었다. 외국 여행자들로 하여금 남은 한 푼의 외화까지 모두 면세점에서 쓰고 가게 하려는 심산이었다.

필자는 2022년 한중수교 30주년을 전후해 약 4년간 특파원으로 중국에 체류하면서 30년 격차의 중국 사회를 온몸으로 체험했다. 한마디로 30년 전에 목격했던 중국은 아무리 눈을 크게 뜨고 봐도 흔적조차 없고 그곳의 어떤 중국인도 더 이상 전에 만났던 사람들이 아니었다. 같은 중국이지만 아주 낯설고 전혀 다른 나라처럼 느껴졌다. 모든 게 바뀌고 사라졌는데 머릿속엔 계속 30년 전 한중수교 당시의 중국 잔상이 어른거린다.

수교 이후에도 중국은 한참 동안 고부가 LNG 선박 건조의 불모지였지만 지금은 글로벌 수주에서 한국을 따돌리고 있다. 코로나 기간 중에 중국은 유럽 등 몇몇 선진국들의 전유물인 대형 크루즈선까지 건조해 인도하는 데 성공했다. 미국과 유럽 외에 어느 나라도 흉내를 못 내는 상업용 항공기(C919)도 제작해 국제인증을 마치고 상업 운항에 돌입했다.

샤오미의 기적처럼 반도체 분야에서도 '대륙의 실수'가 재현될 것이라는 얘기가 나온다. 비록 구형 노광기에 의존한 것이라고 하지만 중국은 7나노 반도체 개발에 성공했다. 국가 주도로 엄청난 규모의 반도체 펀드가 조성되고, 시진핑 주석의 지시로 전국에 반도체 학과가 신설됐다. 많은 수의 반도체 전공자들이 교문을 나와 산업현장에 발을 들이면서 중국 반도체 굴기에 속도가 붙고 있다.

미국의 공세로 다소 주춤해진 감이 있지만 팍스시니카를 향한 질주가 걸음 자체를 멈춘 것은 아니다. 오늘날 중국 굴기를 바라보는 우리 사회의 시선엔 복잡한 속내가 교차한다. 놀라움과 두려움, 그리고 질시와 같은 감정이 뒤엉켜 있다. 강대국이란 말이 낯설듯 중국 부상을 얕보고 외면하려는 정서도 강하다. 하지만 국익을 위해서는 현실 직시를 게을리해서는 안 된다.

중국을 오늘날처럼 강대한 나라로 만든 집단은 말할 것도 없이 현재 중국 대륙의 주인인 공산당이다. 공산당은 봉건 군벌 외세를 몰아내고 신중국을 세웠으며 오늘날 중국 굴기를 주도하면서 미국과 글로벌 패권을 다투고 있다. 지금 공산당의 중국은 미국과 당당히 인류사회의 AI 안전을 논의하고, 지구 온난화에 대해 미국보다 더 많은 염려를 하는 나라가 됐다.

중국 스스로 천지개벽이라고 하는 공산당 창당(1921년)은 이제 갓 100년의 시간이 지났다. 공화당이나 민주당 같은 미국의 정당 역사에 비하면 두어 세대 차이가 나는 신생 정당이다. 하지만 중국 공산당은 지금 제2 천지개벽을 꿈꾸며 국제 영향력을 무섭게 키워 가고 있다.

창당은 100년이 넘었지만 공산당이 신중국을 세운 건 올해(2024년)로 75년이다. 100년도 안 되는 이 짧은 시간에 중국 공산당은 무슨 재주로 이토록 강대한 나라를 만들었을까. 오랫동안 중국을 취재하면서 늘 머릿속을 떠나지 않던 의문이다.

필자는 뉴스핌 통신사 특파원으로서 기자 생활 중 두 번째 중국 현장을 취재하면서 그 궁금증을 단편적이나마 해소할 수 있었다. 필자의 생각에 공산당의 힘은 강한 경제나 많은 인구, 군사력, 문화적 저력이 아니라 무섭도록 철저한 역사 기억에서 나오는 것 같다.

필자의 공산당 친구는 "우리는 역사를 스승으로 여긴다"라고 말한다. 공산당 정권은 역사의 망각이 패망의 지름길이라며 끊임없이 국민 자각을 일깨운다. 공산당의 역사 기억엔 치열함이 번득이고 비장함이 서려 있다. 아편전쟁의 치욕, 30만 명 난징 대학살, 일본의 동아병부(东亚病夫, 아시아의 병자) 조롱과 서방 8개국에 의한 원명원의 방화 약탈이 중국에선 시퍼런 현재 진행형 역사다. TV에선 연중 항일, 항미 드라마가 끊이지 않는다. 역사 기억 앞에선 잠자던 애국심이 깨어나고 내부 결속이 강화된다.

공산당의 중국과 이웃하고 있는 것은 우리 대한민국의 역사적 운명이다. 중국이 싫다고 이사 갈 수도 없고 중국 굴기를 외면한다고 그 현상이 사라지는 것도 아니다. 과거 일본의 글로벌 부상이 한창이던 시절 우리 사회에 '극일'이라는 얘기가 유행했던 적이 있다. 주도적 우위를 유지하며 공존을 모색해 나간다는 의미였던 듯한데 지금 중국에 대응하는 데 있어 필요한 전략이 '극중'이 아닐까 싶다.

미중 패권 경쟁으로 살벌한 시대지만 잘만 대응하면 이는 기회 요인이기도 하다. 미국과의 동맹관계를 굳히면서도 중국과 멀어지지 않는 실리외교가 얼마든지 가능하다. 미국과 친하다고 중국을 배척할 이유가 없고, 중국과 교류한다고 해서 미국과 소원해질 이유도 없다. 대한민국이 주권 국가라는 점을 명심하고 주변국과의 관계를 관리해 나가야 한다.

근린 국가로서 우리는 중국과 수천 년 동안 문화 인문적 가치를 공유

해 왔다. 한중 관계가 차갑게 식었지만 서울에선 중국 음식문화를 대표하는 마라탕과 탕후루 가게가 인기다. 관광을 비롯한 인적 왕래도 다시 증가하는 추세다. 문화, 예술, 관광, 학술 등 인문 분야 교류에 대한 수요가 여전히 강하다는 반증이다. 한중 관계가 더 이상 멀어지지 않게 잘 관리를 하고 상생의 접점을 찾는 데 지혜를 모아야 한다.

대륙의 주인 공산당의 중국은 미국의 견제를 뚫고 팍스시니카를 향해 여전히 무서운 기세로 돌진하고 있다. 중국의 이런 행보는 한반도의 운명을 향해 점점 더 거친 풍랑으로 다가오고 있다. 격변의 시대, 우리 대한민국은 과연 무엇을 어떻게 준비해야 할 것인가. 독자들과 그 방법론을 놓고 함께 고민하고 모색하는 기회가 될 수 있기를 감히 고대한다.

책이 나오기까지 많은 분들의 두터운 후의와 응원이 큰 도움이 됐다. 무엇보다 늘 필자의 중국 업무를 지지해 주시고, 저술을 위해 아낌없는 지원과 격려를 해 주신 뉴스핌 통신사 민병복 회장님께 마음속 깊이 감사드린다. 또 출판 용기를 북돋워 주고 글의 완성도까지 높여 주신 지식과감성 출판사에 고마움을 표시한다.

중국 공부에 길라잡이가 돼 줬다는 점에서 베이징에서 함께 시간을 보냈던 분들과 그동안 한국과 중국을 오가며 만났던 각계의 여러 지인들에게도 인사를 드린다. 그리고 오랜 기간 필자의 중국 편력에 너그러운 이해와 따뜻한 관심을 보여 준 고마운 가족, 아내와 하나뿐인 아들에게도 사랑과 감사의 마음을 전한다.

목차

추천사 _4
머리말 _11

I
쇠퇴 VS 부흥, 기로에 선 디지털중국 _21

낯선 세상, 10년 후 중국 _23
전쟁하면서 실리 챙기는 미중 _34
중관촌 나온 신기술, 도심서 종횡무진 _39
'양탄일성' 기적 재현, 반도체 포위망 돌파 _46
자동차 후발국, 세계 전기차 혁명 견인 _52
쿠팡 잡는 알리, 스마트물류와 이커머스 전쟁 _54
점심도 휴식도 없는 AI 직원 작업장에 쫙~ _61
'땡큐 아메리카' 미국이 쏘아 올린 화웨이 기술 굴기 _66
자강불식, 'R&D로 G1 간다' _72

II
왜 강한가, 공산당을 만나다 _81

콘크리트 같은 14억의 신앙 _84
핵폭탄급 비장의 무기, 섬뜩한 역사 기억 _93
초고속철 푸싱호로 갈아탄 중국 _101
홍색로드에서 만난 2050년 공산당 _113
신시대 혁명구호, 미국 제치고 슈퍼강국 _124
'영원한 적도 동지도 없다', 오직 공산당의 실리만… _131
반부패 마오쩌둥 초심 '진징간카오(进京赶考)' 교훈 _138

III
시진핑의 뉴차이나, 중국몽의 허와 실 _145

세상을 압도하는 구호 '중화 위대한 부흥' _146
중국몽 잉태한 량자허, 신시대 조타수 시진핑 _153
중미 패권 경쟁 시대, 전쟁과 평화의 패러독스 _158
'우리가 바로 길' 너울대는 패권 야심 _165
공맹을 스승으로, 포식성 강한 공산당 _173
세기적 실험, 공산당으로 미국 같은 나라를… _183
번영 속에 증폭되는 불균형의 고민 _187
시장경제 부작용, 국가개조 대전환 수술 _194
영구집권 노린 심모원계, 공동부유 잰걸음 _197

Ⅳ
니하오 차이나! 길에서 만난 중국 _203

중국 번영의 젖줄, 장강 황금수로 _206

장강 변 도시들, 인문 마케팅으로 부자 꿈 _208

3천 킬로미터 물길, 균형 개발로 원형 보존 _215

댐 건설엔 상실의 아픔도, 영화 속 산샤의 추억 _218

정치 1번지 인민대회당을 장식한 당송시(唐宋詩) _221

영화 '장안삼만리'의 시선 이백의 풍류 _227

인문 중국 선전장, 황학루의 당송시 3백선 _233

미주(美酒)의 전설, 세상을 삼키려 한 주당들 _237

천년 명주 전설의 카피, 두목의 고시 청명 _240

황제 酒 마오타이, 알고 보면 새빨간 혁명의 술 _243

데탕트의 술 대만 금문고량주, 양안 평화 건배주 _251

젊고 깔끔한 백주, 한국과 친한 강소백 _254

V
감춰진 속살, 베이징 오리지널(何以北京) _259

홍등롱 아래 메이퇀 쌩쌩, 후통 달구는 신경제 _261

도심 속 은밀한 인문 보고, 수천억 원짜리 후통 사합원 _265

중남해 지척에 성당, 바이블 든 유물론자들 _270

경제 굴기 발판으로 인문대국 포효 _274

미쉐린에 등판하는 중국 자장면집들 _279

온고지신(溫故知新) 마케팅, 전통으로 밸류 창출 _285

시간의 유골, 장성에 숨은 영토 야욕 _292

I
쇠퇴 vs 부흥, 기로에 선 디지털중국

한중수교 30년 일지

날짜	일지
1992년 8월 24일	한중 수교 (베이징 조어대 국빈관. 수교 공동성명 서명, 이상옥 외교부 장관 첸지천 외교부장)
1992년 9월	노태우 대통령 한국 정상 첫 중국방문. 양상쿤 中 국가주석 과 회담 한중 공동언론 발표문.
1994년 3월	김영삼 대통령 방중. 中 장쩌민 주석과 회담. 북핵 대화해결. 이 중과세 방지협정 합의.
1995년 11월	장쩌민 국가주석 방한. 한반도 문제 당사자 해결원칙 재확인.
1998년 11월	김대중 대통령 방중 장쩌민 주석과 회담. 한중 외교관계 '협력 동반자' 관계로 설정. 하나의 중국 원칙 재확인.
2000년 6월	한국 중국산 마늘 관세율 30%에서 315%로 인상. 중국 한국산 휴대전화 폴리에틸렌 수입 잠정 중단 (2000년 7월 협상 타결)
2001년 10월	김대중 대통령 방중. 장쩌민 주석과 회담.
2003년 6월	중국 공산당 기관지 광명일보 고구려를 중국 소수민족 정권 으로 주장한 논문게재.
2003년 7월	노무현 대통령 방중. 후진타오 국가주석과 회담. 한중 관계 '전면적 협력 동반자' 관계로 격상.
2003년	중국 한국의 최대 수출국 부상.
2004년	한중 '고구려사 문제는 중국 민간차원 연구 문제'로 규정.
2004년 말	中 한국의 최대 교역국으로 부상.
2005년 11월	후진타오 중국 국가주석 방한.
2008년 5월	이명박 대통령 방중. 후진타오주석과 '전략적 협력 동반자' 관계 발전 합의.
2008년 8월	이명박 대통령 베이징 올림픽 참석차 방중. 후진타오 주석과 회담. 후진타오 주석 답방. '전략적 협력 동반자' 관계 전면 추진. 한중 고위급 전략대화 정례화 합의.
2010년 10월	한국 체류 중국인 60만명 돌파.
2014년 7월	시진핑 중국 국가주석 한국 방문.
2015년 9월	박근혜 대통령 중국 전승절 열병식 참석.
2015년 12월	한중 FTA 공식발효.
2016년 2월	한미 사드배치 논의 본격화. '한한령(限韓令)'발동.
2017년 12월	문재인 대통령 방중. 시진핑 주석과 정상회담.
2019년 12월	문재인 대통령 2차 중국 방문(한중일 정상회의).
2021년 10월	중국 요소 수출 규제. 요소수 품귀 사태 촉발.
2021년 말	한중 무역액 3000억달러 돌파. 직접투자 900억달러 돌파.
2022년 8월 9일	한중 외교장관 회담 사드관련 '3불 1한' 문제제기.
2022년 8월	대한민국 주중국대사관 정재호 대사 부임
2022년 8월 9일	박진 외교부장관, 왕이 중국 국무위원겸 외교부장과 회담(칭다오)
2022년 8월 24일	한중수교 30주년
2022년 11월 15일	인도네시아 발리 G20 정상회의 무대 한중 정상회담(25분)
2023년 11월 26일	한중 외교 장관 회담 (부산)
2023년 11월	미국 샌프란시스코 APEC 정상회의 무대 한중 정상회담 불발
2024년 5월 26일	윤석열 대통령 - 리창 중국 총리 한중 양자회담
2024년 5월 27일	제 9차 한중일 정상회의

1992년 8월 수교 이후 한중 외교 관계 일지

중국 경제 쇠퇴론이 글로벌 경제 무대를 뒤흔들고 있다. 부동산 시장 붕괴로 중국 금융위기가 전면화할 것이라는 주장이 고개를 들고, 인구감소와 고비용 등으로 인해 중국이 추가 성장의 동력을 상실했다는 관측도 제기된다. 중국 위험론이 팽배해지면서 외국자본의 중국 투자가 위축되고 있다. 한중 관계가 악화한 가운데 중국이 겪고 있는 경제난은 경제 의존도가 높은 한국에도 직격탄이 되고 있다.

미국의 대중국 디리스킹(위험 제거) 전략으로 글로벌 공급망에 균열이 생기면서 한국의 대중국 무역에 차질이 빚어지고 무역 탈중국 현상이 짙어지고 있다. 2023년 중국의 수출입 상대국 순위에서 한국은 일본에 2위를 내주고 3위로 밀려났다. 또한 미국은 세계 공급망 재편 와중에서도 여전히 중국의 수출입 상대국 1위 자리를 유지하고 있다.

미중 충돌로 한중 관계가 악화하면서 중국은 우리에게 투자 낙원에서 하루아침에 엄청난 리스크 요인으로 전락했다. 필자가 베이징 특파원이었던 2022년 8월, 막 부임한 주중 한국대사는 현지의 한국 기업들 앞에서 중국 투자에 있어 지정학적 리스크를 유의해야 한다고 말해 논란을 빚었다. '중국 투자를 계속해야 하나, 이미 실행한 투자 설비도 철수해야 하는 것 아닌가.' 현지 투자 기업들은 중국 비즈니스를 어떻게 수행해야 할지 몰라 좌불안석이다.

흥미로운 것은 늘 차이나리스크가 제기됐지만 장기적으로 볼 때 서방 기업들의 중국 투자는 꾸준한 증가세를 보여 왔다는 사실이다. 중국 전문가들은 서방 투자기관들이 중국 위기론으로 시장을 흔들어 놓은 뒤 위안화 자산 가격이 빠지면 저가에 사들이는 방식으로 항상 이익을 챙겨 왔다고 주장한다. 중국과 중국 시장에 대응하는 데 있어 현재의 차이나 디스카운트를 좀 더 넓은 시각으로 면밀하게 들여다봐야 하는 이유다.

낯선 세상, 10년 후 중국

2024년 2월 한국 과학기술정통부가 발표한 '주요 5개국 2022년 기술수준 평가 결과'에 따르면 1위인 미국을 100%로 봤을 때 중국은 82.6%로, 처음 한국(81.5%)을 추월했다. 중국은 미국과의 기술 격차도 3년으로 단축, 미국 기술 추격에서 한국(3.2년)을 추월했다.

또한 50개의 국가 전략기술 평가에서 중국은 미국의 86.5%에 달해 한국(81.7%)은 물론 일본(85.2%)까지 제쳤다. 그동안 한국이 우위라고 여겼던 첨단 모빌리티와 차세대 통신 기술에서도 중국은 한국을 추월했고 항공 우주 및 인공지능(AI) 로봇 기술 역시 한국을 뛰어넘었다고 한다.

중국 디지털 경제 규모는 코로나 종료의 해인 2023년 기준 55조 위안으로 중국 총 GDP의 41.5% 비중을 차지했다. 코로나 3년 동안 전자상거래, AI 및 AI 제조, 빅데이터, 디지털 오락, 온라인 교육 분야에 걸쳐 디지털화 정보화가 한층 급속히 진행됐다는 얘기다. 전체 디지털 경제 중 전자상거래 비중이 절반이라고 하는데, 이는 최근 알리와 테무 등 중국계의 융단폭격식 한국 공략과 무관치 않아 보인다.

최근 중국 산업 육성 정책을 살펴보면 철저히 친환경 전기차와 신재생 에너지, 바이오, 반도체, 우주항공, 전자상거래 쪽으로 빠르게 중심축이 옮겨 가고 있다. 중국에 대한 외국 직접 투자(FDI) 유입이 주춤해지긴 했지만 첨단 의약, 신소재, 전자통신 분야에선 계속 투자가 이어졌다. 이런 분야 위주로 독일의 경우 2023년 대중국 총 FDI 투자금액이 오히려 증가세를 보였다.

여전히 중국 도시와 기업들은 한국 협력 파트너를 물색하고 있지만 신흥 산업 첨단 고기술 분야 외에는 큰 관심을 보이지 않는다. 한국에 요구하는 협력 분야는 대부분 배터리, 전기차 부품, 반도체, 바이오, 의약, 이커머스, 첨단 농업 등 고기술 서비스 분야에 국한돼 있다. 전문가들은 중국 자본 입장에서 볼 때 한국의 기술과 장비가 가성비 매력을 상실하고 있다고 말한다. 기술 협력 파트너를 찾기 위해 중국 자본은 유럽과 일본으로 발길을 돌리고 있다.

한중수교(1992년 8월 24일) 일주일 전인 8월 17일 필자는 중국 동북 랴오닝(辽宁)성의 대형 석유화학 회사를 취재한 적이 있다. 이 회사는 종업원 3만 명이 넘는 대기업 그룹이었는데 회사 국제협력부 책임자는 비닐이나 플라스틱 제조 회사도 좋고, 한국 돈 5천만 원이라도 좋으니 투자 기업을 알선해 달라고 매달렸다. 당시 중국이 달러 도입과 외국기업 유치가 얼마나 절실했는지를 말해 주는 사례다. 지금 중국 대륙에선 한중수교 무렵인 30년 전 중국의 이런 모습을 흔적조차 찾아볼 수 없다.

중국 여행을 마치고 귀국길에 오른 8월 24일은 한중수교일이었다. 모바일 통신 수단도 없고 한중수교가 극비에 부쳐진 터라 필자는 이 소식을 톈진(天津)공항 활주로의 아시아나 귀국편 전세기에 탑승한 뒤 기내 신문을 통해 알 수 있었다. 탑승 전 현지서 쓰고 남은 '외화 태환권'을 달러로 바꾸려 했으나 공항 내 은행에서 환전 서비스가 불가능했다. 달러 유출을 한 푼이라도 막기 위한 심산인 것 같았다. 할 수 없이 면세점에서 물건을 더 구입하거나 일부는 그냥 가져와야 했다. 30여 년 후인 지금 중국은 세계에서 달러 외환 보유가 가장 많은 나라가 됐다.

사회주의 중국은 1978년 개혁개방 후 자본주의의 전유물인 시장경제 제도를 도입해 인류사에 없던 미증유의 성공을 거뒀다. 중국이 고도성장 하는 과정에서 서방의 전문가들은 인구함정과 일당 체제의 한계 및 중진국의 함정, 부동산 금융위기, 투키디데스의 함정 등 숱한 가설을 내세워 끊임없이 중국 공산당의 실패를 설파해 왔다. 부동산 붕괴가 경제 폭망의 뇌관이 될 것이라는 예측도 벌써 20년이 다 되어 가는 해묵은 주장이다.

'위기론과 위험론, 쇠퇴론, 붕괴론, 필망론, 차이나피크론.' 모두 중국 굴기의 맥이 끊기고 사회주의 나라 중국의 시장경제가 실패로 귀결될 것이라는 내용이다. 1992년 한중수교 전부터 중국을 오가며 취재했던 필자 경험으로 볼 때 중국 실패의 전망들은 잠시도 쉬지 않고 이어졌다. 한국경제 입장에서 차이나리스크가 마냥 환영할 일만도 아닌데 왜 이런 전망들이 쏟아질까. 이는 대체로 혐중론에 기반하고 있으며 다분히 정서적 기대사항을 담고 있는 것으로 보인다.

개혁개방으로 1980년대 중국 경제가 두 자릿수의 무서운 성장세를 보일 무렵 서방 일부 중국 전문가들은 중국의 성장 질주가 국유 체제 고질병인 삼각부채를 해결하지 못해 주저앉게 될 것이라고 예단했다. 그래도 고성장 질주가 이어지자 이번에는 지역별 소득 편차가 확대, 중국이 소득 1천 달러 이하 내륙과 5천 달러 전후의 중부지역, 2만 달러 이상의 연해권 등 3개 지역으로 쪼개질 것이라는 예측을 내놓기도 했다.

하지만 '희망 사항'일 뿐이었다. 어느 것 하나 들어맞지 않았다. 서방학자들이 입만 떼면 얘기했던 '중진국 함정'도 이미 뛰어넘었다는 분석이다. 억측을 비웃듯 중국은 개혁개방 이후 40년 넘게 성장세를 구가하고 있다. 중국은 경제 총량에서 2007~2008년 프랑스와 영국, 독일 등 주요 선진국을 따돌리고 3위 경제대국이 됐다. 2009년에는 총 GDP에서 일본을 제치고 미국 다음의 명실상부한 'G2'의 위상을 굳혔다. 이로부터 다시 13년 만인 2022년 중국의 총 GDP는 일본의 4.27배로 불어났다. 2028년이면 경제 총량에서 미국까지 제칠 것이라는 전망이 나온다.

세계은행 부총재 출신의 베이징대 경제학자 린이푸 교수는 2021년~2035년까지 15년간 평균 4.7% 성장이 가능하다며 중국이 목표하는 2035년 선진국 진입 목표는 충분히 달성할 수 있다고 주장한다. 2023년 현재 중국의 중등소득계층이 미국 인구를 초과하는 4억여 명에 달하고 있다고 린이푸 교수는 밝히고 있다.

중등소득계층 인구가 2035년에는 현재의 두 배이자, 미국 인구의 두 배인 8억 명에 이를 것이라는 전망이다. 코로나와 미중 충돌 속에 성장이 둔화한 가운데서도 중국 1인당 GDP는 1만 3,000달러(2023년)에 진입했다. 베이징 상하이 선전 등 일부 도시는 구매력까지 감안할 경우 1인당 소득이 3만 달러를 넘었고, 인구 1천만 명 안팎의 지방 도시 중에 1인당 소득 2만 달러를 넘는 도시도 크게 늘었다. 1인당 소득 2만 달러를 넘는 인구가 우리 전체 인구의 몇 배에 달한다.

중국 싱크탱크인 사회과학원 보고서는 경제성장률이 계속 낮아진다고 해도 향후 20년간 중국의 평균 성장률은 4% 후반대에 이를 것이라고 예측했다. 보고서는 같은 기간 미국은 평균 2.1%의 성장률을 기록할 것으로 보인다며 이렇게 되면 중국은 2028년~2030년 경제 규모에서 미국을 따라잡게 될 것이라고 내다봤다.

중국에서 나오는 발표와 보고서들이 다소 장밋빛 전망에 치우치긴 하지만 그렇다고 사실을 터무니없이 왜곡하거나 예측이 완전 빗나가는 경우도 드물다. 이에 비해 서방 쪽의 일부 중국 예측을 보면 곧 부동산과 경제가 붕괴하거나 공산당 체제가 혼란에 빠질 것처럼 호도하는 사례가 적지 않다. 이런 자극적인 예측서들은 떴다방처럼 잊을 만하면 베스트셀러 매대에 나타나 인세를 챙긴 뒤 사라지기를 반복했다. 어떤 책에선 상업성을 떠나 악의적 음모론까지 묻어난다.

중국 기술 굴기의 메카인 베이징 중관촌 당국이 영상자료를 통해 창당 100여 년 역사의 공산당이 과학기술의 눈부신 발전을 견인해 왔다고 선전하고 있다.

마오쩌둥은 대약진 당시인 1958년 무렵 '차오잉간메이(超英赶美)'라는 화두를 던졌다. '철강생산에서 영국을 추월하고 미국을 따라잡자'는 구호였다. 알 만한 사람들은 모두 가당찮은 소리라며 속으로 비웃었다. 못 쓰는 숟가락 같은 쇠붙이를 모아 동네 무쇠 가마에 녹여 철강을 만들 때였으니 그럴 만도 했다. 근데 기적 같은 일이 벌어졌다. 중국은 정말 철강생산에서 15년 만에 영국 수준에 도달했고, 37년 만인 1995년쯤엔 미국을 따라잡았다.

중국 건국 초인 1950년 무렵만 해도 중국의 1년 철강 생산량은 미국 3일 치 생산량에도 못 미쳤다는 기록이 있다. 중국 CCTV의 신중국 다큐멘터리에는 1950년 한국전쟁 당시 공산당 지도자 린뱌오(임표)가 회의 석상에서 마오쩌둥에게 이런 사실을 거론하면서 한국전 참전을 반대하는 대목이 나온다. 현재 중국은 세계 철강 생산 총량의 약 절반을 차지하는 세계 최대의 철강 산업 국가로 부상했다.

'2035년 1인당 GDP 3만 9천 달러대의 선진국 진입', '2049년 (미국의 1인당 GDP를 뛰어넘는) 사회주의 현대화 강국 도달' 중국은 2035년에 선진국이 되고 건국 100주년인 2049년에 슈퍼 강대국이 된다는 중장기 목표를 세워 놓고 있다. 대약진 당시와 같은 열악한 상황에서 '차오잉간메이' 슬로건을 현실화시켰다는 점을 감안하면 2050년 미국을 뛰어넘는 중국의 슈퍼 강대국의 꿈이 마냥 허투로만 들리지 않는다.

눈여겨볼 대목은 중국이 요즘 몸집만 비대해져 가는 게 아니라 미래 먹거리 첨단 기술 분야와 내수 서비스 위주로 성장의 동력 자체를 바꿔가고 있다는 점이다. 단순한 제조 대국에서 스마트 강국, 소비 대국, 기술 선진국으로 빠르게 변신 중이다. 특히 우주항공 ICT(정보통신기술), 모빌리티 AI(인공지능), 로봇 등 미래 4차산업 핵심 기술 분야에서 세계 선두 대열에 발을 들여놓고 있다.

코로나 3년 기간 중 중국은 고난도 기술이 요구되는 첨단 크루즈 선박 건조를 마쳤고 미국 유럽에 이어 세계 세 번째로 중형 상업용 여객기(C919)도 제작해 우선 중국 국내에서 상용 비행에 돌입했다. C919는 2024년 상반기 싱가포르와 동남아 국가에서 연달아 해외 시험비행을 가졌다. 이런 해외 지역 시험비행은 국제간 운항의 사전 작업이라는 점에서 주목된다.

경제 회복이 급박한 상황에서도 중국은 과기 혁신에 사회적 자원을 집중하고 성장 동력을 교체하는 데 주력하고 있다. 중국 당국은 2024년 3월 양회(정기 국회) 무대에 '신질 생산력(新質 生産力)'이라는 생소한 구호를 회기 내 중심 의제로 올렸다.

신질 생산력은 시진핑 주석이 2023년 말 제창한 신성장 로드맵으로, 첨단 기술과 고효율 고품질을 위주로 혁신 주도의 선진 생산력을 추구하는 국가 혁신 개조 전략이다. 신질 생산력은 기술 자립자강을 통해 미국의 공급망 봉쇄를 돌파하고 2050년 목표인 사회주의 현대화 강국 실현을 위한 국가 전략이라는 점에서 주목된다. 미국의 기술 제재 압박에 대해 중국은 추호의 망설임 없는 초강경 대응으로 맞서고 있다.

사실상 그동안 중국의 가공할 기술 굴기는 미국의 봉쇄 압박이라는 외부 도전에 대한 각성과 응전의 결과물이라고 볼 수 있다. 중국 공산당은 국민당, 일본, 미국과 싸우면서 힘을 키워 왔고 늘 투쟁 속에서 돌파구를 열고 새로운 기회를 맞았다. 중국이 1960년대와 1970년대에 걸쳐 인공위성과 원자탄, 수소탄 개발 프로젝트를 성공시킨 것도 미중 두 나라가 적대 관계였던 시대 상황과 무관치 않다. 미국과의 패권 경쟁 와중에 중국은 2024년 6월 2일 인류 최초로 달 뒷면에 우주선을 착륙시켜 토양샘플을 채취하는데 성공했다. 2030년에는 미국보다 훨씬 고도화된 유인 우주선을 달에 보낸다고 한다.

중국은 12.5계획(12차 5개년 경제계획, 2011년~2015년) 시기부터 기업은 물론 국가 차원에서 천문학적인 R&D 투자를 집행했다. 서방세계는 별로 주목하지 않았지만 중국은 이때부터 신창타이(新常態, 뉴노멀) 구호를 내걸고 첨단 신기술과 신산업을 위주로 한 경제 성장의 패러다임 전환에 전력을 쏟아 왔다.

AI 전기차 바이오 신에너지 친환경 분야를 전략 산업으로 육성하고 우주 항공 ICT 첨단 소재와 장비 산업에 국가 역량을 집중했다. 중국의 세계 산업용 로봇 점유율은 2012년 14%에서 10년 후인 2022년 52%로 높아졌다. 제조업 업그레이드 전략인 '중국제조 2025'를 통해 AI 전략 기술을 집중 육성한 결과다. 중국이 미국과 유럽의 전유물인 크루즈와 상용 여객기를 만들고 전기차를 기반으로 일본을 꺾고 세계 1위 자동차 수출국(2023년)이 된 게 모두 우연이 아니다.

경제 패러나임이 질적 성장으로 재편되고 국가 전체 경제 규모가 폭발적으로 팽창하면서 중국 경제 성장세도 다소 느린 걸음으로 전환됐다. 성장 구조 재편이 본격화한 12.5계획 기간, 즉 2011년 이후 중국 경제 성장률은 8%대에서 7%로, 최근에는 5%대로 떨어졌다. 하지만 성장률 둔화는 경제 총량 증가와 함께 서방의 모든 공업 선진국가들이 경험해 온 바다.

중국의 경우 성장률이 8%대였던 2011년 총 GDP 규모는 49조 위안에 불과했다. 2023년 중국 경제가 5.2% 성장에 그쳤다고 하지만 경제 총량이 이미 126조 위안까지 불어났음을 눈여겨봐야 한다. 더욱이 이는 당해 연도 목표치를 충족하는 것이고, 14.5계획 기간(2021년~2025년) 평균 목표 성장률 '5% 이상'에도 부합하는 수치다.

성장 구조 전환에 주력하고 있는 중국은 부동산 부양과 대대적인 양적 완화에 대해선 계속 신중한 태도를 유지하고 있다. 2008년 미국 서브프라임 모기지론에서 비롯된 세계 금융위기의 경험 때문이다. 중국은 당시 4조 위안(약 800조 원)이라는 천문학적인 규모의 경제 부양에 나섰다. 경제는 살아났지만 부동산 거품 등으로 큰 대가를 치러야 했다. 과거 경험 때문에 경제 난국에서 벗어날 해법을 찾는 데 있어 중국 당국은 신중에 신중을 기하고 있다.

중국은 개혁개방 40여 년 고도성장 과정에서 크고 작은 여러 위기에 직면해 왔다. 하지만 그때마다 용케 난관을 돌파해 왔다. 숱한 부침 속에서 중국 경제 총량은 1978년 개혁개방 당시 고작 3,700억 위안에서 2023년 126조 위안으로 천문학적인 증가세를 기록했다. 1978년 개혁개방 당시 중국의 총 GDP 규모는 미국의 6%에 불과했지만 2023년 65%를 넘었다.

중국은 2024년 봄 양회 무대에서 경제 성장 목표치를 전년과 같은 '5% 내외'로 발표했다. 5% 내외의 성장 목표치는 굼뜬 국내 수요와 국제 정세 불안 등으로 볼 때 마냥 쉬운 일이 아니다. 중국 공산당 지도부도 경제 안팎을 둘러싼 도전이 어느 때보다 거세다고 본다. 하지만 중국은 5% 성장에 대해 자신감을 내보이고 있다. 서방 학자들은 차이나피크론을 내세워 중국 경제의 쇠퇴를 점치지만 정작 중국 당국은 세계 어떤 나라보다 중국 경제가 강한 저력과 잠재력을 갖추고 있다고 강조한다.

중국의 발표와 주장을 꼼꼼히 뜯어보고 잘 걸러서 받아들여야 하겠지만 알파벳 활자 매체 및 서방 기관, 학자와 전문가들의 예측 역시 과도하게 맹신할 이유가 없다. 서방 자료와 정보를 유용하게 활용해야 하겠지만 한국은 한국의 눈으로 우리가 필요한 분야를 세심하게 살펴보면 될 일이다. 오랜 이웃 나라로서 한국은 중국을 옳게 관찰하는 데 있어 어떤 서방국과 비교하더라도 유리한 환경에 있고 능력 역시 뒤지지 않는다.

'중국은 여전히 기회의 땅인가.' 간단치 않지만 그리 어려울 것도 없는 얘기다. '중국 잔치'가 끝났는지 여부는 삼성이나 애플, 테슬라 같은 글로벌 기업의 움직임을 보면 금방 알 수 있다. 중국이 피크 선상(성장의 꼭짓점)에 있는 건지, 아니면 새로운 출발선에 서 있는 건지는 누구도 명확히 예단할 수 없다. 한 가지 분명한 것은 중국이 지난 한중수교 30년과는 전혀 다른 얼굴로 우리 앞에 등장했다는 점이다.

중국 최대 상업 거리인 상하이 난징로 AI 로봇 바리스타 '미스터 더우얼'

전쟁하면서 실리 챙기는 미중

"몇 개의 운동장을 합친 것처럼 넓은 전시 부스에서 세계 최대 전기차 회사인 미국 테슬라의 '모델 Y'가 배터리 팩 등 갖가지 부품과 모듈을 앞세워 참관객들의 발길을 끌어당겼다. 바로 옆에는 세계 최대 배터리 회사인 중국의 닝더스다이(宁德时代, 영덕시대, CATL)가 전기 배터리 동력 전달 시스템을 전시해 놓고 있다."

미중 정상회담(2023년 11월 15일)이 열린 지 약 2주 후인 2023년 11월 28일 오후 베이징 순이구에 위치한 베이징 국제 전람회장. 중국은 이곳에서 리창(李强) 국무원 총리가 참석한 가운데 제1회 '중국 글로벌 공급망촉진박람회(CISCE)'를 개최했다. 필자는 주최 측인 중국 상무부

산하의 중국 국제무역촉진위원회(CCPIT)의 초청으로 서울에서 베이징으로 건너가 이 국제 공급망 박람회를 취재했다.

주최 측은 항공기도 전시할 수 있는 순이구 국제 박람회장의 초대형 W1관에서부터 W4관까지 전부를 스마트 자동차와 친환경 에너지 공급망, 친환경 전기차 부품 및 협력 기업들의 부스로 꾸며 놓았다. 부스를 잠깐 돌아봤는데 미중 신냉전 대치 국면에도 불구하고 글로벌 기업, 특히 미중 기업들 간 상생의 공급망 협력체제가 여전히 견고하게 작동하고 있음을 실감할 수 있었다.

중국인 친구는 이날 저녁 기자가 중국 국제공급망 박람회와 테슬라 전기차 회사 얘기를 꺼내자 테슬라는 사실 무늬만 미국 기업이라고 말했다. 무슨 얘기냐고 반문하자 이 친구는 생산 및 부품 조달, 판매, 고용 등에서 현지화 정도가 테슬라만큼 고도화한 기업이 그리 흔치 않을 것이라고 실명했다. 60개사가 넘는 중국 협력업체가 테슬라 공급망 체계에 편입돼 있고, 테슬라 상하이 공장은 부품의 95% 이상을 중국 본토에서 조달한다.

필자는 2023년 말 업무차 푸젠(福建)성 푸저우(福州)로 가는 길에 상하이를 지나면서 푸동공항에 잠깐 들렀다. 공항 서점에는 일론 머스크 테슬라 최고경영자(CEO)의 경영 철학에 관한 신간 서적이 베스트셀러 4위라는 표찰을 달고 매장 정중앙 매대에 펼쳐져 있었다.

일론 머스크는 이 책에서 전기차가 인류 사회에 가져올 복음과 국제

무역의 중요성을 강조하고 있었다. 서방 자본주의와 미국 시장경제 최전선에서 뛰고 있는 일론 머스크 CEO는 또 다른 책에서 미국과 중국의 관계 단절은 글로벌 경제에 재앙이 될 것이라며 미중 간의 디커플링에 대해 강한 경계감을 내보였다.

미국의 대중국 공급망 제재가 장기화하면서 글로벌 공급망 체계에 균열이 생기고 한국을 비롯해 세계의 많은 기업들이 생산 수출 활동에서 타격을 입고 있지만 미국 기업들의 중국 현지 사업과 중국기업들과의 협력은 여전히 활발한 상황이다. 중국 CCPIT가 배포한 자료에 따르면 2023년 말 베이징 국제 공급망 박람회에 참가한 기업 515개 기업 중 외국기업이 145개였고 특히 이 중 20%가 미국 기업이었다.

실제로 박람회장 곳곳에 테슬라, 애플, 아마존, 퀄컴, 인텔, GE헬스 등 미국계 기업 부스는 많이 눈에 띄었는데 한국 기업들의 부스는 거의 눈에 띄지 않았다. '전쟁'의 당사자는 미중인데 수출 무역 공급망 회복을 위한 비즈니스 현장에 정작 우리 기업들은 발을 들여놓지 않은 것이다. 고래들은 싸우면서 협력하고 먹거리를 챙기는데 새우는 넋 놓고 '전쟁' 구경이나 하는 꼴이 아닌가. 스스로 자꾸 경제 영토를 좁혀 가는 것 같아 안타깝다.

빠른 경제 성장과 함께 중국도 인건비와 임대료 등 기업 비용이 치솟고 환경 등 각종 규제가 강화돼 투자 환경이 예전만 못한 것은 사실이다. 일부 학자와 전문가들은 이런 이유를 들어 "중국 잔치(특수)는 끝났다"

라고 주장한다. 투자 메리트가 상실됐으니 보따리를 꾸리라며 탈중국을 부추기는 것이다. 하지만 이런 주장에는 다분히 정치적 의도가 담겨 있다고 볼 수 있다.

시장과 수익, 미래 먹거리를 보고 철저히 이해득실을 따져 중국 전략을 결정하는 기업들과는 근본부터 관점이 다르다. 어느 나라건 투자 환경은 시간에 따라 변하고 리스크는 어떤 투자에나 반드시 뒤따르게 마련이다. 환경 변화에 얼마나 잘 대응하느냐, 리스크를 얼마나 잘 관리하고 유효하게 대처하느냐. 이것이 성패의 관건이다.

테슬라는 중국 시장을 마치 앞마당처럼 누비고 있고 애플은 중국 스마트폰 시장에서 계속해서 톱 지위를 이어 가고 있다. 스타벅스의 중국 내 점포는 2023년 7,000개 점을 돌파했고 2025년에는 9,000개로 점포 투자를 지속할 것이라고 한다. 이들 간판격 미국계 기업의 중국 시장 진략에 미국 정부의 대중국 디리스킹(위험 제거)과 미중 경제 전쟁은 그다지 큰 고려사항이 아닌 것 같다.

글로벌 기업의 탈중국이 이슈지만 대체로 체제 리스크보다 원가가 더 저렴한 나라로 공장을 재배치하는 사례가 대부분이다. 심지어 중국기업도 원가가 더 싸면 공산당 눈치 안 보고 베트남과 동남아로 공장을 옮긴다. 대신 중국 내 공장과 사업은 점점 더 고부가가치 쪽으로 전환하고 있다. 기업 자본은 정치와 이념이 아닌 수익을 좇아 투자 적지를 결정하고 사업 포트폴리오를 재편한다.

삼성 등 한국 기업의 중국 투자도 일부 기업을 제외하고 수교 30년 동안 부단히 증가해 왔다. 2022년 중반 당시 중국 삼성총괄 책임자는 "2018년 이후 삼성의 중국 투자가 207억 달러로서 4년간 총 투자액이 한중수교 30년 동안 삼성 대중국 전체 투자의 40%에 달했다"라며 사드 사태와 코로나 와중에서도 삼성의 중국 투자가 고기술 분야 위주로 왕성하게 진행됐음을 지적했다.

이 책임자는 "한국에선 갤럭시 휴대폰 공장이 베트남으로 이전하고 중국 시장 내 갤럭시 점유율이 뚝 떨어졌다고 해서 삼성의 중국 휴대폰 사업이 망한 것처럼 말들이 많았지만 삼성은 중국 현지 휴대폰 기업들에게 핵심 기술 부품을 공급해 계속 부가가치를 창출하고 있다"라고 말했다.

실제 삼성은 반도체와 배터리 MLCC 등 첨단 고부가 위주의 공급망 생태계를 강화하는 쪽으로 중국 전략을 수정해 왔다. 단순 휴대폰 조립은 임대료와 인건비가 더 싼 곳을 향해 옮겨 가고 대신 중국 사업은 고부가 위주로 재편을 추진해 온 것이다. 사정이 이러한데 거두절미하고 '삼성도 중국을 떠났다'고 소란을 떠니 해당 기업으로선 난감한 노릇이 아닐 수 없다.

미국 곡물 메이저 기업이 베이징 국가전람관에서 열린 국제서비스 박람회 부스에 미중 양국 국기를 설치해 놓고 있다.

중관촌 나온 신기술, 도심서 종횡무진

중국 수도 베이징 하이뎬구 중관촌은 중국 기술 굴기의 풍향계와 같은 곳이다. 중국 과기 연구의 메카 베이징 중관촌은 커다란 국가적 행사가 있을 때마다 기술 전람회를 개최한다. 2022년 2월 중국 베이징 동계올림픽 때 필자는 미디어센터 등록기자의 신분으로 하이뎬구 중관촌 국가 자주혁신 시범구 전시관을 취재했다. 중국은 코로나19로 꽁꽁 닫았던 중관촌의 문을 동계올림픽을 계기로 살짝 개방했다.

"중관촌에는 첨단 고기술 기업만 2만 9,000개가 입주해 있어요. 유니콘 기업이 93개로 단일 기술 단지 중 세계에서 가장 많은 곳이지요. 기술 총거래액은 2021년 기준 7,000억 위안을 돌파했습니다." 시진핑(習近平) 중국 국가주석의 '혁신 강조' 담화를 적어 놓은 전시관 로비 대형 게시물 앞에서 중관촌 안내원은 이렇게 설명했다. 중관촌 시범구의 한 해 총수입은 약 8조 위안에 달하고, 중관촌 경제는 베이징시 전체 경제 성장에 있어 30% 비중을 차지한다.

바이두(百度)와 샤오미(小米)를 비롯해 2022년 베이징 장자커우 동계 올림픽 개막식 운동장 LED 지상 스크린 설치로 유명세를 떨쳤던 리야더(利亞德) 등이 모두 이곳 중관촌 출신 기업이다. 중관촌 기업들은 현재 전 세계 각지에 1,000개가 넘는 연구개발 센터를 두고 있다.

베이징 중관촌은 기술 기업들에게 가장 중요한 IPO의 산실이다. 전시장 한가운데에는 이를 상징하듯 증권거래소 신규 상장 때 타종식을 하는 큰 종이 걸려 있고 그 뒤에는 역대 상장 기업 명단을 스크린을 통해 보여 주고 있다.

전시관 한편의 자료는 중관촌에서 출범한 기업 가운데 증권시장 상장 회사가 상하이와 선전 증시 메인보드 87개사를 포함해 모두 336개에 달한다고 밝히고 있었다. 약 4,000여 개의 중국 증시 상장 기업 중 10%에 육박하는 수치다. 전광판 자료를 살펴보니 미국의 나스닥과 뉴욕증시에도 각각 28개사, 19개사가 상장돼 있다.

'방긋 미소를 지으면 산타클로스 모자의 흰색 방울이 수직으로 치솟는다. 얼굴을 찡그리거나 침울한 표정을 지으면 용케도 알아채고 산타 모자의 방울이 수그러든다'. 중국판 실리콘밸리 중관촌 전시관에 4차 산업혁명의 핵심 기반 기술인 인공지능(AI) 산업 응용 현황을 집중 소개하고 있었다. 더우인(틱톡)의 모회사 바이트댄스는 AI 얼굴 인식과 손동작 등을 식별해 내는 AI 인공지능 시스템을 전시해 주목을 받았다.

인공지능(AI)에 기반한 스마트 피아노 학습기(원스톱 스마트 피아노), 중국 최대 O2O기업 메이퇀(美團)의 무인 배송기, 이미 대량 양산에 들어간 무인 자율주행의 스마트 도로 청소 차량, 주요 전시물들은 중국이 인공지능 AI 첨단 기술을 기반으로 스마트 신시대로 깊숙이 진입하고 있음을 생생히 보여 주고 있었다.

중관촌이 배출한 수만 개 기술 기업 중에서도 가장 대표적인 기업 바이두는 중관촌 시범구 기술 전시관에 아폴로 L4급 자율주행 자동차를 선보였다. 바이두의 자율주행 '아폴로 프로젝트' 로보택시는 베이징 남쪽의 경제기술개발구 이쫭 뉴타운의 도심 한가운데 도로에 나와 이미 4년째 부분 유료 상용화 서비스를 진행 중이다.

바이두는 아폴로 프로젝트가 개방 플랫폼하에 세계 최대 규모의 자동 자율주행차 생태계를 형성하고 있다고 자랑한다. 전시장 안내원은 바이두 아폴로 전시 부스 앞에서 아폴로 프로젝트 협력 파트너가 완성차 업체와 대학 연구소, 외출 차량 서비스 기업에 걸쳐 전 세계에 100개가 넘는다고 설명했다.

중관촌 시범구 전시관은 중국의 AI 기술이 빅데이터 실물경제 제조업과의 결합을 통해 스마트 장비, 산업 인터넷, 3D 프린트, 공업 스마트 로봇, 각종 첨단 장비 분야로 응용 범위를 확대해 나가고 있음을 보여 줬다.

'융합 혁신' '돌파 혁신' '스마트 AI +(플러스)' 중관촌은 구호만 요란한 게 아니었다. 베이징지(智)과기 유한공사라는 민영 기업이 개발한 고속 무인 헬기는 중국 AI의 숨 가쁜 기술 굴기 현장을 가감 없이 드러내고 있었다. 세계적인 LED 시청각 디스플레이 회사 리야더가 전시해 놓은 AR 몰입식 파노라마 시뮬레이션 시스템은 실물보다 더 실제 같은 입체감을 느끼게 했다.

중관촌이 자랑하는 기술 기업 중 하나는 AI 회사 베이징즈위안인공지능(AI) 연구원이다. 이 회사는 초대형 AI 인공지능 '우다오(悟道) 2.0' 개발로 2021년 중반 한국 과학기술 분야에도 널리 소개된 바 있다. 이 회사는 AI 아나운서와 뉴스 앵커가 실제에 적용되고 있음을 전시해 놓고 있었다.

'중국 공산당이 주도한 과기(科學技術) 발전 100년 회고와 성찰.' 중국 당국은 2021년 공산당 창당 100년을 맞아 중관촌 국가자주혁신시범구에 이런 선전 구호를 내걸었다. 중관춘의 30여 년 역사와 함께 시진핑(習近平) 총서기 집권 18대(공산당 18차 당대회, 2012년) 이후 기술 굴기 업적, 중국 공산당의 과학 발전사를 회고하는 전시 행사다.

전시의 취지를 설명하는 도입문에는 다음과 같은 설명문이 적혀 있었다. '공산당 100년 역사의 과기 성과를 회고하고 과기 혁신과 과기 자립자강 의지를 가다듬는다. 18차 당대회 이래 시진핑 당 총서기 겸 국가주석은 부단히 과기 혁신을 강조했고 중관촌은 눈부신 성취를 달성했다. 중국은 강한 과학기술과 강한 경제, 강한 국가를 실현하고 중국 특색 자주혁신의 신 장정을 이어 갈 것이다.'

중국의 기술 굴기는 중국이 2008년 베이징 올림픽을 치른 뒤 시진핑 총서기가 18대 당대회를 통해 집권한 이후 한층 가속화했다. 일부 서방 매체들은 시진핑 정권이 덩샤오핑 시대 도광양회(韜光養晦, 실력을 감추고 때를 기다림) 전략을 너무 일찍 포기하고 유소작위(有所作爲, 적극 나서서 할 일을 하고 영향력을 드러냄)의 본색을 드러냈다며 결국 이것이 미국 대중 압박의 빌미를 줬다는 분석을 내놨다. 혹자는 속도 조절론 운운하며 시진핑 정권이 과기 분야 중국의 실력을 서둘러 드러낸 것을 후회한다는 주장을 펴기도 한다.

하지만 가당치도 않은 얘기다. 이건 어디까지나 서방시각에 의한 자의적인 해석인 것 같다. "미중 간 첨예한 '무역전쟁' 대치, 공산당 100주년, 코로나 팬데믹 시대. 베이징 중관촌 30년사와 중국 과기 부흥의 어제와 오늘." 지난 성과를 갈무리하고 미래 기술의 비전을 조망하는 현장에서 필자가 목격한 중국은 디지털 기술 굴기에 지금보다 한층 더 속도를 내야 한다고 열창을 하고 있었다.

중국의 기술 굴기는 시진핑 중국 국가주석이 앞장서서 직접 챙기는 모양새다. 칭화대학은 2021년 봄 모교를 방문한 시진핑 주석의 지시에 따라 직접회로(반도체) 관련 전문 단과대학까지 설립했다. 이후 베이징대학을 비롯한 많은 대학들이 공산당 100주년을 맞아 경쟁적으로 기술 단과대학을 설립하고 나섰다.

필자가 찾았을 때 중관촌 전시장 내에선 '메이뉘(美女, 예쁜 아가씨)'와 '쇼이거(帥哥, 잘생긴 총각)' AI 인공 로봇이 메이스 카페이(美式咖啡, 아메리카노 커피)를 제조해 손님에게 서비스했다. 필자도 버튼을 눌러 봤다. AI 로봇이 절도 있는 동작으로 순식간에 아메리카노 커피 한 잔을 만들어 내줬다.

마지막까지 커피 조리기구를 설거지하는 폼도 능숙하다. 그뿐만 아니다. 바닥 청소와 전시관 부스 안내도 모두 AI 로봇이 알아서 척척 수행한다. AI 로봇 서비스에 푹 빠져 있다가 벽면을 흘끗 쳐다봤더니 중관촌과 중국 기술 굴기에 대한 궁금증을 풀어 줄 자료들이 모두 그곳에 빼곡히 전시돼 있었다.

"중관촌 경제가 베이징시 전체 GDP에서 차지하는 비중은 2020년 기준 30%다. 같은 기간 중관촌 시범구의 총수입은 7조 2,000억 위안을 기록했으며 연평균 10% 이상의 고성장세를 지속하고 있다. 중관촌 내 기업 유효 발명 특허 보유량은 13만 건을 넘었다. 인재와 기술과 자본의 우물이 된 중관촌은 명실상부한 중국판 '실리콘밸리'다."

벽면의 전시물을 응시하는 필자에게 중관촌 안내원은 "중관촌은 중국 공산당 100년 기술 굴기의 옥동자인 동시에 40여 년 개혁개방사의 빛나는 업적 가운데 하나"라고 설명했다. 그는 중관촌 과학성(과학밸리)은 빅데이터 정보산업과 건강 바이오 산업, 과학기술 서비스 및 선진형 첨단 제조 등에서 글로벌 영향력이 큰 국제 과기 혁신센터라고 설명을 이었다.

중관촌 관계자는 "현재 중관촌에는 국가급 첨단 기술 기업이 1만 개를 넘어섰다"라며 "이는 베이징 전체의 40%에 달하는 숫자"라고 말했다. 수도 베이징 과기 부흥에서 차지하는 중관촌의 위상이 어느 정도인지 짐작게 하는 대목이다.

중관촌은 30여 년간 기적과 같은 성과를 이뤄 냈다. 중관촌 한 개 지역에서만 발명 특허가 3만 3,829건으로 베이징시 전체의 53.5%를 차지한다. 주민 1만 명당 발명 특허 보유량이 504건으로 전국의 31.9배에 이른다. 중관촌이 얼마나 기술 고집적 기술 단지인지 실감케 하는 수치들이다.

"베이징시 전체 유니콘 기업(매출 1조 원 이상 기업)은 93개예요. 이 중 44개 기업이 중관촌에 보금자리를 틀고 있지요. 전 세계 첨단 기술 단지를 통틀어 중관촌은 유니콘 기업이 미국 실리콘밸리 다음으로 많은 곳입니다." 중관촌 관계자의 설명이다.

'양탄일성' 기적 재현, 반도체 포위망 돌파

'원자탄과 수소탄, 비행기를 따라잡는 시속 600킬로미터 자기 부상열차. 그리고 바이두, 한우지(寒武纪, Cambricon), 린시(Lynxi) 등 AI칩(ASIC) 반도체 회사'

원자탄에다 웬 수소탄까지? 공산당 100주년을 기념하는 중관촌(中關村) 베이징 과기주간 전시장엔 좀 색다른 기술이 전시돼 눈길을 끌었다. "수소탄과 원자탄, 그리고 반도체 기술이 함께 진열된 것도 그렇고, 이번 베이징 과기주간 행사는 여느 전시회와 많이 다른 것 같은데…". 필자보다 이틀 앞서 이 전시회를 돌아본 베이징의 신기술 뉴트렌드 전문가 SV인베스트먼트 고영화 고문에게 이번 전시회 성격에 대해 물었더니 '공산당 100년과 과기 강국 도약'이 주요 콘셉트인 것 같다고 말했다. 그는 다음과 같이 설명을 계속했다.

"원자탄 수소탄 전시는 미중 대결의 시대 기술자립 과기강국을 과시하려는 목적으로 여겨집니다. 신중국을 세운 마오쩌둥은 경제가 최악이었던 1950년대 이미 '양탄일성(兩彈一星, 원자탄과 수소탄 실험, 인공위성 발사)' 프로젝트를 추진했고 1964년과 1967년, 1970년에 걸쳐 목표를 완성했다고 합니다. 이번 전시회는 100주년 공산당의 업적을 과시하고 기술 굴기의 지향성을 드러낸 것으로 보입니다."

중국은 1950~1960년대 경제나 기술이 형편없이 낙후된 상황에서 고난도 과학기술의 '양탄일성'을 완성했다. 전시물을 쳐다보고 있자니 미중 기술 전쟁이 최악의 상황으로 치닫는 와중에 중국 공산당은 반도체 기술 전쟁도 이런 양탄일성(兩彈一星) 정신으로 돌파하자며 전의를 다지는 것처럼 느껴졌다.

'공산당은 장시성 루이진(瑞金) 중화 소비에트공화국 임시정부 시절부터 기술 인재를 중시했다. 1939년 옌안 시기(13년간 중앙위원회 주둔) 자연과학연구원이 세워졌고 1949년 중국과학원이 설립됐다. 하지만 1949년 신중국이 성립됐을 때만 해도 수도 베이징엔 탱크는커녕 트랙터 한 대 만들 만한 변변한 시설이 없었다.' 전시장 자료엔 이런 설명문이 붙어 있다.

베이징 군사박물관의 원자탄 수소탄 개발 사진

원자탄을 비롯한 '양탄일성' 개발 노력과 인민들의 열사봉공 애국정신은 국가를 위해 개인(사랑)을 희생하는 내용의 건국 70년 기념 주선율(애국심 고취) 영화 '나와 나의 조국'에도 한 단락으로 다뤄지고 있다.

1978년 덩샤오핑의 개혁개방은 공산당 과기 부흥의 대역사에 큰불을 지폈다. 문화대혁명 때 핍박받았던 공학도와 철도기술자를 불러들였다. 전국 과학대회가 베이징에서 열렸고 마침내 '과학의 봄'이 왔다. 첨단기술 산업화 바람이 태풍처럼 몰아쳤다. 전시코너엔 "베이징시 당국이 1988년 1월 중관촌 전자 1번지(一条路) 조성을 선포했다"라며 "이것이 첫 국가첨단기술 산업개발구로서 중관촌의 공식 기원이 됐다"라고 적혀 있다.

중관춘 전시장 한가운데는 신중국 이후 공산당이 주도한 과기 부흥의 기념비적인 연대를 형상화한 입체 조형물이 설치돼 있었다. 1949년 신중국 성립부터 시작해 맨 위쪽 끝은 중국 공산당이 선진국 진입 중기 국가목표로 설정한 2035년으로 이어지고 있었다. 먼 시간 같긴 한데 현장에서 선 필자에게 그 시간은 마치 초침이 돌아가듯 빠르게 다가오는 느낌이다.

중국에 처음 인터넷이 들어온 것은 1990년대 중반인 1995년 무렵이다. 언론 통제의 문제로 쉽게 인터넷을 도입하지 못할 거라는 일반의 예상을 뒤엎고 중국은 인터넷을 받아들였다. 인터넷 도입으로 중관촌은 재차 천지개벽의 격변기를 맞는다. 1995년 베이징 중관촌엔 중국 첫 인터넷 회사 잉하이웨이(瀛海威)가 등록됐다. 이후 중국 첫 인터넷 카페 겸 인터넷 포털 기업인 신랑, 중문 검색 포털 바이두, '대륙의 실수' 샤오미, 중국판 아마존 징둥 등이 모두 이곳 중관춘에서 싹을 틔웠다.

베이징 중관춘에서 실험이 끝난 기술 가운데 실제 현장에서 화려하게 꽃을 피우는 대표적인 프로젝트는 바이두의 '아폴로 자율주행 차량(로보택시)'이다. 베이징 남쪽 경제기술개발구 안에는 바이두 자율차량 연구 시험 기지가 입주해 있다. 아폴로 프로젝트는 세계 자율주행차 업계 선발 주자다.

바이두 자율차량 연구 시험 기지 건물 안으로 들어서면 정면에 바이두의 자율주행 아폴로 프로젝트의 비전을 담은 전시 무대가 설치돼 있다. 여기엔 각종 모형의 자율주행 스마트 차량이 전시돼 있다. 정면 왼쪽 넓은 공간에는 자동차 지붕에 센서 캡을 상착한 로보택시 차량들이 빼곡히 주차돼 있다.

넓은 1층 로비 한편에는 아폴로 클라우드와 빅데이터 엔진, 안전 자율 엔진 원리, 내비게이션과 자율주행 지도 체계가 전시돼 있고 자율주행차들의 도로 운행 상황이 실시간 영상으로 올라온다.

바이두 아폴로 프로젝트 책임자는 바이두의 자율주행차 로보택시가 운전 주차와 고장식별, 스마트 리콜, 장애물 우회, 차량 간격 조절, 비상 시 교통 신호등 식별 응급 대처, 사거리 속도 조절 좌회전 등에 있어 벌써 5년 넘게 아무 문제 없이 운행되고 있다고 설명했다. 건물 2층 대형 벽면 전시공간에 표시된 '안전 운행일' 기록판은 수년 동안 사고 없이 주행 시험이 계속되고 있음을 보여 줬다.

2층에는 5G 클라우드 안전 운전 대리 지휘 제어 센터가 들어서 있었다. 차량별 실시간 운행 상황을 추적, 대리 주행을 지원하는 시스템으로 중앙 컨트롤 센터에 해당한다. 베이징 경제기술개발구 이짱 뉴타운에는 약 300대의 바이두 로보택시가 운행 중인데 이곳에서 모든 차량의 실시간 주행 상황을 추적한다.

바이두의 아폴로 프로젝트(로보택시) 기지 참관이 끝난 뒤 필자는 탑승 체험을 위해 직접 시내 도로로 나섰다. 좌회전과 우회전, 횡단보도 정차와 사거리 속도 감속과 함께 좌회전, 스무드한 차선 변경이 모두 자연스럽다. 주행 속도는 평균 시속 60킬로미터 정도였으나 주행은 사람이 운전하는 것과 똑같이 안정적이었다.

베이징 이짱 뉴타운에서 바이두 로보택시는 2021년 11월 말 요금을 받고 운행하는 상업화 운행에 돌입했다. 현행 법 규정상의 문제로 조수석에 비상 대응용 예비 기사가 탑승했지만 필자가 뒷좌석에서 살펴보니 7킬로미터를 시승하는 동안 조수석의 기사는 운전 상황을 지켜만 볼 뿐 일체 아무것도 조작하지 않았다.

2024년 5월 현재 바이두 아폴로 로보 택시의 자율주행 거리는 총 1

억 킬로미터를 넘었다. 운영 도시는 상하이 광저우, 후난성 창사 등 현재 11개 도시인데 2030년까지 100개 도시로 확대할 계획이라고 한다. 2023년 말 기준 중국은 자율주행이 가능한 도로를 전국에 1만 5천 킬로미터나 구축해 놨다.

바이두 자율주행 사업본부 웨이둥(魏东) 부총재 겸 수석 안전 운행관은 2026년~2027년이면 몇 개 도시에서 비상 대응용 기사까지 탑승하지 않는 완전한 자율주행차 서비스가 시작될 것이라고 말했다. 지금도 충분히 가능하지만 이는 지자체의 도로 교통 체제 정비 등과 맞물린 문제여서 일정 정도 시간이 걸리는 것이라고 그는 덧붙였다.

바이두의 자율주행 로보택시 아폴로 사업은 오픈 플랫폼을 형성, 97개국에 걸쳐 세계 개발자만 3만 6,000명을 거느리고 있다. 오픈 플랫폼은 완성차 업체 부품 통신 전자정보 여행기업 과학연구 대학 분야를 망라하고 있다.

베이징 남부의 중관촌으로 불리는 베이징 경제기술개발구(이좡 뉴타운). 바이두 아폴로 프로젝트는 베이징의 유일한 국가급 경제기술개발구 내에 둥지를 틀고 있다. 바이두는 2020년 5월 이곳에 아폴로 과기 공원인 아폴로 파크를 개장했다. 자율주행 자동차 분야 중국 내 최대 연구개발 설계 응용 시험 기지로 명성을 얻고 있다.

자동차 후발국, 세계 전기차 혁명 견인

'삼차행 필유신능원차(三車行 必有新能源車).' 2023년 11월 어느 날 중국 동남부 푸젠(福建)성의 수도 푸저우(福州) 중심가. 중국 동남부 출장길에 동행한 중국 지인은 마이크로버스에 나란히 앉아 창밖을 바라보다가 필자에게 눈을 돌리며 이렇게 말했다. 논어의 경구(삼인행필유아사)를 패러디해 '도로를 달리는 자동차 3대 중에 한 대가 친환경 전기차'라고 얘기한 것이다.

푸젠성의 세 번째 경제 도시 취안저우(泉州)를 찾았을 땐 큰 도로가 한편에 설치된 전기차 충전소가 눈에 띄었다. 취안저우 관계자는 디지털 녹색 경제가 큰 대세라며 최근 취안저우는 전기차 보급의 가장 큰 걸림돌인 충전소를 확충하기 위해 전력을 기울이고 있다고 소개했다.

소비와 수출 투자를 비롯해 나라 경제가 전반적으로 부진한 상황이지만 중국의 전기차 산업은 미래를 향해 고속 질주를 멈추지 않고 있다. 서울서 푸저우로 가는 길에 경유한 상하이 푸동공항 서점에는 일론 머스크 테슬라 CEO의 경영 철학을 다룬 신간이 베스트셀러 매대에 진열돼 있었는데 이것만 봐도 중국에 불고 있는 전기차 붐을 대강 짐작할 만했다.

필자는 푸젠성 일정을 마치고 저장성 항저우로 넘어가 경제의 디지털 전환을 주제로 한 '글로벌 디지털 무역박람회'를 참관했다. 시진핑 중국 총서기 겸 국가주석이 한정 부주석을 내려보내 축사를 할 정도로 이 박람회는 성대하게 치러졌다. 이 박람회는 마치 디지털 녹색 경제가 중국 성장의 새로운 버팀목이 될 것이라는 결의의 장처럼 느껴졌다.

수십 명의 수행원들에 둘러싸인 채 한 관리가 어떤 부스에서 뭔가를 열심히 살펴보고 있었다. 인근 성인 푸젠성의 세계 최대 전기차 배터리 기업 닝더스다이(영덕시대)의 전시 부스였다. 옆 사람에게 물어보니 이 관리는 저장성의 루산(盧山) 부성장이었다. 루산 부성장은 부스에 전시된 영덕시대의 신에너지 동력 시스템을 꽤 오랜 시간 관찰했다.

루산 부성장이 떠난 뒤 전시장에 펼쳐진 자료를 보니 2023년 1~10월 차 판매 집계치로 미뤄 볼 때 경기침체 와중에도 중국의 2023년 한 해 자동차 판매량은 약 3,000만 대에 이를 전망이며 이 중 친환경 전기차가 900만 대에 달할 것이라고 소개하고 있었다. 실제 중국은 전기차 호황 덕에 2023년 일본을 제치고 세계 최대 자동차 수출국으로 부상했다.

'삼차행 필유신능원차'라는 얘기가 허투로 들리지 않는다. 일각에서는 2025년에 가면 중국 도로 위를 달리는 자동차 10대 중 5대가 친환경 전기차로 탈바꿈할 것이라는 관측도 나오는 상황이다.

저장성 항저우에서는 옛날 저우언라이 총리가 묵었다 해서 유명해진 호텔 '항저우 화자(花家)산장'에 투숙했다. 공원처럼 넓은 이곳 호텔 경내에 주차된 차량은 이미 절반 가까이가 파란색의 기존 디젤 차량 번호판과 대비되는 녹색 번호판을 단 전기차였다.

현지 관리들의 설명에 따르면 저장성 항저우는 스마트 도시라는 별명이 무색지 않게 친환경 전기차 비중이 중국의 어떤 도시보다도 높다고 한다. 항저우의 빼어난 관광 명소 시후(西湖, 서호)와 허팡제(河坊街) 전통 고거리 인근에도 녹색 번호판의 친환경 에너지 차량이 유난히 많이 눈에 띄었다.

요즘 중국에서 운영되는 인터넷 공유 차량과 택시, 공용 버스 등은 대부분 녹색 번호판의 전기차를 채택하고 있다. 서호 인근을 운행하는 대형 관광버스에도 친환경 에너지 차량임을 표시하는 녹색 번호판이 부착돼 있었다. 저장성이 공동부유 시범성이어서 그런지 녹색 번호판의 대형 버스 뒤편에는 '공동부유를 향해 함께 가자'는 구호가 적혀 있었다.

푸젠성과 저장성 주요 도시 다음으로 들른 중국 수도 베이징에도 도로 위의 녹색 전기 차량이 전에 비해 훨씬 많아 보였다. 베이징 수도공항 터미널 출국장 대형 LED 전광판엔 중국 배터리 회사 닝더스다이(영덕시대)의 화려한 광고가 흘러나왔다. 영덕시대는 세계 최대 전기차 배터리 회사인 동시에 중국증시에서도 가장 핫한 주식으로 평가받고 있다.

쿠팡 잡는 알리, 스마트물류와 이커머스 전쟁

중국에는 온라인 쇼핑, 이커머스 거래가 한국보다 훨씬 일상화돼 있다. 필자는 코로나 3년 동안 뉴스핌 통신사 베이징 특파원으로 중국에 체류하면서 거의 이틀에 한 번꼴로 온라인 전자상거래를 이용했다. 중국 내 온라인 쇼핑의 장점을 꼽으라면 배송료가 없고 가격이 오프라인 상점보다 저렴하며 배달이 총알같이 빠르다는 점이다. 우리 돈 600원(약 3위안)짜리 손톱깎이 하나를 구입해도 단품 주문이 가능하고 배송료 없이 익일 또는 당일에 물건이 배달될 정도다.

필자의 경우 주문한 물건을 배송받고 난 뒤에 '이러고도 남는 게 있을까' 하는 느낌을 받은 게 한두 번이 아니다. 알리바바와 징둥(京東)을 위협하는 중국 빅3 전자상거래 업체 핀둬둬(拼多多, 한국 명칭 테무)는 특히 가성비 경쟁력이 뛰어난 이커머스 플랫폼으로 유명하다. 2023년 어느 날 핀둬둬 플랫폼에서 우리 돈 1만 5천 원에 삼각대를 구입했는데 물건을 받고 보니 크기가 성인 키보다 큰 게 사진관용 삼각대와 똑같았고 이 삼각대를 보는 사람마다 족히 4만 원짜리는 돼 보인다고 말했다.

알리(알리 익스프레스)와 테무 같은 중국 이커머스 업체들이 한국 전자상거래 시장을 무서운 속도로 잠식하면서 우리 업계의 위기감이 높아지고 있다. 중국기업들이 만든 제품을 중국기업이 부엌까지 배달해 주는 시대가 됐다. 알리와 테무, 쉬인 등 중국계 이커머스 3인방은 이미 쿠팡 활성 고객 수의 50%를 넘어섰다고 한다. 중국 플랫폼의 약진에 놀란 우리 당국이 해외 업체에 대한 규제와 감시를 강화한다는 얘기가 들린다.

하지만 제품 및 서비스의 하자나 불공정 거래가 아닌 한 우리 업계의 생존위기를 이유로 알리나 테무의 융단폭격 같은 시장 잠식을 막을 길이 없다. 어설픈 규제는 자칫 무역 보복을 부를지도 모른다. 지금 국경 간 전자상거래는 디지털 무역이라는 이름으로 국제무역의 한 수단으로 자리 잡았다. 실제 알리 같은 회사는 첨단 물류시스템과 네트워크를 이용해 한국 중소기업의 해외 수출을 돕는 디지털 무역 대행 서비스도 수행하고 있다.

현재의 추세로 보면 중국 업체들이 한국 이커머스 시장의 지배 주자가 되는 업계 지각 변동도 그리 먼 훗날 얘기가 아닐 듯싶다. 2024년 초 서울에서 만난 한국 온라인 쇼핑 업체 책임자는 알리나 테무 같은 중국 업체 때문에 우리 업계가 벼랑 끝 위기에 내몰리고 있다며 불안감을 토로했다. 그는 앞으로 중국 자본에 M&A 되는 업체가 많아질지 모른다고 우려했다.

중국 이커머스 업체들의 한국 영업이 급성장하는 배경에 대해 흔히 가성비를 거론한다. 가성비라는 말에선 '싸서 좋은데 솔직히 품질은 많이 떨어진다'는 뉘앙스가 풍긴다. 워낙 싸니까 대충 쓰다가 버려도 손해가 아니다는 생각 같은 것이다. 하지만 앞으로 '가성비의 중국'에 대한 통념을 통째 바꿔야 할지 모른다.

메이드 인 차이나도 싸구려부터 하이 퀄리티까지 제품 구색이 무척 다양해졌다. 각자의 소비 경험에 따라 중국산 품질은 천차만별이다. 일률적으로 정의하기가 힘들다. 주목할 것은 전반적으로 중국산 품질이 빠르게 향상되고 있다는 점이다. 그러다 보니 가격뿐만 아니라 품질 만족도도 점점 높아지고 있다.

여기에다 최근 중국 이커머스 업계 택배 기사들의 배송 서비스 친절도도 몰라보게 개선되고 있다. 중국에서 한두 번만 온라인 쇼핑을 이용해 보면 불친절하고 서비스 마인드가 결여됐다는 지난 한중수교 30년 동안의 대중국 선입견은 금세 사라지고 만다. 10년 전만 해도 서비스와 IT 분야는 중국의 한국 추격이 어려운 분야, '2% 부족'의 대표적인 요소였다. 하지만 이젠 농담으로라도 이런 말을 하는 사람들을 찾아보기 힘들다.

중국 이커머스 업체들은 AI, 빅데이터, 혁신스마트 기술, 첨단 물류 시스템에 기반해 다양한 라인의 상품들을 최저 가격으로 최단 시간 내에 확보해 저장 분류 배송할 수 있는 경쟁력을 갖추고 있다. 알리바바 그룹의 스마트 물류 자회사 차이냐오(菜鳥)는 산둥성 웨이하이에 평균 3일 배송 물류창고 시스템을 운영 중이다. 공장 단계에서 상품을 저가에 구입하는 데다 이런 첨단 시스템으로 배송시간을 줄이고 운영 효율을 개선하다 보니 제품 판매 단가가 싸질 수밖에 없는 것이다.

한국 내 알리는 산둥성 차이냐오 기지 등과 함께 2022년 한국에 구축된 차이냐오 물류 센터를 연계해 배송 효율과 시간을 계속해서 단축해 나가고 있다. 한국은 지리적 인접성 때문에 중국 이커머스 업체들에게 앞마당 시장으로 여겨진다. 중국 이커머스 업체 입장에서 동쪽 산둥성 제조 공장과 물류 단지를 기준으로 할 때 한국은 중국의 어떤 도시보다도 가까운 안방 시장이다.

알리익스프레스는 2024년 약 2,600억 원을 들여 한국 현지에 대형 물류기지 건립을 추진키로 했다. 이 기지가 건립되면 더 싸고 좋은 물건을 짧은 시간에 소싱할 수 있고 택배 배송 시간도 훨씬 단축돼 경쟁력이 대폭 향상될 예정이다. 중국 이커머스 업계의 한국 시장 공략은 지금이 시작 단계인지 모른다. 알리 같은 이커머스 업체는 공산품과 국내 가공식품에 이어 신선 식품으로 서비스 품목도 확대하고 있다.

코로나 기간 동안 중국의 많은 기업활동이 휴면 상태로 들어갔지만 전자상거래 업체들만은 오히려 평소보다 분주한 시간을 보냈다. 코로나 확산으로 동네 소매점 영업까지 위축되고 비대면 거래가 일상화하다 보니 온라인 쇼핑이 폭발적으로 증가했기 때문이다. 코로나는 경제에 큰 타격을 가한 반면 중국 이커머스 산업의 도약에는 절호의 기회가 됐다.

중국 최대 전자상거래 업체인 알리바바의 장쑤성 우시 차이냐오 물류 센터

필자는 2019년 말~2023년 초 코로나 기간 동안 중국에서 특파원으로 재직하면서 알리바바 그룹과 알리바바의 첨단 스마트 물류 기지 차이냐오(菜鳥), 중국 2대 전자상거래 업체 징둥의 무인 배송 체제와 징둥의 '아시아 1호' 종합 물류 기지를 모두 현장 방문해 취재했다. AI와 빅데이터 등 4차 산업 핵심 기술에 의해 구동되는 중국 전자상거래 기업들의 물류 배송 시스템은 한마디로 눈이 휘둥그레질 정도로 현란했다.

알리바바 그룹은 해외에 알리익스프레스와 같은 전자상거래 업체를 두고 있고, 첨단 스마트 물류 자회사인 차이냐오를 통해 이커머스를 전개하고 있다. 차이냐오(菜鳥)는 AI 빅데이터 인터넷 기술이 융합된 최첨단 기술집약 물류사업체다. 현재 200여 개국에 네트워크를 두고 있으며 중국 내에선 당일, 세계시장에선 3일 배송을 추구하고 있다. 알리바바를 중국판 아마존이라고 하는 이유도 바로 세계 최대 규모 스마트 물류앱인 차이냐오 때문이다.

차이냐오의 최대 강점은 자동화라인, 혁신 스마트 기술, 대량 화물 분류 지원, 최첨단 스마트 유통설비 등이다. 한국에서 알리가 초고속 성장세를 보이는 이유는 바로 이런 경쟁력에 의한 운용비 절감과 국경 간 배송 시간 단축 때문이라고 할 수 있다.

장쑤성 우시(無錫)의 차이냐오 물류 창고에 들어가면 입구부터 산더미처럼 많은 화물이 까마득히 높은 선반에 적재돼 있다. 운동장 몇 개를 합쳐 놓은 것처럼 넓은 플로어에는 풍뎅이처럼 생긴 납작한 로봇들이 자신의 몸집보다 몇 배나 큰 짐을 싣고 바쁘게 움직인다. 로봇의 이름은 '차이냐오 AGV 샤오란(小藍)'이다. 샤오란이라는 동명의 AI 로봇 직원은 이곳에만 모두 '1,000명'에 달한다.

알리바바의 차이냐오 우시 물류기지는 중국 최초의 IOT 첨단 물류 현장이다. 사물 인터넷 기술과 인공지능, 빅데이터 등 첨단 디지털 기술을 활용한 물류 혁명의 종합 경연장이라고 할 수 있다. 알리바바 현장 책임자에 따르면 샤오란 로봇들은 입출고 정보를 가지고 주문 물건들을 스스로 파악해 해당 물건을 지시받은 장소로 옮긴다.

샤오란 로봇들은 물류 창고 내 모든 화물량을 자동으로 집계 분석하고 주문 제품 선별 작업까지 동시적으로 수행한다. 회사원들이 점심 식사를 하고 사무실로 복귀하듯 이들 샤오란은 혼자 알아서 충전하고 충전이 완료되면 스스로 판단해 업무에 복귀한다. 작업장 한쪽에 충전소가 설치돼 있다. 실시간 온라인 자동화 운반 분류 시스템으로 전환한 후 작업 효율은 전통 인공 물류 작업 당시에 비해 20%나 높아졌다.

알리바바는 코로나가 발생하기 일 년 전인 2018년 말 중국 최초로 우시에 IOT 미래 물류 파크를 설치하고 텐마오(天猫, 알리바바 프리미엄 이커머스 앱), 쐉스이(双11, 11월 11일 중국판 블랙프라이데이) 영업 등에 대응하고 나섰다. 로봇 직원을 제외하고도 우시 스마트 물류 창고의 종업원은 40% 이상이 기술 분야 종사자다. 이 때문에 우시 물류 파크는 단순한 물류 기지라기보다 4차 산업 핵심 기술을 결합한 스마트 첨단 기술 사업장으로 불린다.

점심도 휴식도 없는 AI 직원 작업장에 쫙~

'설마 했는데 일반 자동차 도로로 진입하고 나선다. 전방 차량이 차선을 위반해 앞을 가로막고 있다. 전방이 막히자 좌우 어느 쪽을 우회할지 몇 차례 전 후진을 하면서 가늠하더니 좁지만 더 안전한 오른쪽 도로를 선택해 쏜살같이 질주해 나간다.'

베이징 남쪽 다싱구에는 중국 2위 전자상거래 업체 징둥그룹과 산하의 징둥 물류, 징둥 7센 차오스(7鮮超市, 7선슈퍼) 대족(大族, 다주) 플라자점 등 중국 최대 빅테크 기업인 징둥의 거대한 신경제 생태단지가 둥지를 틀고 있다.

중국 최초의 인공지능(AI) 무인 물류 배송, 징둥 자율주행 AI 택배 기사(징둥 콰이디)는 큰 도로로 진입한 뒤 교통 신호와 장애물을 능숙하게 식별 운행하면서 금세 약 500미터 가시거리를 벗어났다. 로봇 무인 배송 기술이 물류 영역에 실제 운영되는 현장이다.

가만히 살펴보니 매장 직원은 스마트폰 앱으로 주문을 받아 주문 표 위의 바코드를 스캔해 슈퍼 앞에 대기 중인 배송 차량의 지정 수납 칸에 배송할 상품을 넣는다. 똑같은 방식으로 무인 자율 차량 양쪽의 서랍식

수납 칸이 어느 정도 채워지자 징둥 AI 택배 기사는 마침내 대로로 들어선다.

로봇 기사 배송. 단순한 전시 현장도 아니고 아직 먼 미래 세상 같은 일이 바로 눈앞에서 펼쳐지고 있었다. 필자의 입에선 절로 탄성이 터져 나올 일인데 정작 거리의 현지 주민들은 늘상 대하는 익숙한 풍경이어서 그런지 무덤덤한 표정이다.

중국판 아마존을 자처하는 징둥의 첨단 물류 마트 '7선슈퍼' 관계자는 로봇 택배 기사의 배송 반경은 현재 약 5킬로미터 안팎이라며 고객 주문지까지 30분 내외에 배달이 완성된다고 소개했다. 징둥 로봇 콰이디(快遞, 택배기사)는 고객에게 아파트 단지 도착 사실을 알린다. 고객이 7선슈퍼 가입 앱으로 QR 코드를 스캔해 수납 칸의 물건을 꺼내면 징둥 무인 배송차는 다음 행선지를 향해 떠난다.

7선슈퍼 대족점 점장은 "징둥이 중국 최초로 무인 배송의 차량 번호 코드를 발급받고 무인 배송차 도로 운행권을 부여받았다"라고 소개했다. 징둥의 사례로 볼 때 중국의 이커머스 택배 비즈니스는 과거 노동 밀집 산업에서 첨단 기술 집약 미래 산업으로 빠르게 줄달음치고 있다는 느낌이 든다.

베이징 경제기술개발구 대로를 대형 전자상거래 업체인 징둥의 무인 배송 차와 바이두의 자율주행 로보택시가 주행하고 있다.

징둥의 AI 자율주행 배송 차량은 무인 배송 차량 센서와 고성능 정보 처리 컨트롤 제어 장치, 스마트화 제어 소프트웨어 등 안전 운행 관련 일체의 시스템을 지원한다. 징둥은 현재 전국 25개 이상 도시에 징둥 로봇 배송 직원(징둥 스마트 콰이디)을 투입하고 있다. 수년 안에 로봇 배송 직원을 수천 대로 늘려 나갈 방침이다.

징둥이 들어선 베이징경제기술 개발구는 베이징의 유일한 국가급 경제기술 개발구다. 이곳은 다싱구(이짱 진)와 퉁저우구 일부를 편입해 특별 독립 행정구로 발족됐으며 최근 베이징 과기 굴기의 프론티어 역할을 도맡아 수행하고 있다.

징둥 물류는 알리바바와 중국 전자상거래 양대산맥을 형성하고 있는 전자상거래 분야 빅테크 기업이다. 홍콩 상장사인 징둥 물류는 징둥 그룹의 주력 기업으로 징둥 전자상거래의 중국 및 글로벌 배송을 담당하는 회사다. 베이징 남부 기술개발구에 가면 아시아 최대 규모를 자랑하는 징둥의 최첨단 스마트 창고 '아시아 1호 베이징 물류단지'를 한눈에 살펴볼 수 있다.

물류단지 현장에 들어서면 눈앞에 선반이 천장까지 까마득히 치솟아 있고 어떤 물체가 물류 창고 내 바닥을 오가면서 열심히 화물을 운반한다. 징둥 물류가 자체 개발한 AGV 시스템 디랑(地狼)으로 불리는 로봇이다. 우리 말로는 지상 늑대다.

디랑은 지면의 QR코드를 인식해 스스로의 행선지를 정하고 운행하며 주문 목적지에 맞춰 화물을 선반에 올려놓는다. 줄을 서고 후진을 하고 장애물을 피하고 충전을 하는 것이 모두 사람이 하는 것처럼 자연스럽다. '디랑' 직원이 사람과 다른 것은 전기가 떨어지면 알아서 충전하고 24시간 휴식 없이 일한다는 것이다.

직원들은 AGV 디랑 로봇이 운반해 오는 화물을 기다려 고르기만 하면 된다. 디랑 로봇은 사람에 비해 세 배나 많은 매시간 250개의 주문을 처리할 수 있다. 베이징 아시아 1호 물류단지 전체 수십만 평방미터 중 AGV 구역의 면적은 1만 2,000평방미터다. 이곳에서 현재 330량의 AGV가 운영 중인데 이들이 하루 평균 80만 건 이상의 주문 배송을 도맡아 처리하고 있다.

"전에는 사람이 주문표를 들고 일일이 화물을 찾아다녀야 했어요. 지금은 화물이 사람을 찾아가는 시스템으로 효율이 크게 개선됐어요." 작업 라인에 붙어 있는 '화도인(貨到人)'이 무슨 뜻이냐고 묻자 라인 책임자는 주문된 물건이 사람(작업자) 앞에 자동으로 도착한다는 뜻이라고 설명했다.

자동화 창고 저장과 운반, 선택 분류 등의 전 과정이 로봇 자동화 시스템으로 이뤄지고 있었다. 징둥 물류 현장 책임자는 징둥의 아시아 1호 물류가 세계 최초로 물류 창고 시스템 전 과정에 대해 전면 무인화 조작을 실현한 곳이라고 소개했다.

징둥이 단순한 인터넷 소매 기업이 아니라 첨단 기술 기업이라는 것을 실감케 한다. 유리 벽 안쪽으로는 대형 물류 창고 작업장 내에 붙어 있는 '기술이 미래를 구동한다'는 내용의 플래카드가 눈에 들어온다.

징둥 물류 아시아 1호는 화물 선반구와 셔틀구, 자동화 분류 선택구, 칭류(靑流)계획구 등으로 구분돼 있다. 베이징아시아 1호의 자동화 설비는 높이 19층의 셔틀 입체형 스마트 창고를 갖추고 있다. 창고 저장 능력이 확대됐고, 스마트 설비 화물 분류 선택 작업의 경우 사람에 비해 6~8배나 효율이 개선됐다.

'땡큐 아메리카'
미국이 쏘아 올린 화웨이 기술 굴기

중국 개혁개방 일번지 선전시 롄화산(蓮花山) 공원에 가면 덩샤오핑 동상과 시진핑 조형물을 만날 수 있다. 롄화산 공원 정상 전망대 정면으로 변화한 선전 시내와 중국에서 두 번째로 높은 평안 금융 빌딩이 한눈에 들어온다. 2019년 선전은 수도 베이징과 경제 수도 상하이를 제치고 중국 주요 도시 중 GDP 1위를 기록했다. 같은 해 선전시는 경제 규모에서 홍콩을 추월했다. 공원 맨 꼭대기에는 덩샤오핑(鄧小平)의 동상이 우뚝 서서 선전의 번영을 굽어보고 있다.

100년간 지속됐던 중국 본토의 '홍콩드림'은 삽시간에 선전 드림으로 바뀌었다. 과거엔 허드렛일이라도 홍콩에 일자리를 잡는 게 대륙인들의 꿈이었다. 이런 상황은 여명과 장만옥이 출연한 로맨틱 영화 '톈미미(甜蜜蜜,첨밀밀)'에도 잘 묘사되고 있다. 지금은 홍콩이 거꾸로 '선전 드림'을 선망하고 있다. 실제 많은 홍콩인들이 일자리를 찾아 중국 본토 선전으로 넘어오는 세상이 됐다.

롄화산 공원 정상의 덩샤오핑 동상 뒤편으로 돌아가면 '선전의 발전은 경제특구 정책이 옳았음을 증명한다(深圳的發展和經驗證明我們建立經濟特區的政策是正確的)'는 내용의 1984년 덩샤오핑 연설 한 구절이 대형 벽면에 조각돼 있다. 덩샤오핑 동상 뒤쪽 100여 미터쯤 떨어진 곳에 시진핑 총서기 겸 국가주석이 2012년(18차 당대회) 집권의 해에 식재했다는 고산용(高山榕) 나무가 싱싱한 가지를 뻗고 무성하게 자라고 있다.

덩샤오핑 동상 전면으로 다시 돌아와 공원 아래 선전시 푸톈(福田)구 시내를 내려다보면 전혀 다른 모습이 펼쳐진다. 활기찬 행인들의 발걸음에 100층이 넘는 마천루가 숲을 이루고 있다. 타워크레인은 쉬지 않고 도시의 스카이라인을 바꿔 가고 있다. 부동산 기업 헝다나 비구이위안 사태가 중국 경제에 정말 큰 위기인지, 미국과 중국의 경제 전쟁이 과연 현재 진행형인 게 맞는지 의심케 하는 광경들이다.

중국의 미래가 궁금하면 선전에 가 보라는 얘기가 있다. 중국경제의 번영 '장강의 기적'은 곧 선전의 기적이다. 중국 성장호를 끌고 가는 기관차는 중국 공산당 당중앙이 소재한 수도 베이징도, '경제 수도' 상하이도 아니다. 선전은 시진핑의 중궈멍(中國夢, 중국 꿈), 즉 중화민족의 위대한 부흥을 이끌어 길 가장 유명한 기대주로 꼽히고 있다.

선전시 야바오(雅寶) 지하철역 인근은 아주 번화한 상가 지역이다. 부동산 침체에도 불구하고 도심 한가운데 대형 빌딩 건축 공사가 한창이다. 언젠가 이곳에서 만난 선전 무역관의 구본경 관장은 "개혁개방 초기 가공무역 발전이 성장의 축이었던 시대는 아득한 옛날이 됐고 이제 '선전 모델'을 다시 재정의해야 할 때가 됐다"라고 말했다. 중국 전문가인 구본경 관장은 "선전 산업과 경제는 첨단 ITC와 바이오 신에너지 등 신흥 전략산업, R&D 혁신산업을 새로운 성장 동력으로 삼아 무한 질주를 벌이고 있다"라고 설명했다.

선전은 베이징과 상하이를 제치고 최근 수년간 중국에서 젊은 층을 중심으로 인구 유입이 가장 많은 도시로 떠올랐다. 인구 유입은 지속 성장의 원천이며 미래 도시 번영의 현재적 반영이다. 2023년 기준 상주인구 약 1,800만 명의 선전시. 전체 인구의 평균 연령은 34세가 채 안 된다. 전국을 통틀어 가장 젊은 도시다. 선전은 젊은 인재를 잡기 위해 고용과 복지 등에 최선을 다한다. 진저웨 위안저라이(近者悦远者来, 곁에 있는 사람한테 잘해 주면 멀리서 사람이 몰려든다). 선전시 역시 먼 옛날 공자가 제시한 인구 정책을 원용하고 있다.

중국 당국은 선전시를 2035년까지 세계 최고의 스타트업 혁신 도시로 만들 계획이다. 약 10여 년 후 선전시가 미국 실리콘밸리의 영화를 넘겨받겠다는 야심이라고 할 수 있다. 선전시는 건국 100년인 2050년(2049년)에는 글로벌 영향력 최고의 상징적 도시로 거듭날 것을 목표하고 있다. 2050년의 중국 스케줄은 미국 추월에 맞추어져 있다는 게 정설이다.

롄화산 공원을 내려온 뒤 선전 시내 중심가로 들어와 지하철을 탔는데 선전 기술기업 '화웨이' 이름을 딴 지하철역이 베이징에서 온 외지인의 눈길을 사로잡는다. 중미 무역 전쟁의 최전선에서 미국과 맞닥뜨려 있는 바로 그 기업이다.

중국 개혁개방의 도시 광동성 선전 시내 전철에 '화웨이역'이 설치돼 있다.

　화웨이는 개혁개방의 옥동자이며 선전 번영을 대표하는 혁신 기업의 아이콘이다 창업자 런쩡페이 회장은 선전시가 민영기업 재산권 보장 방침을 밝힌 데 고무돼 선전에서 창업했다고 밝힌 바 있다. 혁신 도시 선전은 1987년 발족된 전화교환기 대리상 기업 화웨이를 세계 최대 통신설비 기업으로 키워 냈다. 선전은 지금 세계 최대 ICT 산업 클러스터로 자리매김했고 화웨이는 이를 기반으로 미국의 '기술 봉쇄'를 뚫는 데 매진하고 있다.

　미국의 대중국 반도체 제재와 대화웨이 기술 제재는 휴대폰 사업에 직격탄을 안겨 줬다. 하지만 한편으로 이는 화웨이에게 미래 먹거리 개발과 기술 자립을 촉진하는 계기가 됐다. 미국의 반도체 제재로 화웨이는 반도체 개발과 스마트 자동차, 첨단 디지털 기술개발에 주력했다. 화웨이는 명실공히 중국의 간판격 ICT 기업으로 자리 잡았다. 2023년 9월 비록 구형 노광기에 의존한 것이긴 하지만 마의 7나노 반도체 개발에 성공, 자사의 프로(PRO) 60 스마트폰에 채용해 세계 반도체 업계를 바짝 긴장시켰다.

덕분에 화웨이는 2024년 첫 두 주 실적에서 중국 스마트폰 시장 1위를 탈환했다. 이는 미국의 반도체 제재로 후순위로 밀려난 지 약 4년 만이다. 더 놀라운 것은 화웨이가 2024년 1분기 세계 폴더블 스마트폰 시장에서 삼성을 제치고 세계 1위에 올라섰다는 점이다. 많은 사람들이 예상치 못한 충격적인 결과다. 화웨이는 2023년 실적 개선에 따라 10여만 명의 우리 사주 종업원들에게 평균 1억 원씩의 보너스를 지급했다. 2024년 초 화웨이 직원은 이 소식을 확인하는 필자의 질문에 런쩡페이 회장은 '캉카이(慷慨, 대범하고 통이 크다)한 사람'이라고 대답했다.

일각에서는 미국의 제재가 매너리즘에 빠진 중국에 경각심을 일깨웠으며 화웨이에게는 새로운 활로를 탐색하는 기회가 됐다는 말이 나온다. 각종 특허와 5G 연구개발(R&D)에 있어 중국 기술 굴기의 템포가 미국의 기술 제재 전보다도 훨씬 빨라졌다는 게 중국 안팎 전문가들의 분석이다. 미국의 제재가 담금질이 돼 화웨이가 한층 단단한 기술 기업이 됐다는 얘기다.

2023년 3월 31일 광둥성 선전 화웨이 헤드쿼터가 위치한 반톈(坂

田) 기지에서 열린 화웨이 2022년 재무 실적 발표회. 화웨이 연간 실적 발표는 미국의 대중국 반도체 제재와 기술 굴기 저지의 표적 기업이라는 점에서 매년 세계의 관심을 끌고 있다. 상장사는 아니지만 훙멍(鴻蒙, Harmony) 운영체계(OS) 등 화웨이 테마주를 비롯해 증시 영향력이 상당하기 때문에 세계 투자자들이 주목하는 행사다. 화웨이는 중국 기술 변화와 트렌드를 주도하는 기업이다. 미국의 대중국 기술 공한증(恐漢症)의 중심에 있는 회사이기도 하다.

화웨이의 2023년 3월 발표회장은 무대 배경 등에서 여느 때와 사뭇 달라 보였다. 멍완저우 CFO(순환 회장)의 실적보고 프레젠테이션 자료의 배경 화면을 모두 매화 가지와 매화꽃으로 꾸몄다. 아웃포커스의 은은한 연분홍 색깔이 전체 무대의 스크린을 물들였고 초점이 맞춰진 매화 나뭇가지에선 싱싱한 꽃봉오리가 피어나고 있었다. 먼저 꽃을 피운 연분홍 매화는 향기가 뿜어져 나올 것처럼 화사했다.

새로 순환 회장이 된 멍완저우 CFO는 (미국의) 제재 압력이 있으면 (우리의) 신념은 훨씬 더 강인해진다고 강조했다. 또한 화웨이가 '전시 경영 상태'에서 정상 경영 상황으로 돌아왔다며 자신감을 내보였다. 화웨이의 은유적 표현인 매화는 이날 재무 실적 발표가 끝나고 이어진 저녁 만찬장 공연에서도 등장했다. '梅花香自苦寒來(매화의 향은 혹독한 추위에서 나온다).' 만찬과 함께 곁들여진 춤 공연에서 한 출연자는 무용수들의 율동에 맞춰 매화를 그려 내고 그림 한편에 이런 글귀를 적어 넣었다.

자강불식, 'R&D로 G1 간다'

화웨이는 고객과 취재 탐방 등 외부에서 손님이 오면 화웨이 본사 반텐 원구(단지)에 있는 ICT 전시장부터 먼저 소개한다. 또 시간 여유가 되면 북쪽으로 한 시간 거리의 동관에 있는 R&D 기지로 안내한다. 본사 반텐단지의 전시홀은 언제나 화웨이의 최신 스마트 디지털 기술 개발 및 응용 상황을 전시해 놓고 미래 기술 트렌드를 보여 준다.

화웨이 헤드쿼터 F구 지하에 자리한 전시장(다윈홀)에서 필자에게 가장 인상적이었던 것은 화웨이의 최근 R&D 투자 현황이다. 현황판 그래프는 화웨이 R&D 투자 금액이 2018년 1,000억 위안을 돌파했고 2019년 1,300억 위안대, 2020년과 2021년 두 해 연속 1,400억 위안대를 넘었음을 보여 주고 있었다.

R&D 투자 금액은 시간이 갈수록 눈덩이처럼 불어나고 있다. 2023년 화웨이의 R&D 투자액은 사상 최고 금액인 1,647억 위안(약 30조 5,800억 원)에 달했다. 같은 해 삼성전자의 R&D 비용(28조 3,397억 원)을 뛰어넘는 수치이며 우리나라 국가 R&D 예산(31조 1,000억 원)과 엇비슷한 규모다. 전년도인 2022년 화웨이 R&D 투자액은 1,615억 위안으로 매출(6,423억 위안)의 25.1%를 차지했다.

화웨이의 반텐 기지 전시장은 한마디로 화웨이가 ICT 분야 R&D 기술 경영을 통해 어떻게 미국의 기술 제재를 돌파하고 있는지를 보여 주는 현장이다. 이곳엔 화웨이의 5G 기술과 함께 화웨이의 2025년 5.5G, 2030년 6G 스마트 통신 시대의 휘황찬란한 기술 경영의 비전이 소개돼 있다. 스마트 통신기술이 철강 석탄 같은 전통 산업과 협업해 어떻게 뉴 비즈니스를 창출하는지 신성장 가능성을 예시해 주는 공간이다.

이곳 전시장에는 또 5G 스마트 모바일 네트워크를 통한 산업 응용 현황을 전시하고 있다. 한쪽 전시 무대엔 설치 공간과 케이블 비용, 엔지니어링 비용이 줄어드는 반면 역으로 태양광 생산 효율이 20%나 늘어나는 스마트 그린 태양광 설비 구조를 일목요연하게 보여 주고 있다.

필자가 전시장을 찾았을 때 안내 기술자는 화웨이의 텐센(天線) 무선 통신기술이 효율 제고를 통해 5G 시대 네트워크 품질을 혁신적으로 개선했다고 설명했다. 그는 화웨이가 5G 시대에 사각지대 없는 스마트 초연결 시대를 정착시킬 것이라고 강조했다.

전시장은 5G 비즈니스의 각 산업 분야 응용 사례도 보여 주고 있다. 5G 스마트 기술과 비즈니스 결합이 기업 신성장의 첩경임을 보여 주는 현장이다. 화웨이는 5G 기술을 기반으로 아우디 바스프 같은 기업들과 어떻게 협업하는지 사례를 보여 줬다.

5.5G 시대의 녹색 스마트 전시실도 넓은 구역에 걸쳐 소개되고 있다. 화웨이의 이곳 전시장은 최신기술 동향과 관련해 민감한 구역이어서 사진 촬영을 철저히 금지하고 있다. 별도 구역의 5.5G 시대 코너에

는 5.5G 광센서 감응기로 광통신 비즈니스 응용이 확장되는 사례를 전시해 놓고 있다.

화웨이 ICT 비즈니스는 미국 대중국 기술 제재의 상시화 시대에 ICT 제품 및 서비스의 고질량화를 통해 선발기업 입지를 굳혀 가고 있다. 화웨이는 디지털 에너지 분야를 비롯해 금융 전력 교통 공항 항만 영역에서 확고한 기술 경쟁력을 유지하고 있다고 강조한다.

화웨이는 인터넷 통신 기술 ICT 영역의 기술 우세에 힘입어 반도체 칩과 소프트웨어 하드웨어 단말기 인터넷 클라우드 분야에서 혁신을 주도하고 있다. 실제 화웨이는 2023년 여름 7나노미터 반도체 자체 개발에 성공했다. 이에 앞서 화훼이는 2022년 14나노 이상 반도체 EDA 장비를 자체 기술로 개발했다.

2023년 3월 29일 밤 9시가 넘은 늦은 시각. 세계적인 중국 ICT기업 화웨이 기술 굴기 현장 취재를 위해 베이징에서 출발해 선전 바오안 공항에 도착했을 때 로비에는 틱톡의 회사 바이트댄스의 기업용 메신저 페이수(飞书) 광고가 환하게 네온사인을 밝히고 있었다.

광고는 샤오미와 하이얼, 산이중공업, 우메이처럼 각 분야에서 요즘 중국에서 잘나가는 선진 대기업들이 고효율 기업 협업 관리 플랫폼 페이수 메신저를 활용하는 고객사라는 점을 알리는 내용 같았다.

쓰촨성 청두와 충칭시, 후베이성 우한시, 하이난성 하이커우, 푸젠성 취안저우시, 저장성 항저우, 장시성 쥬장시와 우위안현 공항과 기차역 역사. 2023년 상반기 필자가 찾은 곳 어디든지 중국 술 백주 광고 일색 이었는데 선전 바오안 공항에는 페이수라는 첨단 업무환경 플랫폼 메신 저 광고가 백주 광고를 대신하고 있는 점이 눈길을 끌었다. 선전시가 첨 단 과학기술 혁신 도시임을 웅변하는 듯했다.

선전은 1978년 이전 개혁개방 전만 해도 바오안현으로 불리던 이름 없는 작은 도시에 불과했다. 현재의 선전은 ICT와 첨단 제조 설비, 첨단 기술과 혁신의 허브가 됐다. 홍콩을 젖줄로 해 서방 기술과 자본을 흡수 하던 선전은 경제 규모와 영향력 면에서 홍콩을 제쳤다.

선전시 렌화산 공원 정상에 개혁 개방의 지도자 덩샤오핑 동상이
도심을 굽어보고 있다.

세계적으로 이름을 날리는 ICT 혁신 기술 기업 화웨이와 텐센트, 세계 최대 드론기업 DJI와 세계 전기차 시장을 주름잡는 BYD, 선발 스마트폰 업체인 오포, 비보가 모두 선전에서 창업했다. 샤오미도 글로벌 본부를 선전에 건설했다. 선전에는 현재 세계 최대 ICT 산업 클러스터가 형성돼 있다.

중국은 사막에서 장미꽃을 피우듯 무명의 농촌에 불과했던 선전(당시 바오안 현)을 오늘날 세계적인 혁신 도시로 탈바꿈시켰고 그 과정에서 세계가 주목하는 몸값 1조 원의 유니콘과 ICT 혁신 기업이 수도 없이 탄생했다. 선전과 화웨이의 예로 볼 때 혁신은 도시 인구 및 기업 구성원의 연령과도 밀접한 관련이 있는 것으로 보인다.

중국 출산율이 줄어들고, 특히 2022년과 2023년 인구가 각각 87만 명, 208만 명 순 감소세를 보이자 일각에선 인구 고령화와 젊은 노동인구 감소로 중국 경제가 쇠퇴하는 중진국 함정에 빠질 것이라고 주장하는데 이런 전망을 비웃듯 1선 도시 선전은 젊은 층 인구 유입이 계속 늘고 있다.

필자는 2023년 2월 하이난성 자유무역항 프로젝트 취재를 마친 뒤 비행기로 하이난성 싼야 공항에서 광둥성 선전시 바오안 공항으로 이동했다. 기내에서 선전에 거주하는 젊은 남녀 직장인과 나란히 자리를 했는데 둘 다 빠링허우(80後, 1980년대생) 후반생이었다. 그래 봐야 34세 전후인데 이들은 "젊은 혁신 도시 선전에선 우리 나이만 해도 고령에 속한다"라며 웃어 보였다.

화웨이 공관부 자료에 따르면 화웨이 R&D 인력 비중은 전체 20여만 명 직원 중 55%에 달한다. 이들 기술 인력을 중심으로 한 화웨이 직원의 평균 연령은 선전시 인구 평균 연령보다 더 젊다. 화웨이 선전 본사 북쪽 약 한 시간 거리에 자리한 둥관시 '시촌(溪村) R&D 단지' 내 직원들은 모두가 대학생 같고 단지도 '젊음의 광장' 대학 캠퍼스 같은 분위기다.

ICT 중국 1선도시 광둥성 선전시는 도시 발전상을 말해 주듯 지하철이 모두 10개 노선을 넘는다. 선전 지하철 노선도를 보면 10호선에 '화웨이(华为)'라는 이름의 역이 있다. 화웨이역은 코로나 원년인 2020년 8월에 새로 개통됐다. 2020년 8월이면 코로나19가 확산하고 미국의 화웨이 제재가 2년째에 접어들면서 미중 양국 간 대치가 한참 강도를 더해가던 무렵이다.

화웨이가 미국의 대중국 기술 굴기 제재의 표적이 됐지만 중국은 이에 대해 머뭇거림 없이 강 대 강의 대응으로 맞섰고 기술 굴기에 더욱 박차를 가해 왔다. 시기적으로 선전 시내 '화웨이 전철역'은 이런 배경하에서 세상에 존재를 드러낸 것이다.

선전시 북쪽 숭산(松山)호 시류베이포촌(溪流背坡村, 시촌)에는 화웨이 둥관 R&D 단지가 자리하고 있다. 이곳은 미국의 화웨이 제재를 포함하는 미중 기술 전쟁의 최전선과 같은 곳이다. 화웨이 본사 반톈기지가 있는 선전시 룽강구에서 왕복 6차선 고속도로로 한 시간 정도 북쪽으로 달리면 둥관에 닿는다. 이곳 둥관 다랑(大郎)진에 화웨이 기술 요람 시촌(溪村) R&D 기지가 보금자리를 틀고 있다.

화웨이의 둥관 '시촌(溪村) R&D기지'는 화웨이와 런쩡페이(任正非) 회장의 기술에 대한 집념이 응축된 곳이다. 선전 룽강구의 반텐원구(坂田園區, 기업단지)가 화웨이의 총본부라면 이곳 둥관 R&D 원구는 기술 분야 헤드쿼터라고 할 수 있다. 화웨이의 신성장 먹거리와 미래 비전이 모두 이곳에서 만들어진다고 할 수 있다.

창업자 런쩡페이 회장은 룽강구의 2,000무(약 40만 평, 1무는 약 200평)가 넘는 넓은 선전 반텐기지(화웨이 본사 집적 단지)도 좁다고 보고 100억 위안을 넘게 들여 선전 북쪽에 화웨이의 둥관 기술 요람 '시촌 R&D기술 단지'를 건설했다.

둥관 R&D 단지는 코로나19 발생 직전인 2018년 완공됐고 그해 선전의 R&D 기능을 둥관 기술 단지로 이주시켰다. 단지의 총면적은 1,900무(畝), 우리 평수로 환산하면 38만 평이 넘는 매머드급 규모다. 둥관시 숭산호 첨단과기 산업단지에 속해 있으며 사람들은 이곳을 '시촌'이라고 부른다.

'우리는 서구로부터 배운다.' 화웨이가 무역회사로 출범한 지 꼭 10년이 되는 해 1997년 런쩡페이(任正非) 회장은 IBM 거스트너 CEO를 만난 뒤 임직원들에게 이렇게 말했다고 한다. 런 회장이 거스트너 CEO에게서 얻은 인사이트는 이후 R&D 기술 개발에 대한 집념으로 이어졌고 화웨이를 세계 최고의 기술 기업으로 만드는 데 초석이 됐다.

사람들은 오래전부터 선전이 중국의 미래를 들여다보는 창이라고 말해 왔다. 선전은 개혁개방은 물론이고 민영 기업 변신과 기술 트렌드의 변화를 주도하는 도시다. 선전에 가면 10년 후 중국을 가늠할 수 있고, 선전의 미래는 화웨이를 통해 엿볼 수 있다. 광둥성 둥관의 화웨이 시촌 R&D(연구개발) 기지는 화웨이의 미래를 보여 주는 창이다.

II
왜 강한가, 공산당을 만나다

중국공산당의 주요 연표

1893년 12월 26일 마오쩌둥 후난성 사오산(韶山) 출생
1904년 8월 22일 덩샤오핑 쓰촨 광안현 출생
1921년 7월 1일 공산당 창당
1921년 7월 23일 제1대(공산당 1차 전국대표대회 상하이 당원 57명)
1934년 10월 대장정 시작
1935년 1월 구이저우(貴州) 준이(遵義)회의. 마오쩌둥 당권 장악
1945년 8월 마오쩌둥 장제스 충칭 평화회담, 내전 종식
1946년 국민당의 약속 파기로 국공내전 개시
1947년 공산당 압도적 열세를 딛고 전세 만회
1949년 10월 1일 중화인민공화국 건국
1956년 1.5규획(1차 5개년계획 1956~1960년) 시작
1958년 대약진운동 인민공사 설립(경제 실패)
1967년 1월 반마오파(류사오치, 덩샤오핑) 제거, 문혁 신호탄
1971년 10월 중국 UN 복귀
1976년 9월 마오쩌둥 사망, 문혁 종말
1978년 12월 제11대 3중전 개혁개방 선언
1979년 1월 미중 수교

1992년 1월 덩샤오핑의 남순강화(南巡講話) 개혁개방 도력, 8월 한중수교
2002년 11월 제16대 장쩌민 3개 대표론 당장 삽입, 자본가 입당 허용
2007년 제17대 후진타오 과학적 발전관 당장 삽입
2011년 7월 공산당 창당 90주년(당원 8,026만 명),
　　　　　공산당 당원 10년 뒤인 2021년 말 9,671만 2,000명
2012년 공산당 18차 당대회, 시진핑 총서기 집권 1기 개막
2017년 공산당 19차 당대회, 시진핑 총서기 집권 2기 개막
2018년 개혁개방 40주년
2020년 소강사회(의식주가 풍족한 단계) 전면 실현
2021년 7월 중국 공산당 창당 100주년
2021년 11월 19기 6중전회, 공산당 사상 세 번째 역사결의 채택
2022년 10월 공산당 20차 당대회 시진핑 총서기 3연임 돌입
2023년 3월 14기 1차 전인대 시진핑 국가주석 3연임 돌입
2027년 가을 공산당 21차 당대회 시진핑 4연임(?)
2035년 사회주의 현대화 기본실현(선진국 문턱 진입)
2049년 건국 100년 사회주의 현대화 강국

'공산당이 없었다면 신중국도 없었다(没有共产党没有新中国).' 공산당 찬양가인 이 노래는 당과 국가의 중요한 행사 때는 물론 인기 가요처럼 연중 온 중국에 울려 퍼진다. 공산당 체제 선전을 위한 건전 가요로 초등학생들이 제일 먼저 배우는 노래다. 공산당과 친해지는 건 중국 사회에서 출세하는 데 필수 요소이기 때문에 이 노래는 어디서나 권장 가요다.

중국 사람들, 특히 공산당원들에 신앙을 물어보면 적지 않은 사람들이 '공산당'이라고 대답한다. 언젠가 기차 안에서 만난 산시(山西)성 타이위

안(太原)이 고향인 공산당원 여성은 공산당이 자신의 '신앙'이라고 당당하게 말했다. 이 여성은 아이가 장성하면 당에 가입시킬 것이라고 덧붙였다. 정당인 공산당도 신앙의 대상이냐고 반문했더니 여성은 "서양인들이 기독교나 불교를 믿는 것처럼 나도 공산당을 신앙하는 것"이라고 대답했다.

"공산당은 봉건체제에 예속되고 열강에 침탈당한 나라를 구하고 인민을 해방시켰어요. 중국 인민들에게 공산당은 곧 구원이고 메시아나 마찬가지예요." 기차에서 만난 여성은 공산당을 신앙으로 여기는 이유에 대해 이렇게 덧붙였다. 공산당의 중국 내 위상을 신성불가침의 존재라고 해도 과장이 아니다.

공산당은 창당 100주년을 맞아 창당의 해를 제목으로 한 영화 '1921'을 방영했다. 이 영화는 1840년 아편전쟁과 1842년 난징조약이라는 중국 근대사의 치욕과 함께 열강에 짓밟히고 도탄에 빠진 민생, 봉건 군벌에 의해 누란지위에 놓인 당시 중국 상황을 다뤘다.

영화 '1921'은 "굴곡의 근대 시기 중국 공산당의 탄생은 역사의 필연이었으며 공산당은 반(半)식민 반(半)봉건의 나락에서 중국을 건져 냈다"라고 강조한다. 반외세 저항 의식과 함께 애국심을 고취시키는 중국의 대표적 주선율 영화(主旋律, 체제 선전 영화) '1921'은 14억 중국 인민을 향해 공산당의 등장이 복음이었다고 선전하면서 미국의 공세에 맞서 싸울 것을 독려하고 있다.

콘크리트 같은 14억의 신앙

중국 공산당은 1921년 창당했고 이로부터 약 6년 만인 1927년 8월 1일 난창봉기의 무장 투쟁을 계기로 군대 조직이 탄생했다. 이후 8월 1일은 건군 기념일이 됐다. 공산당은 창당 28년 만인 1949년에 중화인민공화국을 건국했다. 중국 공산당은 무소불위의 권력을 가진 집단이고 힘은 모두 당의 일인자인 총서기에 집중돼 있다. 총서기가 군 통수권자이고 국가의 수반이다.

총서기가 곧 중국 공산당이고 중국이라고 해도 과언이 아니다. 가히 중국 총서기는 '짐이 곧 국가다'라고 말할 만하다. 흔히 중국 공산당 총서기를 현대판 황제라고 하는데 실제 이런 비유는 그리 과장이 아니다. 이데올로기와 정보와 군대라는 막강한 무기를 거머쥔 현대 국가 체제에서의 중국 공산당과 당총서기는 실제 봉건시대 황제보다 더 큰 힘과 권력을 가졌다고 볼 수 있다.

중국 공산당은 자신들의 정치 체제가 국민이 선택한 결과이며 서방에서 인정을 하든 않든 자신들의 방식으로 자유와 민주의 가치를 구현하고 있다고 주장한다. 중국이 통치 이념으로 내세우는 12개 사회주의 핵심 가치관에는 민주와 자유가 중요한 항목으로 강조되고 있다. 비록 공산당 일당 체제지만 분배와 성장, 자본과 노동자 이익의 조화, 개발과 보존 등을 놓고 볼 때 나름대로 정책의 스펙트럼도 꽤 넓은 편이다. 사회주의 체제이지만 중국인들의 오랜 특성인지 인민들은 웬만한 자본주의 나라보다 훨씬 불만 없이 사회적 불평등을 수용한다.

중국 공산당에게는 '핵심 이익'이라는 게 있다. 공산당과 대만 및 티베트(시짱 장족자치구) 같은 영토를 일컫는다. 이 두 가지 사항은 영구집권이라는 공산당의 목표와도 직결되는 문제다. 다른 문제라면 협상으로 이견을 조율할 수 있지만 공산당이 내세우는 핵심 이익에는 어떤 타협이나 양보도 있을 수 없다.

무슨 대가와 희생을 치르더라도 반드시 지키고 수호해 내야 하는 절대적 주권이다. 그런데 중국 공산당 입장에서 볼 때 미국은 중국을 위협적인 존재라고 판단하고 압박을 가하기 시작했고, 대만에 대해서도 수교 당시 입장과 다른 도를 넘는 간섭을 하고 있다. 미국은 중국의 성공을 도왔지만 이제는 중국의 핵심 이익을 노골적으로 건드리고 있다.

베이징 지하철 승객이 '우리 중국을 범하는 자는 끝까지 쫓아가서 주살할 것이다'는 섬뜩한 경고 문구가 적힌 셔츠를 입고 있다.

중국 공산당이 오늘과 같은 성공을 거둔 배경에는 미국의 도움을 간과할 수 없다는 주장이 있다. 중국 내 한 자료에 따르면 미국은 1940년대 후반 막바지 국공내전 때 공산당의 실력을 과소평가했고 결과적으로 장개석 국민당에 대한 지원을 중단했다. 당시 워싱턴 분석가들은 공산당이 대륙의 권력을 잡기 힘들고, 설령 집권을 한다 해도 미국에 큰 위협이 못 될 것으로 판단했다고 한다.

예상을 뒤엎고 공산당은 국공내전에서 국민당을 패퇴시키고 나라를 세웠다. 하지만 공산당은 대약진과 문화대혁명 등 실정에서 벗어나지 못했다. 이때까지만 해도 워싱턴의 예측은 과히 틀리지 않았다. 미국은 1971년 대만 대신 중국을 유엔의 일원으로 끌어들이고 일본과의 수교도 묵인해 줬다. 지금 유엔에서 중국은 미국 대신 주인 행세를 하고 있고, 중일 수교는 중국이 철강, 자동차, 기계, 전자 등 주요 산업을 현대화하는 데 큰 힘이 됐다.

1979년에는 미중 수교가 체결됐고 미국의 시장경제와 자본은 1980년대부터 본격화한 중국 개혁개방의 성공에 결정적 기여를 했다. 이어 미국은 2001년 중국을 WTO에 편입시켜 줬다. WTO 가입으로 중국은 달리는 말에 날개를 단 격이 됐다. 두 자릿수 고속 성장세로 질주하면서 2008년 베이징 올림픽까지 성공적으로 치러 냈다. 미국 특허의 반도체는 중국 제조와 수출 경제에 일등공신이 됐고 미국이 발명한 스마트폰과 핀테크는 중국이 디지털 신경제로 전환하는 데 밑거름이 됐다.

미국은 뒤늦게 중국 굴기가 심상치 않다는 걸 깨닫기 시작했다. 창당 100년의 중국 공산당이 200년 민주 정당의 역사를 가진 미국에 위협 요인이 된 것이다. 달러 패권이 위안화 패권에 불안감을 느끼기 시작했다. 미국은 2017년 무렵부터 관세 폭탄을 앞세워 중국에 대해 본격적인 공세를 가하고 나섰다. 미중 충돌에 대해 중국이 투키디데스의 함정에 빠졌다고 보는 시각도 있다. 이런 가설이 맞든 아니든 미중 충돌은 국제사회의 하나의 상수로서, 향후 수십 년 넘게 지속될 것이라는 게 중론이다.

미국의 대중국 무역제재는 현재 반도체 봉쇄 등 기술 제재를 비롯해 전방위 경제 전쟁의 양상으로 비화하고 있다. 중국 공산당은 이런 상황에 대해 100년 이래 없던 세계사적 대변국(일대 전환기)이라고 규정한다. 이런 바탕에는 중국이 대만 문제를 포함한 미국의 공세를 일종의 전쟁 도발로 보는 인식이 깔려 있다.

외부의 도전이 거세질수록 중국 공산당은 한층 강고한 응전으로 맞서고 있다. 과거 중국 공산당은 항일 반외세와 반봉건을 내세워 인민을 결속하고 대륙의 공산 혁명을 성공시켰다. 비록 선거라는 형식은 아니었지만 공산 혁명 과정에서 5억 중국 인민은 공산당에게 절대적 지지의 '몰표'를 안겨 줬다.

현재 미국의 중국 봉쇄 압박 전략은 또다시 중국 인민의 내부 단결을 촉진시키고 있다. 중국인들의 '항미 의식'이 고취되고 내부 통합도 공고해지고 있다. 중국은 미국의 공격을 방어하고 안으로는 국론을 모으면서 공산당 지상 목표인 영구집권의 기반을 굳혀 나가고 있다. 미국의 제재 국면에서 중국은 경제적으로 큰 타격을 입고 있지만 체제 공고화 측면에선 뜻밖의 실리를 얻고 있다.

중국 공산당의 진짜 경쟁력은 세계 2위권의 경제력이나 군사력이 아니라 소름이 돋을 정도로 철두철미한 역사 기억이다. 박물관과 유적지들은 아편전쟁 이후 중국이 겪은 근대의 수모와 치욕을 기억하자고 군중들을 부단히 각성시킨다. 베이징 서북쪽의 청나라 황실정원 원명원에 가면 8개 서방 연합국의 약탈 방화에 의한 파괴 현장이 고스란히 역사 교육의 장으로 남아 있다. 서방 침탈국들의 야만과 무도함을 고발하고 중국이 왜 단합하고 강해져야 하는지를 일깨우기 위함이다.

아편전쟁 후 일본에 의해 손가락질받았던 '동아병부(东亚病夫, 아시아의 병자)'라는 조롱도 중국은 여전히 생생하게 기억하고 있다. 봉건 세력 및 군벌의 횡포, 일본 및 서구 열강의 침탈에 짓밟히고 유린당한 나라를 구하는 데 있어 사회주의 도입과 공산당 창당은 중국 역사의 필연이었다고 중국은 목청을 높인다. '초심을 잊지 말고 사명을 기억하자(不忘初心牢记使命)'는 구호가 중국 방방곡곡에 메아리친다.

공산당은 선전 선동 프로파간다에 능한 정치집단이다. 미중 충돌이 본격화한 이후 필자는 중국의 홍색 루트를 다니며 공산당 유적지와 박물관을 돌아봤다. '역사, 화폐, 혁명, 올림픽, 교통, 군사, 천문, 영화, 경극, 고시, 음악' 장르 불문하고 온 나라에 중국만큼 박물관과 기념관, 전람관,

혁명 유적지가 많은 나라도 드물다.

난징 대학살 기념박물관, 베이징 화폐 박물관과 군사 박물관, 베이징 공산당 100주년 전람관, 푸젠성 취안저우 교통역사 박물관, 옌안의 미디어박물관, 광저우 농민공 박물관, 산둥성 취푸의 유교 대학박물관. 2024년 5월 현재 중국엔 박물관이 모두 6,565개에 달하는 것으로 전해진다. 세계에서 가장 많은 수치로 동네마다 몇 걸음만 걸으면 박물관에 닿는다는 얘기가 나올 정도다.

박물관은 학생들의 교실 밖 야외 학습장이며 체제 구성원들을 위한 사회 교육 현장이다. 테마는 다르지만 중국 공산당이 박물관을 통해 인민들을 각성시키는 것은 철저한 역사 기억이다. 과거의 일을 잊는 순간 오욕의 역사가 되풀이된다고 가르치고 '역사의 망각은 패망의 지름길'이라고 국민들을 일깨운다.

난징 대학살 박물관은 일본에 의해 자행된 30만 명 민간인 대학살의 끔찍한 참상을 전시하고 있다. 중국 영화 '난징 난징 난징'은 일제 침략과 일본군의 소름 끼치는 만행을 고발한다. 생생해지는 난징 대학살의 기억 속에 어제의 '중일전쟁'이 마치 현재 진행형처럼 느껴진다.

중일 관계가 '얼음을 깨는 여행(破冰之旅)'에 비유될 만큼 호전되어도 난징 대학살에 대한 중국 공산당의 기억은 조금도 퇴색되지 않는다. 중국은 회개를 거부하는 자에 대한 준엄한 경고이며 또다시 실패를 자초

하지 않기 위한 자기 각성이라고 설명한다. 중국 공산당은 '우리가 강한 이유는 역사를 바로 기억하기 때문'이라고 목청을 높인다.

베이징 하이덴구의 공산당 전람관은 '창당 100년의 휘황한 역사'를 전시해 놓은 곳이다. 이곳에 가면 한국전쟁 때 김일성과 박헌영이 마오쩌둥에게 군사 지원을 요청한 한글 서신과 중문 번역본이 전시돼 있다. 중국은 한국전쟁을 '항미원조'라고 부르면서 평화 수호를 위한 전쟁이었다고 주장한다. 화폐 박물관이든 군사 박물관이든 어디를 가나 항미원조가 미국 제국주의와 싸운 정의의 전쟁이었다고 기록하고 있다. 수교 이후 한중 관계가 허니문이었을 때도 시퍼렇게 날 선 중국의 이런 역사 인식은 조금도 무뎌지지 않았다. 중국은 신냉전 기류 속에 맞은 창당 100주년 기간 '압록강을 넘어' '장진호' 등 숱한 한국전쟁 드라마와 영화를 방영했다. 중국에겐 '승리의 전쟁'에 대한 소중한 기록이겠지만 우리에겐 하나같이 상처를 들쑤시는 뼈아픈 내용들이다.

베이징 인민대회당 바로 남쪽, 천안문 광장 서편에 아담한 근대 양식의 3층 건물이 들어서 있다. 이 건물은 중국 왕조 시대 돈의 역사를 전시한 중국 첸비(錢幣, 돈) 박물관으로 중국 초기에는 인민은행 건물로 사용했다고 한다. 박물관 1층 로비에 들어서면 '돈 박물관'의 개요와 국공채 역사, '항미원조(한국전쟁)' 전쟁 당시 '국민 모금'의 역사 등을 함께 전시해 놨고 2층에는 상나라 주나라 시대 조개 화폐와 청동 화폐 등 옛날 화폐의 역사가 시대별로 전시돼 있다.

최초의 구멍 뚫린 동전 진(秦)나라 때의 반량전도 전시되어 있고 한무제 때 실크로드를 통해 중서남 아시아로 무역이 확대되면서 우주전 화폐가 널리 통용됐다는 설명도 눈에 띈다. 당나라 화폐 역사 부스에는 당의 번영 시기 육해상 실크로드가 열리면서 무역이 발전하고 외국(신라 대식국 천축국 일본)과의 교역이 활발했고, 외국의 금 은화가 장안(서안)에서 널리 통용됐다고 적혀 있었다. 마치 현재 중국의 신실크로드, 일대일로(육로와 해상 실크로드)를 설명하는 것과 별반 차이가 없어 보였다.

박물관 3층으로 올라가자 한때 세계 최대 강국이었던 청나라 화폐의 역사가 맨 앞 칸을 차지하고 있었다. 이곳에는 강희제와 건륭제 때 나라 경제가 번영하면서 은량 화폐가 널리 통용됐음을 소개하고 있었다. 민간 무역이 왕성해짐에 따라 외국에서 은화가 대량 유입됐다는 대목은 수출 무역으로 G2의 지위에 오른 공산당 시대의 신중국을 떠올리게 한다.

옆 전시실엔 중국에 주둔했던 미군 병사가 지폐를 라이터 삼아 담뱃불을 붙이는 사진이 전시돼 있다. 부녀자가 수레 한가득 돈을 싣고 장을 보러 가는 장면도 보인다. 또 다른 사진을 보니 시장에서 물건을 넘기고 거래를 마친 장사꾼들이 쌀자루보다 두 배나 더 큰 돈 자루를 인력거에 싣고 있다. 국민당 시절 망국적 인플레이션을 설명하는 전시물이다. 국민당 정권하의 살인적인 인플레와 경제 실패는 결국 권력 붕괴를 초래했다.

국공내전 말기인 1948년과 1949년 국민당 정부는 살인적 인플레와 재정위기에 직면했으며 경제가 거의 파탄 지경에 이르렀다. 금원권 7억

5,000만 위안 대 1 은원(銀元)권으로 통화개혁을 했지만 인플레이션을 잡지 못했다. 국민들은 옷 한 벌, 책 한 권을 사기 위해 돈을 수레 하나 가득 싣고 장에 가야 했다. 이는 국민당이 몇 배 강한 전력을 가지고도 공산당에 참패한 원인으로 꼽힌다. 공산당의 돈 박물관은 이를 반면교사로 삼아 경제를 반드시 성공시켜야 한다고 강조한다.

통화는 국력의 상징이다. G2 통화 위안화는 경제력 팽창에다 현대판 실크로드 일대일로 전략 등에 힘입어 국제무대에서 영향력을 증강시켜가고 있다. 미국의 제재 국면에서 중국이 큰 영향을 받고 있지만 그나마 위안화는 신흥국 가운데 상대적으로 변동성이 작은 편이다. 비록 대달러 위안화 가치가 6위안 후반대보다 다소 떨어지긴 했지만 여전히 7위안 초반대를 지키고 있는 것은 차이나리스크 주장이 다소 부풀려진 게 아닌가 짐작게 한다.

오랫동안 달러가 아니면 엄두를 못 냈던 석유와 세계 식량이 일부 위안화로 거래되기 시작했다. 미중 경제 전쟁 와중에서도 위안화 결제와 외환보유 통화 비중이 늘고 있고 국제통화기금(IMF) 특별인출권 비중도 높아졌다. 100년도 채 안 된 신생통화 위안화의 이런 굴기는 약 200년 된 미국의 달러패권에 큰 위협이 되고 있다.

'화폐는 사회 경제 기술 문명의 변천과 왕조 흥망성쇠의 기록이다. 화폐 역사는 곧 중국 역사다. 우리는 역사를 스승으로 삼아 중화민족의 위대한 부흥을 고양해야 한다.' 중국 공산당은 화폐 박물관인 '첸비 박물관'

전시를 총결산하는 안내문에 이렇게 적어 놓고 있다.

　흥하는 자와 망하는 자의 차이는 역사를 기억하는 자와 역사를 망각하는 자의 차이라고 공산당은 말한다. 공산당의 철저한 역사 인식과 기억은 오늘날 중국을 미국까지 두려움을 갖게 한 G2 국가로 만든 원천이다. 중국은 금세기 중반(건국 100주년인 2049년 무렵) 세계 초유의 사회주의 선진 강대국으로 도약한다는 목표를 향해 줄달음치고 있다.

핵폭탄급 비장의 무기, 섬뜩한 역사 기억

상하이 시내 공산당 1차 당대회 유적지 전람관의 공산당 당기 앞에서
청년들이 두 주먹을 쥔 채 공산당 가입 선서문을 외우고 있다.

　잎 넓은 플라타너스 가로수가 빼곡히 들어선 상하이 황피(黃陂)남로의 인근 싱예(興業)로 76호에 붉은 황토 외벽의 고풍스러운 건물이 아담하게 자리하고 있다. 이곳에서 1921년 7월 23일 아주 극비리에 15명의 대표(중국 대표 13인)가 참가한 가운데 중국 공산당 1차 전국 대표대회(1차 당대회)가 열렸다.

2024년 기준 공산당 당원은 1억 명에 육박, 세계 최대 규모 정당이 됐다. 하지만 창당 때만 해도 전체 당원 수가 고작 58명에 불과했다. 서구 열강의 침탈 시기 프랑스 조계였던 이곳 주소는 상하이 왕즈(望志)로 106호였다. 중국 국운이 쇄락, 당시 각국 조계 건물 여기저기엔 '개와 중국인 출입금지'라는 치욕스러운 경고문이 나붙었다. 당시 조계에 있던 이런 푯말 자료는 박물관에도 있고 영화 속에서도 자주 등장한다.

중국 공산당은 100여 년 전인 1921년 이곳에서 7월 30일까지 1차 당대회 회의를 열었으며 마지막 날인 30일 프랑스 조계 경찰의 추적을 받고 회의 장소를 저장성 자싱(嘉兴) 남호 호숫가 배 위로 옮겨 '중국 공산당' 성립을 선포한다. 현재의 7월 1일 공산당 기념일은 옌안 시기(延安, 1935년 10월~1948년 3월) 마오쩌둥에 의해 정해진 것으로 전해지고 있다.

상하이 공산당 창당 사적지엔 일 년 내내 참관객들의 발길이 붐빈다. 중국인들은 이곳에서 아편전쟁의 치욕, 그리고 세기를 넘어 이어진 서구 열강의 국토 유린의 역사를 되새긴다. 대학생과 군인 경찰, 유치원생들까지 전람관 내 공산당기 앞에서 불끈 주먹을 쥐고 혁명 가요를 열창한다.

전람관 1층에는 1921년 당대회 회의 참석자들의 청동 부조물이 설치돼 있다. 설명자료에 따르면 공산당 1차 당대회 참가자 15명 가운데 13명은 중국 각 지역 대표들이며 두 명은 국제 공산당원들이었다. 중국 공산당 1차 당대회 중국인 참석자 13명 중 특기할 대표는 28세의 마오쩌둥이다. 당시 후난성 소학교 교장 겸 신민학회 지도자였던 마오쩌둥은 후난성 대표로 1차 당대회에 참석했다.

'사유제 소멸과 토지와 농자재, 공장 기계, 생산 자재 등 일체의 생산수단 몰수, 사회 공유화.' 중국 공산당 대표들은 1921년 7월(7월 23일~30일)에 열린 1차 당대회에서 당 강령을 채택했다. 하나하나가 수천 년 중국 봉건체제를 완전히 뒤집어엎는 초혁명적인 조치였다. 동시에 당시 중국 초기 자본주의 기업 자본가들을 공포로 몰아넣는 내용들이었다.

문풍지 구멍 밖으로 백마가 시나가듯 순식산에 찰나처럼 시간이 흘러간다(白驹过隙 时光荏苒). 쏜살처럼 빠른 속도로 금방 100년이란 세월이 지났다. 흥미로운 건 사회 제도 및 체제에 관한 100여 년 전 중국 공산당이 채택한 강령 중에 현재까지 온전한 것은 거의 찾아보기 힘들다는 점이다. 공산당의 진짜 색깔이 파란색인지 빨간색인지 가늠하기 힘들다.

'노동자가 없다면 의식주도 교통수단도 없다. 우리 모두의 생존이 불가능하다.' 중국 사회주의 운동 초기 공산당 지도자인 진독수는 노동자를 하늘로 떠받드는 인물이었다. 상하이 1차 당대회 사적지 전람관은 진독수가 1차 당대회 1년 전인 1920년 8월 상하이 공산당 조직 발족을 앞두고 한 말을 이런 내용으로 뚜렷하게 기록하고 있었다.

중국이 절대빈곤을 해결(탈빈곤)하고 소강(小康, 의식주가 풍족한 삶) 사회를 이뤘다고 선전하지만 전 리커창 총리가 언급한 것처럼 여전히 수억 명 대중들은 월수입 2,000위안도 안 되는 넉넉지 못한 삶을 영위하고 있다. 약 3억 명에 달하는 도시 농민공(농촌 출신 도시 노동자들)의 상당수는 저임금의 열악한 일자리에서 고달픈 도시 생활을 유지하고 있다.

'수천 년 역사상 처음으로 경작자인 농민에게 토지를 나눠 주겠다.' 4억여 명(청나라 말 인구수) 인민 대중으로 하여금 공산화 혁명에 열광케 한 공산당의 이 공약은 한 번도 제대로 지켜지지 못했다. 신중국 이후 토지는 국유 집단농장 체제였고, 개혁개방 후 개발 가능한 땅은 기업 자본에 예속됐고, 개인에게 할당됐던 농촌의 토지도 농업 경영회사에 맡겨지면서 점차 농민들의 수중에서 멀어지고 있다.

'상하이에 영웅이 모여들고 그들은 새로운 세상을 열기 시작했다.' 상하이 1차 당대회 전시룸의 해설문은 1차 당대회 개최와 창당의 의미를 이렇게 설명하고 있었다. 부패한 군벌 조정과 서구 열강 제국주의를 타도하기 위한 결사 단체였다. 순간 수호전 양산박의 '영웅'들이 스쳐 지나간다. 마르크스와 사회주의만 빠졌을 뿐 천여 년 전 영웅들도 정의와 공평의 기치를 내걸고 부패한 조정을 타도한다는 명분 아래 양산박으로 모여든 게 아닌가.

체제 선전 드라마 각성연대는 공산당 창당을 중국 역사상 천개벽지(天开辟地, 천지개벽)의 세기적 사건이라고 표현했다. 상하이 1차 당대회 사적지 결어문은 공산당 창당이 인민의 선택이었으며 민족 부흥의 꿈에 불을 지폈다고 적어 놓고 있었다. 결어문은 또 시진핑 총서기 집권 1, 2기인 18대(18차 당대회)와 19대 정신과 신시대 중국 특색 사회주의, 시 주석의 '중국몽(중국 꿈)'을 유난히 강조했다.

중국 당국이 근대 시기 자국 국토를 침탈한 서구 열강들을 야수에 비유한 시국도를 상하이 1차 당대회 유적지 박물관에 전시해 놓고 있다.

미국조차 위협을 느끼는 중국 굴기. 우리 대한민국 입장에서 중국의 부상은 대응 여하에 따라 도전이 될 수도 있고 기회가 될 수도 있다. 오늘의 공산당을 알아야 중국의 내일을 예측할 수 있다. 필자는 오늘날 대륙의 주인인 공산당을 좀 더 면밀히 들여다보기 위해 공산당 창당 100

년이 되는 시점에서 홍색 차이나 로드에 올랐다.

홍색 차이나 로드 탐방은 최초 몇 달 동안 1차 당대회가 열린 상하이에서 시작, 장시성 징강산과 루이진 난창을 돌아보는 코스로 시작했다. 그런 다음 탐방은 구이저우성 준이 회의 유적지와 마오타이진, 개혁개방과 기술 굴기의 요람 선전, 장정 승리와 신중국의 인큐베이터 산시성(섬서성)의 옌안과 허베이성의 시바이포, 1949년 공산당이 베이징 입성 전 마지막으로 머물렀던 베이징 향산으로 이어졌다.

베이징 사무실을 장기간 비울 수 없었기 때문에 필자는 과거 백두대간을 종주할 때처럼 시차를 두고 구간을 나눠 이들 홍색 도시를 취재했다. 필자의 중국 공산당 100주년 기획 취재 홍색 루트 탐방엔 경향신문 전 베이징 특파원 겸 중국 전문가인 홍인표 고려대 연구 교수의 조언이 큰 도움이 됐다.

"QR 코드를 스캔한 뒤 20위안을 결제하자 '미스 로봇'이 사람보다 더 익숙한 동작으로 즉석에서 아메리카노 한 잔을 만들어 내어준다. 외세 침탈의 조계 시대 상하이를 다룬 TV 드라마 '상하이탄'의 멋진 주제가와 함께 인기 장면을 패러디한 퍼포먼스 거리 공연이 펼쳐진다."

언제 찾아도 늘 활력이 넘치는 거리 상하이 난징(南京)로의 표정이다. 상하이 난징로는 중국 최대 규모의 상업 거리로서 서울의 명동, 베이징의 왕푸징처럼 상하이에서 가장 변화한 장소다.

난징로에서 황포강 변 와이탄에 이르는 구간은 상하이는 물론 중국 전체적으로도 유동인구가 가장 많은 곳이다. '중국 자본주의'를 가장 실감나게 체험할 수 있는 현장이기도 하다. 난징로엔 화웨이(華爲) 대형 매장을 비롯해 세계적인 명품 매장이 죄다 명함을 내밀고 있다. 화웨이는 미국에 의해 공산당 회사로 지목돼 집중 공격을 당하고 있다. 화웨이(華爲)의 한자는 '중국은 해야 하고, 할 수 있다'는 의미라고 한다.

　'상하이 난징로에서 공산당은 창당 약 4년 즈음한 1925년 5월 30일 반제국주의 가두시위를 벌였다. 당시 조계 책임자인 영국의 경찰이 시위대에 발포를 해 학생과 노동자 13명이 희생됐다.' 난징로에서 좀 떨어진 중국 공산당 1차 전국대표대회(1차 당대회) 사적지에는 100여 년 전 난징로 정치 사회상을 이렇게 적고 있었다.

　중국 기술 굴기의 상징 기업인 화웨이 빌딩과 내형 매장이 들어서서 굽어보고 있는 상하이 난징로 일대는 당시 중국 지배권이 미치지 못하는 치외법권의 영국 땅(조계)이었다. 영국 경찰은 '자기 영역'에서 외부인(개와 동급의 취급을 받았던 중국인)이 소요를 벌이자 총탄으로 시위를 진압했다.

　중국 공산당은 '오주(五州)운동'으로 불리는 이 사건으로 큰 희생을 치렀다. 하지만 이 사건은 초기 공산당이 세력을 불리는 데 결정적인 힘이 됐다. 창당 당시 54명이었던 공산당 당원은 오주사건이 터진 1925년 연말 1만 명으로 불어났다. 군벌 지주세력과 일본 제국주의, 서구 열강이 활개 치는 암흑 같은 중국 세상에 공산당이야말로 희망이라고 생각하는 사람들이 확 늘어난 것이다.

　세계 경제와 금융 허브로 변신 중인 상하이는 중국 공산당 창당지역으로, 공산당에 있어 홍색 성지와 같은 장소다. 초기 공산주의 운동의 온상이기도 하다. 1921년 창당 당시 중국 공산당의 최대 강령은 자본가를 소멸시키는 것이었다. 자본가 세력에 맞서 사회주의 노동자 운동을 전개하고 마르크스 이념을 전파하면서 당의 세력을 키울 수 있었다.

　난징로에서 계속 동쪽으로 발길을 옮기면 눈앞에 와이탄과 황포강이 드러난다. 장강 하류의 지류인 황포강은 바다와 가까워지면서 다소 탁한 색깔로 굽이쳐 흐른다. 황포강 건너편 푸동 신도시엔 동방명주 탑과 함께 아시아 최고층 128층(632미터)짜리 상하이 타워가 웅장한 모습으로 버티고 있다. 푸동 신도시의 마천루 숲은 중국 경제 기적의 생생한 노천 박물관이다.

　1921년 창당 당시 공산당은 자본가 소멸을 제1 당 강령으로 채택했으나 70년 만인 1991년 이곳 푸동에 중국 1호 자본시장 상하이 증권거래소를 개설했다. 중국 공산당은 스스로 창당을 '천개벽지(天開辟地, 천지개벽)'라고 했는데 창당 70년 만에 상하이에서 다시 한번 '천지개벽'의 지각 변동을 일으킨 셈이다. 영속을 꿈꾸는 공산당은 시대 조류와 필요에 맞춰 이렇듯 카멜레온 같은 자기 변신을 꾀하고 있다.

저녁 무렵 와이탄에서 중국 경제번영의 전시물인 푸동 신도시를 보고 나서 황포강을 오른쪽으로 끼고 보행로를 걷다 보면 시뻘건 조명의 높은 탑이 시야에 들어온다. '상하이 인민영웅 기념탑'이다. '어느 누구든 나라는 애국자의 숭고한 희생을 결코 잊지 않는다.' 탑에는 반봉건, 반제국, 반군벌 혁명을 위해 숨져 간 희생자의 넋을 기리는 이런 내용의 추모의 글이 적혀 있었다.

초고속철 푸싱호로 갈아탄 중국

마오쩌둥은 1920년 4월~7월 상하이에 체류하면서 진독수 등과 창당 작업을 벌인다. 당시 마오쩌둥이 살았던 옛집(舊居)이 상하이 징안구 마오밍(茂名)로 등 두 곳에 있다. 마오밍로 옛집은 아파트 숲을 헤집고 비좁은 공간에 들어앉아 있다. 전람관에는 마오가 1924년 무렵(2월~12월) 첫 부인 양카이후이(楊開慧)와 큰아들 마오안잉(毛岸英), 둘째 마오안칭(毛岸青)과 함께 거주했다고 기록돼 있다.

마오는 26세 때인 1919년부터 1차 당대회 때인 1921년까지 네 차례 상하이를 오간 것으로 전해진다. 마오쩌둥은 공산 혁명에 있어 도시보다는 농촌(농민), 도시 전투보다는 유격전(게릴라전)을 중시했다. 마오의 옛집 전람관에는 그가 1927년 상하이를 떠난 뒤에는 1949년 신중국 설립 때까지 변화한 대도시 상하이에 단 한 번도 못 왔다고 기록돼 있다.

다만 공산당 1차 당대회 유적지 등의 전람관에는 마오쩌둥이 1921년 상하이의 1차 당대회를 비롯해 토지혁명 전쟁, 항일전쟁, 국공담판(국공합작), 해방전쟁 등 상하이 혁명 활동을 수행하는 데 있어 지도적인 역할을 수행했다는 기록물이 남아 있다.

"마오쩌둥이 없었다면 중국 사회의 암흑기가 훨씬 길어졌을 겁니다. 해방과 혁명에 훨씬 더 많은 시간이 걸렸을 거예요." 베이징 중심가 젠궈먼와이다(建國門外大)가 21호 베이징 인터내셔널 클럽. 필자는 이곳에서 공산당 창당 100주년 기획 취재를 위해 공산당 중앙위원회 당사 연구실 장스이(張士義) 연구원을 만났는데 장 연구원은 공산 창당을 화제로 얘기하던 도중 이렇게 말했다. 대약진과 문혁 등 신중국 이후 마오의 과오에 대해 장 연구원은 "문화혁명 10년만 가지고 마오쩌둥을 평가하는 데는 문제가 있다"라고 지적하고 "신중국 건립 전 수십 년을 함께 고찰해야 객관적 상황을 파악할 수 있다"라고 설명했다.

건국 초기 마오쩌둥의 신중국은 급진 사회주의 좌경화 정책으로 경제 파탄과 수천만 명의 인명 희생을 치렀다. 마오 이후 들어선 덩샤오핑 체제는 사회주의 현대화, 개혁개방 정책으로 현재 중국 굴기의 기초를 닦았다. 중국은 공산당 창당으로 봉건과 서구 열강, 군벌이라는 적폐를 해소하고 정치 사회의 천지개벽을 실현했으며, 개혁개방을 통해 또 한 번의 천지개벽, 장강의 경제 기적을 이뤘다.

중국은 1978년 덩샤오핑(鄧小平)이 주도한 개혁개방 이후 40년간 평균경제 성장률 9.8%를 달성했고 경제 규모에서 세계 G2 국가로 부상했다. 뉴욕처럼 변화한 상하이 난징로와 푸둥 신도시 루자주이(陸家嘴) 자본시장 금융가, 푸둥 동방명주 탑, 128층 상하이 타워는 개방개혁 40년의 눈부신 경제 성장을 드러내는 상징물이다.

필자는 베이징~상하이 구간을 오갈 때 종종 항공편 대신 중국 굴기의 상징물인 시속 약 350킬로미터의 고속철 푸싱(復興, 부흥호)호를 이용했다. 고속철이 놓이기 한참 전 상하이와 베이징 기차 주행 시간은 13시간이 넘었다. 후진타오(胡錦濤) 시대 허셰(和諧)호는 이를 7시간대로 단축했고, 시진핑(習近平) 시대엔 푸싱호가 등장하면서 주행 시간은 다시 4시간 20분 내외로 좁혀졌다.

베이징~상하이(京滬) 푸싱호 고속철은 최고 속도가 시속 350킬로미터이며 운영 시속이 세계에서 가장 빠르다. 2011년 6월 30일 개통한 이후 꼭 10년 만에 15억 8,000킬로미터를 달렸고 모두 13억 5,000만 명의 승객을 실어 날랐다.

중국은 요즘 경제 사회 통계를 말할 때 시진핑 집권기 이후의 발전상을 집중 부각시킨다. '시진핑 신시대 중국 특색 사회주의(사상)'를 강조하기 위함이다. 중국의 철도 총 길이는 시진핑 집권 당해 연도인 2012년 9만 8,000킬로미터에서 2022년 15만 5,000킬로미터로 늘었다. 같은 기간 푸싱호가 견인하는 고속철도는 9,000킬로미터에서 무려 4만 2,000킬로미터로 확장됐다.

한번은 상하이를 방문했다가 시간이 한나절이 넘게 남아 루쉰(魯迅) 박물관을 찾은 적이 있다. 스마트폰 텐센트 지도 앱에서 검색하니 상하이 시내 동북쪽으로 루쉰 기념관이 눈에 들어온다. 베이징에서 만난 양저우 사회과학원 친구가 상하이에 가면 꼭 들러 보라고 추천했던 곳이다.

중국 변영의 1번가 상하이 푸동의 루자주이 역에서 2호선 지하철을 타고 인민광장역에서 8호선으로 환승을 한 뒤 30분쯤 걸려 '훙커우(虹口) 축구장 역'에서 내렸다. 이곳에서 스마트폰을 스캔해 텐센트 청쥐(青桔) 공유 자전거를 타고 텐센트 지도 내비게이션 앱이 가리키는 방향으로 10분쯤 가면 루쉰 공원 동북문 입구가 나온다. 루쉰기념관이 속한 루쉰공원은 전신이 홍구공원으로 1932년 4월 29일 윤봉길 의사가 폭탄 의거를 거행한 곳이어서 우리에게도 아주 뜻깊은 곳이다.

루쉰은 저장(浙江)성 사오싱(紹興) 사람이다. 일본에서 산부인과 공부를 하던 중 같은 중국인 동포들이 빙 둘러서서 일본군 총칼에 죽어 가는 동족의 모습을 태연히 구경하는 광경을 보고 충격을 받은 뒤 의사의 꿈을 접고 국민 계몽의 길로 뛰어든다.

'루신은 공산당에 가입을 하지는 않았지만 마르크스주의자였다. 사회주의 혁명과 과학과 민주의 가치를 설파했고 신문화 운동과 5.4운동에 적극 참여했다. 시대 조류를 앞서가는 인물로 1920~1930년대 공산당 역경기에 공산주의 세계관을 전파하면서 혁명의 역량을 키우는 데 기여했다.'

언젠가 상하이에서 멀지 않은 장쑤성 난징시 황룽셴(黃龍峴) 휴양촌 마을의 공산당 미니 전시관을 찾았을 때 전시물 중에 이런 설명이 적혀 있었다. 루쉰은 비록 공산당원은 아니었으나 중국 공산당에 의해 걸출한 사회주의 사상가이자 문학가, 혁명가로 칭송을 받고 있다.

공산당 창당 전야를 다룬 TV 드라마 '각성연대'는 루쉰이 사회주의자 진독수가 주도한 진보잡지 '신청년'에 반봉건을 주제로 한 '광인일기'(1918년)를 발표, 근대 의식을 각성시켰다고 밝히고 있다. 드라마 '각성연대'는 당시 진독수와 이대조 등이 구체제를 대신할 '새로운 길'로 마르크스주의를 선택했고 이것이 공산당 창당으로 이어졌다고 설명한다.

루쉰 기념관은 숲이 우거진 공원 한편 조용한 곳에 자리 잡고 있고 기념관 앞엔 루쉰의 청동 조각상이 세워져 있다. 루쉰 기념관의 전시물은 우리에게도 많이 일려진 루쉰의 명작 '아Q정전'과 '고향'이 모두 공산당 창당의 해인 1921년에 발표됐다고 설명하고 있었다.

'사실 땅 위에 원래부터 길이 있었던 게 아니다. 사람들이 많이 다니다 보니 길이 된 것이다(其实地上本没有路, 走的人多了, 也便成了路).' 기념관에 딸린 레스토랑에 앉아 무심코 펼쳐 든 팸플릿에 루쉰 단편 소설 '고향'의 마지막 대목이 이렇게 소개돼 있었다.

루쉰 소설 '고향'에서 길은 하나의 희망과 같은 것이다. 루쉰은 신념을 가지고 분투 실천하면 어떤 고난도 헤쳐 나갈 수 있다고 대중을 계몽하고 있다. 고향의 마지막 대목은 희망의 찬가다. 그것은 중국이 수천 년 동안 한 번도 가 보지 않은 사회주의의 길로 접어드는 데 대한 지지와 응원의 메시지였는지 모른다.

이 구절을 원용한 건지는 알 수 없지만 2024년 4월 총선 정국에서 한 정당이 이를 연상케 하는 카피를 정당의 선전 구호로 사용한 점이 흥미롭다.

창당 이후 한동안 공산당의 주 활동 무대는 중국 서남쪽 장시(江西)성으로 옮겨진다. 특파원으로서 베이징을 베이스캠프로 한 필자의 다음 홍색로드 탐방은 중국 남서쪽 장시성의 징강산, 지안(吉安), 루이진(瑞金), 난창(南昌)으로 이어졌다.

'화웨이 스마트폰에 홍멍 자체 OS를 적용, 시진핑 중국 국가주석 코로나19 항전의 글로벌 협력 강조, 삼성전자 톈진 TV 공장 철수 반도체 전기차 배터리 하이엔드 주력, 삼성전자 8월 액정 디스플레이 LCD 중국 기업 TCL에 매각.' 2020년 9월 11일 이른 아침 베이징발 징강산(장시성)행 비행기 기내 신문 차이나데일리는 이런 기사를 다루고 있었다.

베이징 수도공항에서 출발한 비행기는 약 세 시간이 걸려 '징강산 공항'에 도착했다. 목적지인 징강산 입구 마을은 이곳에서 90킬로미터, 다시 승용차로 1시간 정도 더 가야 한다.

"징강산은 관광도시예요. 공산당 혁명의 근거지로 전형적인 홍색 여행구입니다. 볼거리가 헤아릴 수 없이 많지만 황양계(黃洋界) 전투현장, 모택동이 살았던 집, 징강산 박물관 등은 꼭 보고 가세요. 기념사진도 많이 찍고요." 택시 기사는 누가 물어본 것도 아닌데 코로나 예방용 마스크까지 벗어젖힌 채 마치 여행 가이드처럼 징강산에 대한 소개를 장황하게 늘어놨다.

'푸른 숲을 배경으로 우뚝 선 홍군을 기리는 대형 청동 주조물, 대형 망치와 낫을 주제로 중국 공산당 당기를 형상화한 붉은 선전 조형물, 징강산(井剛山)을 선전하는 붉은 색의 대형 입간판.' 징강산 공항에서 징강산 홍색 관광지로 이동하는 도로변과 인근 산중에는 새삼 이곳이 홍색 여행지임을 알리는 붉은색의 구조물들이 외부 방문객의 눈길을 끌었다.

중국 공산당의 장시성 징강산 홍색 유적지 입구에
유커들이 단체로 홍군복을 차려입고 경내로 들어가고 있다.

기사는 아주 괜찮은 안내원이라며 일일 여행 가이드까지 소개해 줬다. 징강산 여행구는 징강산 시의 츠핑(茨坪)진에 속해 있다. 인구 17만의 작은 지역이지만 북적이는 유커들의 발길로 꽤나 활기가 느껴진다. 기사는 "이곳 사람들에게 징강산은 마오쩌둥 주석이 내려 준 소중한 선물"이라고 말했다.

험한 산세의 징강산은 마오쩌둥(毛澤東)이 후난(湖南)성 장사(長沙)에서 추수봉기에 실패한 후 1927년 10월에 들어와 활동한 곳이다. 마오의 제1 농촌 혁명 근거지며 인민해방군의 전신인 홍군의 탄생지이기도 하다. 1928년 마오쩌둥은 주더(朱德)의 군대를 끌어들여 세를 불리며 국민당군과 싸웠다. 높이 1,343미터의 징강산 황량계는 중국 공산당 군대가 장제스의 국민당 군을 물리친 대표적인 승전터 중 한 곳이다.

"마오쩌둥의 징강산 활동 기간은 1927~1929년입니다. 마오는 주마오(朱毛) 군대, 즉 홍군 제4군의 군위 서기를 맡았지요. 황양계는 징강산 5대 요충지며 이곳에서 압도적 우세의 국민당 군을 패퇴시켰어요. 이것을 황량계 보위전이라고 합니다. 토지혁명과 인민군대 및 당조직 홍색정권 건설의 밑거름이 됐습니다."

홍색 관광 안내원은 숨을 돌린 뒤 "징강산은 중국 홍군의 고향이며 혁명의 요람"이라고 힘주어 말했다. 산중의 옛 홍군 거주지 기념관에는 개혁개방의 지도자 덩샤오핑이 마오쩌둥에 의해 핍박받았던 문화혁명 하방 시절인 1972년 부인과 함께 이곳을 방문한 사진이 걸려 있었다.

마오쩌둥은 징강산에서 국민당 군을 분쇄하고, 경제 봉쇄를 뚫는 일대 실험을 감행했고, 부분적으로 큰 성과를 거뒀다. 징강산은 마오쩌둥의 초기 혁명 근거지 활동을 논할 때 빼놓을 수 없는 곳이다. 징강산 박물관 자료들은 '당조직 건설과 토지혁명 등 마오쩌둥의 징강산 혁명 활동이 나중에 루이진(瑞金, 강서성의 대장정 출발지) 소비에트 중앙정부 임시공화국 설립에도 중요한 실험적 토대가 됐다'라고 설명하고 있었다.

'하늘의 달인들 따지 못할까. 오대양의 자라인들 잡지 못할까(可上九天攬月 可下五洋捉鱉).' 신중국 건국 후 마오쩌둥은 문화혁명을 앞두고 황량계 전투 30여 년 만인 1965년 징강산을 방문, 과거 징강산 유격 전투 시절을 이렇게 회상했다. 시 구절은 '용기와 의지만 있으면 어떤 고난도 극복할 수 있고, 세상에 못 이룰 일이 없다'는 뜻이라고 한다. 마오 외에도 훗날 장쩌민과 후진타오 등 역대 중국 최고 지도자들이 모두 징상산을 찾았다.

징강산 황량계 보위전 유화 등 징강산 홍색 여행구 곳곳 주요 유적지에는 한글이 중문 영문과 함께 빠짐없이 병기돼 있었다. 공산당 혁명의 유적지가 우리 한국인들에게 그다지 인기 여행지가 아닐 텐데 하는 의아함에 안내원에게 묻자 한국인 유커가 중국인 다음으로 두세 번째로 이곳을 많이 찾는다고 소개했다. 무슨 인연인지 모르지만 이곳 징강산은 한국의 경상남도 남해군과 자매결연 도시이기도 했다.

1920년대 말 혁명 근거지 시절 총탄이 빗발쳤을 황량계 산상에는 마오와 주더의 유격대원 대신 홍군 복장 차림의 유커(관광객)들의 발길이 붐비고, 여행객들을 위한 쉼터와 음식점이 들어서 있었다. '징강산 소고기 버섯볶음(30위안), 맥주 한 병(7위안).' 산상에 자리 잡은 산채 토속 음식점 식탁의 QR코드를 스캔하자 메뉴와 가격 정보가 뜨면서 바로 주문과 결제까지 완료된다. 꽤나 깊은 산중인데도 모바일 위챗 결제가 가능한 게 신기했다.

유격대의 근거지일 정도로 산이 높은 탓에 이곳은 수시로 구름이 끼고 일찍 어둠이 내린다. 오후 5시인데 황량계 산상에 오른 유커들 발길이 분주해진다. 마치 전투 현장의 이동 명령처럼 산상의 스피커에선 '곧 문을 닫으니 유커들은 각자 관광지 내 가까운 거리의 셔틀 차량에 탑승하라'는 방송이 흘러나온다. 유커들이 셔틀 버스를 타고 산 아래 마을로 몰려들면서 조용하던 츠핑진 마을이 갑자기 부산해진다.

여행을 위해 홍군 기념복을 입은 유커들은 마치 골짜기에서 전투를 치르고 내려온 군인 같아 보인다. 마을이 산에서 모여든 홍군복 차림의 유커들로 왁자지껄하고 거리에 활력이 넘친다. 식당 안의 대형 가마솥에선 모락모락 김이 피어오르고 먹음직스럽게 만두가 익어 간다. 가지와 고사리 볶음, 버섯 무침, 징강산 토종닭 백숙, 징강산의 명물 홍주 등 먹음직스러운 메뉴가 식당 내 탁자마다 가득가득 차려진다.

"징강산은 붉은 도시입니다. 잘 보세요. 흙도 쌀도 검붉은 색깔이고, 술 색깔도 붉은 색이에요." 징강산의 츠핑 풍경구 중심 거리에 자리한 한

음식점. 징강산의 특징과 징강산의 특산품에 대해 묻자 옆 테이블 중년 남성은 이렇게 말한 뒤 자신이 마시던 술을 권하며 이 술이 장시성의 특산 홍미(紅米, 붉은 쌀)로 만든 붉은 술 홍미주(붉은 쌀 막걸리)라고 일러줬다.

중국 공산당 역사의 중심엔 마오쩌둥(毛澤東)이 빠지는 법이 없다. 중국 공산당 당사는 마오쩌둥 위주의 편년체 기록물이라고 해도 과언이 아니다. 마오쩌둥은 나이는 적었지만 창당 전야에 공산당 창시자 진독수, 이대조와 함께 많은 역할을 했다. 28세의 소학교 교장인 마오가 1921년 7월 23일 상하이 프랑스 조계(현재 싱예루)에서 열린 중국 공산당 1차 당대회에 후난성 대표로 참석한 것도 그런 활동을 평가받았기 때문이다.

1차 국공합작(1924년) 무렵 상하이에서 잠깐 활동을 했고 농촌서 시작해 도시를 포위하는 전략을 철석같이 믿었던 마오는 이후 후난성 장사로 돌아간다. 창사에서 무장봉기를 일으켰으나 실패하고 1927년 창사에서 멀지 않은 장시(江西)성 징강산에 들어와 혁명 근거지 투쟁을 벌인다. 마오는 징강산에서 주더(朱德)의 군대와 황량계 전투를 승리로 이끌고 1929년에는 장정의 출발지인 루이진(瑞金)으로 이동한다.

필자는 징강산을 돌아보고 나서 발길을 루이진으로 옮겼다. 징강산에서 장정(長征) 출발지 루이진으로 가려면 먼저 징강산 시의 상급 도시인 지안(吉安)시로 이동해 기차를 이용하는 게 편리하다. 지안시로 가는 택시는 요금 400위안에 전날 만난 택시 기사가 알선해 줬다.

장시(江西)성 징강산(井岡山)에서 승용차로 두세 시간 남짓, 145킬로미터를 달려 징강산의 상급 도시인 지안시 경계에 접어들자 타워크레인의 군무와 함께 부동산 건설 현장들이 눈길을 끈다. 부동산 위기가 고조되는 와중에도 어느 지방에서나 여전히 개발 사업은 활발히 추진되고 있다. 부동산이 회복되면 석유화학, 철강, 건자재, 가구, 가전 등 연관 산업에 온기가 전해지고 소비경제가 살아나기 시작한다. 작은 지방 도시이지만 지안시 경제는 제법 활기가 넘쳐 보였다.

서쪽 하늘에 붉은 노을이 퍼지기 시작했다. 하루 일을 마치고 저녁을 먹을 무렵, 중국인들이 방완(傍晚)이라고 하는 시간이다. 징강산 시의 상급 시인 지안(吉安)시 지안 서역. 역무원은 제시한 여권으로 예약 상황을 확인한 뒤 홍색고도 루이진(瑞金)으로 가는 기차표를 내준다.

지안시의 기차역 '지안 서역'에서 루이진은 고속철로 한 시간이 채 안 되는 거리다. 허세(和諧, 조화)호 고속철(G2293)은 많은 구간에서 시속 300킬로미터가 넘는 속도로 내달렸다. 지안시 역을 출발한 기차는 정확히 40분 만에 루이진 역에 도착했다.

홍색로드에서 만난 2050년 공산당

공화국의 요람으로 불리는 루이진은 장시(江西)성에서 징강산만큼이나 유명한 홍색 관광 도시다. 1931년 11월 7일 루이진에는 마오쩌둥(毛澤東) 등의 주도로 중화 소비에트공화국 임시 중앙정부가 세워졌고 임정의 수도가 됐다. 이곳 주민들이 지금도 입에 올리는 '루이징(瑞京)'은 이곳이 그 옛날 소비에트 시절 공화국 임정의 수도였음을 말해 준다.

루이진에는 홍색고도의 자부심만큼이나 경제 개발의 열기가 용광로처럼 펄펄 끓는다. 부동산 경기와 인구, 택시요금, 공유 택시 유무는 도시의 경제 수준을 가늠하는 데 아주 유용한 지표다. 이들 지표만 알면 거꾸로 1인당 GDP까지도 대충 유추해 낼 수 있다. 루이진의 아파트 가격은 평방미터당 6,000위안~7,000위안이었다. 대충 베이징의 10분의 1 수준이다.

루이진의 인구는 시내 주민 35만 명을 포함해 모두 75만 명이었다. 약 절반 가까운 인구가 농촌 주민으로서 아직은 도시화율이 낮은 편이다. 다만 교외 곳곳에 아파트 공사가 한창인 걸로 봐서 농촌 주민의 도시 편입, 즉 도시화가 빠르게 진전되고 있는 것으로 보인다.

도시화율은 도시 거주 인구 비율로 해당 도시의 경제 수준과 주민 복지 및 소비력 등을 평가하는 척도다. 중국의 전체 도시화율은 1992년 30%에 머물렀지만 2022년 기준 65.2%로 높아졌다. 중국 도시화율 상승은 내수 위주로 경제 독립의 기반이 강해지고 있다는 뜻이기도 하다.

"루이진은 1931년 소비에트 임시 공화국의 수도이자 대장정 출발지로 유명해요. 오늘 저녁은 타샤스 소비에트 광장, 홍군 대도의 야간 노점 식당을 돌아보세요. 내일 낮엔 홍징(紅井)과 예핑(葉坪) 유적지 박물관을 구경하면 좋을 것 같아요. 1930년대 초반과 대장전 전야 중국 공산당의 상황을 이해하는 데 도움이 될 겁니다."

지안에서 루이진으로 오는 기차에서 만난 옆 좌석 천(陳) 여사는 루이진이 처음인 기자에게 이렇게 여행 팁을 건넸다. 회사원인 천 여사는 장시성 수도 난창으로 출장을 갔다가 복귀하는 길이었다. 그녀는 '순루(順路, 가는 길)'라며 택시까지 동승해 호텔 부근으로 안내해 줬다. 고맙게도 기자가 숙소에 든 뒤에도 루이진 홍색 여행구에 대해 많은 정보를 중국의 카톡 격인 웨이신을 통해 보내 줬다.

루이진의 홍군대도(大道) 옆 꽤 넓은 인도는 밤낮없이 사람이 붐비는 먹자골목이다. 이곳 노점상들이 판매하는 꼬치 음식 중에는 들판에서 잡은 곤충도 적지 않았다. 한 노점에 자리를 잡고 앉자 양(梁) 씨라고 자신을 소개한 노인이 장시성 주 농업작물인 벼 논에서 잡은 메뚜기라며 맥주 안주로 권했다. 양 씨는 도시 밖에서 벼와 고구마 농사를 짓고 있는데 저녁이 되면 이렇게 나와 아들 내외의 노점상 일을 돕는다고 했다. 그는 아들의 이곳 한두 달 수입이 자신의 1년 농사 소득보다 많다며 웃었다.

이곳에서 멀지 않은 소비에트 광장. 꽤 늦은 시간인데도 장시성 루이진의 주민들은 가족과 친구 연인끼리 함께 어울려 왁자지껄한 가운데 주말 밤을 즐기고 있었다. 마오쩌둥이 세운 첫 번째 나라 중화 소비에트 공화국 임정 수도, '홍색고도 장정 출발지' 루이진(瑞金)의 밤은 그렇게 깊어 갔다.

'홍색고도(古都)'라는 별명의 루이진(瑞金)은 코로나19 이후 빠른 경제 회복세와 함께 활기가 넘쳐 보였다. 붉은 황토 대지 위에서 타워크레인이 쉴 새 없이 움직이고 여기저기 고층 빌딩이 하늘을 향해 쑥쑥 높이를 더해 가고 있다. 루이진 탐방 이틀째 시내 호텔 26층 조찬 스카이라운지에서 내려다본 루이진은 아침부터 뜨거운 개발 열기를 내뿜고 있었다.

"중국 공산당 역사의 주인공 마오쩌둥(毛澤東)이 현지 주민들과 함께 팠다는 홍군의 홍징(紅井, 붉은 우물), 예핑 유적지, 중화소비에트 혁명 박물관, 소비에트 2차 전국 대표회의가 열렸던 '얼수다(二蘇大, 2차 소비에트 대회)'는 공화국의 요람 루이진이 자랑하는 4대 홍색 관광지입니다."

전날 고속철에서 만난 회사원 천(陳) 여사는 자주 오기 힘들 텐데 아침잠을 줄이더라도 이 네 곳만은 꼭 보고 가라고 당부했다. 택시를 이용하면 모두 30분 이내의 거리라며 친절하게도 효율적인 이동 동선까지 짜서 알려 줬다. 택시 기본요금은 6위안이었고 이동 거리가 먼 시내에서 예핑 사적지까지도 요금이 30위안을 넘지 않았다. 루이진은 비록 작은 도시지만 다른 지방 소도시에 없는 공유택시(디디추싱)도 운영되고 있다.

공화국의 요람으로 불리는 중국 홍색 고도 루이진 혁명 유적지 박물관에
'초심을 잊지 말고 사명을 강고히 기억하자'는 내용의 조형물이 설치돼 있다.

중국 공산당은 이들 유적지에서 노동자 농민의 군대 홍군에 대한 국민당의 모진 핍박, 국민당 경제봉쇄를 격파한 공산당과 홍군의 위업, 마오쩌둥의 위대성, 고난의 대장정을 거쳐 마침내 공산당이 현대 중국 대륙의 주인으로 등장한 배경 등을 귀가 따가울 정도로 선전하고 있다.

1920년대 말 이후 중국 공산당은 무장 투쟁과 농촌으로부터 도시를 포위하는 전략으로 전환한다. 이런 배경하에 장시성 루이진에 1931년 11월 중화소비에트공화국 임시중앙정부가 세워진다. 루이진의 홍징(紅井)과 예핑유적지 박물관 등은 이를 기념하는 곳이다. 이 중 특히 홍징은 국민당 경제 봉쇄를 위한 공산당의 투쟁사를 잘 전시하고 있다.

'통계 조사는 병역과 세수의 기본으로 소비에트공화국을 유지하는 초석이다. 통계 조사를 제대로 못 하는 자는 회의에 참석할 자격과 발언할 자격이 없다.' 루이진 홍징 전시관에는 정확한 통계 조사의 필요성을 강조한 소비에트 공화국 시절 사료들이 전시돼 있었다.

통계는 지금도 여전히 중요한 영역이다. 마오쩌둥 이후 덩샤오핑, 장쩌민, 후진타오, 시진핑까지 신중국 역대 지도자들이 모두 통계 관리를 주요 업무로 챙겼다고 전시물은 설명하고 있었다. 하지만 어느 나라에서나 그러듯 중국에서도 통계 조작 의혹이나 부실 통계가 여전히 문제가 되고 있다. 2024년 2월 모바일 앱으로 신화사 통신을 보니 통계 업무에 과오를 빚는 당원을 파직하는 내용의 기사가 올라와 있었다.

통계와 더불어 이곳에는 또 당시 루이진 소비에트 임시정부가 탐관 오직과 낭비를 극악한 범죄로 규정하여 엄히 다스렸다는 기록도 남아 있다.

황토 흙벽 전시관에는 마오쩌둥이 1931년 11월 7일 루이진에서 소비에트 공화국 임시 중앙정부 성립(주석 마오쩌둥)을 선언했으며 1949년 10월 1일에는 베이징 천안문에서 중화인민공화국중앙인민정부 성립을 선포했다고 적혀 있었다. 그리고 보면 마오쩌둥은 중국 대륙에서 두 번이나 나라를 세운 셈이다.

루이진 예핑 사적지의 한 전시관에는 개혁개방의 숨 가쁜 역사를 소개하는 '대외개방 대사건(1978년~2016년)'이란 연표가 걸려 있다. 이

표에는 1978년 11기 3중전 개혁개방 결정(사회주의 현대화 건설)과 1979년 7월 15일 경제특구 설립 결정, 1990년 상하이 푸동개발구 실행, 1992년 사회주의 시장경제 체제 목표 확립, 1996년 위안화 경상항목 태환 개혁 등이 획기적 사건으로 적시돼 있다.

또한 2001년 중국 세계 무역 기구(WTO)가입도 연표에 들어가 있고, 2007년 반독점법이 통과된 것과 2008년 베이징 올림픽 성공 개최, 2013년 집권 1년 차(2012년 가을 18대 당대회에서 총서기 집권)의 시진핑 주석 '일대일로' 전략 제시, 런민비(人民幣, 위안화)가 신흥시장 통화 중 최초로 SDR에 편입된 것을 특기할 사건으로 기록해 놨다.

'소비에트 정부에 있어 무역은 생명선과 같은 것이었다. 무역 일꾼들은 적의 경제 봉쇄와 초토화 작전에 맞서 사선을 넘어가며 소비에트 지탱을 위한 변경 무역(호시무역) 활동을 수행했다. 텅스텐(鎢砂)은 소비에트공화국이 적(국민당)의 경제 봉쇄를 돌파하고 대외 무역활동을 전개하는 데 있어 중요한 수출 물자 중 하나였다. 당과 소비에트 정부는 텅스텐 사업을 전략적 중점 사업으로 다뤘다.'

루이진의 예핑 전시관 설명 자료에 우사(鎢砂)라는 낯선 용어가 있어 옆 사람에게 물었더니 이 사람도 모르는 모양이다. 잠시 후 그는 바이두를 검색한 뒤 원소 기호가 'W'인 텅스텐이라고 알려 줬다. 장시성은 텅스텐이 집중 매장된 곳이다. 당시 공산당은 이것을 팔아 식량과 무기를 구입했다.

중국은 개혁개방 초기부터 최근 미중 무역분쟁이 격화하기까지 각종 희토류 수출로 달러를 벌어들였는데 어쩌면 당시 텅스텐 수출 무역이 이와 유사한 역할을 한 것인지도 모른다. 달러가 넘치는 지금, 중국은 희토류를 팔아 외화를 벌어들이는 정책을 중단했다. 2021년 4월부터 희토류 생산을 통제하면서 희토류 자원을 경제 전쟁의 무기로 삼는 정책을 펴고 있다.

루이진의 '홍색 유적지'가 붉은 애국주의의 교실이라면 시내 훙두 공원 인근 쐉장(双江) 거리 일대는 홍색 도시 가운데 가장 자본주의 색깔이 짙은 상업 중심가다. 이곳 일대 보행 도로와 차도는 행인들과 노점, 루이진의 명물인 전동 오토바이 행렬로 언제나 크게 붐빈다고 한다.

필자가 찾았을 때도 인파가 구름처럼 밀려들고 상인들의 고함 소리가 천지 사방에 메아리쳤다. 홍색 도시 루이진의 이곳저곳에서 바쁘게 움직이고 있는 '경기지표' 굴삭기와 타워크레인, 뜨거운 소비 열기를 내뿜기 시작한 관광지와 상가와 시장. 중국 전역 31개 성시 중에서도 낙후한 장시성의 작은 지방 도시 루이진의 투자 현장과 상업지역 소비 경제는 미중 경제 전쟁으로 위축된 경제 상황과 아랑곳없이 활기를 띠고 있었다.

공산당은 국민당의 총공세와 소탕 작전이 격화함에 따라 1934년 10월 루이진을 떠나 장장 2만 5천 리 대장정에 돌입한다. 루이진을 출발한 공산당은 샹장(湘江) 전선을 뚫고 나가 구이저우 준이를 점령한다. 적수하를 네 번 건너며 싸웠다는 '4도 적수하'의 고장이다. 이후 공산당은 장강 상류 진사(金沙)를 지나고 쓰촨의 설산과 초지, 간쑤성을 거쳐 루이진 출발 1년 만인 1935년 10월 샨시성 옌안에 입성한다. 공산당은 옌안에 들어간 1935년 10월부터 허베이성 시바이포로 떠난 1948년 3월까지를 옌안 시기라고 부른다.

홍군 장정의 출발지 루이진(瑞金)에서 장시성 수도인 난창(南昌)까지는 기차로 3시간 정도 소요된다. 난창 기차역 역사를 빠져나오면 제일 먼저 눈에 들어오는 것은 '8.1'이라는 숫자다. 8.1은 1927년 공산당이 주도한 8월 1일 봉기(8.1 起義)를 일컫는 말이다. 8.1은 난창의 혁명 정신이 됐고 난창은 '8.1'을 홍색 도시의 간판으로 내걸었다.

남창의 홍색 유적지 탐방에서 필자는 8.1광장부터 돌아보기로 했다. 스마트폰을 열어 키워드로 '8.1'을 입력하니 8.1광장을 비롯해 8.1대도(大道), 8.1대교 등 8.1과 관련한 여러 지명이 나타난다. 공유 차량 디디(滴滴) 택시 앱으로 기사를 부르니 3분이 채 안 되어 호텔에 도착한다. 디디 공유택시 기사들은 대체로 일반 택시 기사에 비해 더 친절하고 특히 여행지에서 만나는 디디 택시 기사는 더할 나위 없이 훌륭한 여행 가이드가 돼 준다.

"8월 1일 난창 기의(起義, 봉기)는 인민해방군이 출범하는 계기가 됐어요. 난창의 8.1광장은 난창 기의와 혁명 정신을 기리는 곳입니다. 오늘날 8.1광장은 도시의 심장부로 주민들의 휴식터이자 경제 문화의 중심지와 같은 곳이에요." 디디 공유택시 기사는 이렇게 말한 뒤 난창은 혁명 도시이며 영웅의 도시라고 자랑스럽게 말했다.

중국 공산당은 1차 국공합작이 결렬된 후 일어난 난창봉기에 대해 공산당이 무장 투쟁을 통해 정권 쟁취에 돌입하고 중국 공산당의 인민군대가 창설되는 시발점이 됐다고 기록하고 있다. 1927년 8월 1일 새벽 저우언라이 주더 등이 이끄는 군대 2만 명이 난창에서 무장봉기를 일으켜 4시간여에 걸친 격전 끝에 국민당군 3,000여 명을 격퇴하고 난창 일대를 점령한다.

중국 공산당은 난창봉기가 국민당과의 무장투쟁 돌입에 총성을 울린 사건이라며 역사적 의의를 강조한다. 1933년 중국은 8월 1일을 '공농홍군 성립 기념일'로 정했다. 훗날 정식으로 중국인민해방군이 창설된 후에는 난창 봉기가 일어난 8월 1일을 건군절로 확정했다. 8.1광장에는 '8.1 난창 기의 기념탑'이 하늘을 향해 날개를 편 채 웅장한 모습을 드러내고 있었다. 기념탑에 금빛으로 쓰인 글씨는 공산당 혁명원로 예젠잉(叶劍英)이 직접 쓴 것이라고 한다. 기념탑 아래 3면에는 난창 봉기의 역사가 조각으로 새겨져 있다.

8.1광장은 8.1대도와 인접해 있고 베이징 시루(西路), 중산로 등으로 이어지는 난창 교통의 중심지였다. 난창에는 징강산과 루이진에는 없던 파란 하늘색의 텐센트 칭쥐(青桔, 청귤) 공유 자전거가 운영되고 있었다.

자전거는 도시를 가까이에서 살펴보는 데 도보 여행만큼이나 유용한 수단이다. 위챗으로 자전거 핸들 위의 QR 코드를 스캔하자 1.5위안(약 300원)짜리 청귤 자전거의 열쇠가 철컥하고 열렸다. 이어 가오더(高德) 지도앱을 켜자 난창 중심가가 표시된다. 자전거 페달을 밟은 지 얼마 안 돼 눈앞에 중산로 교통 표지판이 나타난다.

8.1광장에서 가까운 이곳 중산로는 장시성의 성후이(省會, 성 수도) 난창에서도 가장 번화한 상업 중심가 가운데 한 곳이다. 높은 빌딩들이 몰려 있는 것으로 봐서 이곳은 난창의 업무와 상업중심지인 것 같았다. 자전거길 옆으로는 스마트폰 매장, 한류 패션 복장가게, 영화관, 미용점, 레스트랑 등이 끝도 없이 이어지고 있었다.

중산로를 지나 한참을 더 가다 보니 난창 8.1기념관이 눈에 들어온다. 오래전인 2007년에 한번 와 본 곳이다. 문 앞을 지키는 보안 경찰은 오늘은 문을 열지 않는다며 매주 월요일은 정기 휴관일이라고 안내했다.

기념관을 뒤로하고 자전거 페달을 밟는데 지하철역이 나타난다. 도시를 체험하는 데 있어 전철은 자전거만큼이나 괜찮은 교통수단이다. 전철역들은 도시의 많은 랜드마크를 포함하고 있기 때문이다. 비록 장시성 수도이지만 난창 인구는 1,000만 명이 채 못 된다. 지하철은 1, 2호선 두 개 노선이 운영되고 있었다. 3, 4호선도 조만간 개통될 것이라는 예고인 듯 지하철 노선도에 노란 점선으로 함께 표시돼 있었다.

모바일 위챗 결제로 지하철 표를 구입했다. 베이징과 다른 크림슨 색의 동그란 플라스틱 코인으로 만든 지하철 표가 이채롭다. 지하철 요금은 지방 도시라 그런지 짧은 구간 요금이 2위안으로 베이징보다 훨씬 저렴하다. 교통 요금에 비춰 볼 때 이곳 물가는 베이징에 비해 많이 싼 것 같았다.

지하철 이동인구가 도시의 활력을 재는 지표 중 하나인 걸 보면 장시성 난창의 경제도 중국 다른 도시처럼 빠른 속도로 코로나19의 영향권에서 빠져나오고 있음이 분명해 보였다. 두어 정거장을 지나 난창시가 가장 자랑거리로 여기는 텅왕거(滕王閣, 등왕각)역에서 하차했다. 여행 비수기이고 평일인데도 텅왕거 누각은 여행객들의 발길로 북적였다. 텅왕거는 후베이(湖北) 우한(武漢)의 황허루(黃鶴樓), 후난(湖南)성 웨양루(嶽陽)시 웨량루와 함께 중국 '강남의 3대 누각'으로 불린다. 텅왕거는 도시의 젖줄인 간장(贛江) 동쪽 편에 고풍스러운 자태를 뽐내고 있었다.

텅왕거 누각에서 공항 방면 간장의 상류 쪽을 바라보면 8.1봉기를 기념해 건립한 8.1대교가 눈에 들어온다. 8.1대교는 무장투쟁의 공산 혁명과 개혁개방의 정신을 결합한 다리다. 대교 입구엔 덩샤오핑 방문을 기념해 설치한 개혁개방 상징물 '흑묘 백묘(덩샤오핑의 경제발전을 강조한 개혁개방 구호)' 조각상이 자리 잡고 있다.

덩샤오핑은 생산력(경제발전, 專)을 강조하는 류사오치 노선에 적극 동조했다. 문화혁명까지 발동하면서 계속 이념 투쟁(紅)을 주장해 온 마오쩌둥의 눈 밖에 났고, 이로 인해 모진 핍박을 받았다. 덩샤오핑은 문화

혁명 도중인 1972년 난창에 하방돼 노동을 통한 사상개조의 시간을 보내야 했고 류사오치는 감옥에서 비참한 최후를 맞았다.

문화혁명의 암흑기를 뒤로하고 덩샤오핑 시대가 열리자 난창에는 장시성 홍색 지구 중 가장 먼저 현대화 건설과 개혁개방 구호가 울려 퍼졌다. 덩은 난창을 찾아 생산력 발전을 역설했고 사람들은 머리띠를 동여매고 경제건설에 매진했다. 자본주의 전유물이었던 시장경제가 확산되고 이념 투쟁은 역사의 저편으로 자취를 감췄다. 새빨간 혁명 도시 난창은 제2 개혁개방과 혁신을 도시 발전의 새 아이콘으로 내걸고 미래를 향해 줄달음치고 있다.

신시대 혁명구호, 미국 제치고 슈퍼강국

"1935년 1월 공산당 중앙 홍군이 구이저우(貴州)성 런화이(仁懷) 현 마오타이진(茅台鎭)에 주둔했을 당시 홍군 총 정치부는 마오타이 술을 보호하라는 통지문을 발표했다."

필자는 코로나가 한창이던 때 중국 공산당이 당 역사의 대전환점이 됐다고 평가하는 구이저우성 준이(遵義) 회의 유적지에 들렀다. 흥미롭게도 유적지 전시실엔 옛날 마오타이 공장(양조장) 사진이 붙어 있었다. 사진 아래 설명문을 보니 1935년 공산당 정치국이 마오타이 고량주 공장을 보호하라는 통지를 하달했다는 내용이 적혀 있었다. 이런 유래를 들어 지금도 런화이시 마오타이진은 투명한 빛깔의 장향형 백주 마오타이가 '붉은 혁명의 술'임을 강조하고 있다.

1934년 10월 루이진을 떠나 장정에 오른 공산당과 홍군은 구이저우성 최대 강인 장강지류 우장(烏江)을 지나 1935년 쭌이 시를 점령한다. 바로 이곳에서 마오쩌둥 리더십이 탄생하고 마오의 공산당은 연안 시대(1935년 10월~1948년 3월)를 거쳐 1949년 10월 대륙에 새로운 나라(신중국)를 세우기에 이른다.

1921년 7월의 공산당 창당이 중국 역사상 천지개벽의 사건이었다면 쭌이 회의는 그 공산당 역사의 한 획을 그은 혁명적인 사건이라고 할 수 있다. 공산당은 이 회의가 마오쩌둥의 지위 확립과 함께 4도 적수하(적수하를 네 번 건너다)와 장정을 승리로 이끄는 결정들을 내렸고 당과 홍군과 중국 혁명을 구하는 회의가 됐다고 선전한다.

마오쩌둥은 쭌이 회의에서 볼셰비키 친소련파 노선을 비판하고 저우언라이 등의 지지와 3인 지도체제를 통해 사실상 홍군 지휘권과 당권을 장악한다.

"1935년 1월 쭌이 정치국 확대회의(쭌이 회의)는 좌경 교조주의 착오를 종식하고 마오쩌둥을 정치국 상무회의 위원으로 선출했다. 마오쩌둥 중심의 당중앙 지도와 홍군 지도 지위가 확립됐다." 쭌이 회의 기념관은 공산당 쭌이 회의의 의의를 이렇게 설명하고 있었다.

시진핑 국가주석도 2015년 6월 16일 준이 회의 유적지를 참관했을 때 "준이 회의는 당의 위대한 변곡점이 되는 회의였다"라며 "마르크스주의 기본 이념을 견지하면서 중국 실제상황에 부합하는 방향으로 당이 단결하고 독립 자주의 노선을 견지하며 마오 중심의 성숙한 전당 지도 노선이 확립되는 계기가 됐다"라고 밝힌 바 있다.

1930년대 중국 공산당의 대장정 도중 마오쩌둥이 당권과 군권을 모두 장악한 준이 회의 유적지. 공산당은 준이 회의를 당의 역사적 대전환점으로 평가한다.

공산당의 정사에서는 찾아볼 수 없지만 준이 회의와 관련된 얘기로 마오쩌둥의 정치 운명을 예언하는 다음과 같은 흥미 있는 야사가 전해진다. 준이시를 떠나 13년간의 옌안 시기를 보낸 공산당은 1948년 허베이성 시바이포(西柏坡)로 이동하던 도중 산시(山西)성에 있는 오대산을 지난다.

중국 산시성의 오대산은 중국 불교 4대 명산 가운데 문수보살의 성지로 중국에서도 많은 불교 신도를 거느리고 있다. 이 밖에 저장(浙江)성 보타(普陀山)산은 관세음보살, 쓰촨(四川)성 아미(峨眉)산과 안후이(安徽)성 구화(九华)산은 각각 보현보살과 지장보살을 모신 곳으로 알려져 있다.

1948년 초만 해도 공산당이 해방(점령)한 대도시는 허베이성 스자좡(石家莊) 한 곳뿐이었다. 미래가 불확실성에 짓눌렸던 당시 사회주의자 마오쩌둥도 마음이 급하고 불안했던 때문일까. 오대산의 고승에게 사주를 내주고 점을 보게 했다. 마오의 사주를 본 고승은 아무 말을 하지 않는 채 조용히 '8341'이라는 숫자를 내어줬다고 한다.

마오쩌둥은 고승에게 받은 의문의 숫자 8341은 비밀 경호부대 명칭으로 사용했다고 하는데 훗날 호사가들은 8341의 의미가 '마오가 83세까지 41년 동안 권좌에 앉는다'는 뜻이라고 말했다. 필자는 이 얘기를 2020년 8월 산시(山西)성 오대산 5개 봉우리 완주 트레킹 때 중국인 친구에게서 들었다.

야사의 진위 여부는 확인할 도리가 없다. 하지만 마오쩌둥이 1935년 1월 준이 회의에서 당권과 군권을 장악한 후 1976년 9월 83세에 사망할 때까지 41년 동안 거의 권력을 놓지 않았던 것만큼은 분명한 사실이다. 2021년 여름 7월 4일 필자가 허베이성 시바이포 공산당 혁명 유적지를 방문했을 때 기념관에는 마오쩌둥이 머물렀다는 오대산 숙소가 사진으로 전시돼 있었다.

일찍이 장정 시절부터 공산당 정치국의 '비호'를 받은 장향형 술 마오타이의 고장인 런화이(仁懷)시 마오타이진은 산악 지대에 건설된 도시다. 런화이시에서도 마오타이진은 산세가 가장 험준한 지역 중 한 곳이다. 도로는 온통 높은 교각 다리와 터널로 이어진다. 이곳에 미주(米酒)의 강으로 불리는 적수하(赤水河)가 흐르고 이 물로 구이저우성의 특산인 장향형 백주가 만들어진다.

마오타이진 '적수하(赤水河)' 인근엔 마오타이 고량주(증류주)가 1915년 파나마 박람회에서 입상한 사실을 기념하는 '1915 광장'이 조성돼 있다. 광장 옆에는 홍군의 '4도 적수하'를 기념하는 적수하 출렁다리와 함께 다리 뒤편 언덕 쪽에 기념비가 세워져 있었다. 마오타이진의 '4도 적수하'는 지형적 악조건 속에 공산당이 네 번이나 도하를 감행하면서 국민당군의 추격에서 벗어나 결국 장정을 승리로 이끌었다는 '전쟁의 대서사'를 품고 있다.

'1915 광장' 옆에는 공산당 홍군과 장향형 고량주 마오타이 술과의 각별한 인연을 강조하는 안내 간판이 세워져 있다. 중문에다 한글까지 병기된 광장의 안내문엔 '홍군이 마오타이 술로 피로를 풀고 상처를 치료했으며 마오타이는 혁명과 끊을 수 없는 인연을 맺고 있다'라고 적혀 있다.

'혁명의 술' 장향형 백주의 고장 마오타이진의 전체 인구는 약 15만 명이며 시내에 약 1만 7,000명이 거주하고 있다. 마오타이진은 구이저우 마오타이와 궈타이, 디아오위타이, 샤오후투셴, 한장주 등 유명 장향형 고량주(백주)를 빚는 물, 장강 지류 적수하의 중류 지역에 위치해 있다. 마오타이진의 상급도시인 '술의 도시' 런화이시는 마오타이 덕분에 1인당 GDP가 무려 3만 2,500달러의 선진 도시가 됐다.

1935년 준이 회의(1월 15일~17일) 기념 박물관과 당시 홍군 '4도 적수하'는 준이시와 런화이시 마오타이진의 기념비적인 홍색 관광 유적지다. 구이저우마오타이를 비롯한 마오타이진의 장형형 백주들은 홍군 승전을 경축하는 의미로 '115 준이 회의'와 '4도 적수하'를 홍색 마케팅에 끌어들여 톡톡한 재미를 보고 있다.

장정 승리의 공산당 역사를 기록한 준이 회의 기념관에까지 언급된 장향형 백주, 마오타이는 신중국 건국 때도 중난하이(中南海, 당중앙 소재지)의 건국 축배주로 사용됐다는 설이 전해진다. 이에 대해 전문가들은 낭시 구이서우 구이양(貴陽)은 아직 국공전쟁이 진행 중이어서 마오타이 공급이 충분치 않았다며 인근 산시성 청향형 백주 펀주가 일부 건국 축하연에 쓰였다는 주장을 편다.

홍색로드 탐방은 창당의 도시 상하이에서 장시성(징강산 루이진 난창), 장정 도중 준이 회의가 열린 구이저우성 준이시에서 샨시(陝西)성 옌안(延安)으로 이어진다. 옌안은 공산당 중앙위원회가 옌안 시기라 일컫는 1935년 10월~1948년 3월까지 약 13년 동안 머물렀던 곳이다. 옌안은 붉은 혁명 도시이자 승리의 출발점으로 여겨진다. 시진핑 총서기는 2022년 가을 20차 당대회에서 3연임을 확정한 뒤 나머지 6인 상무위원을 대동하고 이곳 옌안을 찾았다.

공산당은 1921년 7월 상하이에서 창당한 후 나라(중화인민공화국)를 설립하기까지 28년의 시간 중 절반을 이곳 옌안에서 보냈다. 중국 공산당이 승리의 출발점이라고 부르며 옌안에 대해 각별한 의미를 부여하는 이유이기도 하다. 옌안의 서북(西北)국 기념관에는 "옌안은 장정 도착지이며 출발점이고 우리 모든 과업의 실험구다"라는 마오쩌둥의 구호가 현관 로비 한쪽 벽에 조각돼 있다.

옌안(옌촨 량자허마을)은 또 문화혁명 시절 10대의 시진핑 주석이 와서 7년간 차두이(插隊, 지식 청년들이 산간 농촌에서 농민들과 생활하며 재교육과 함께 사상을 재무장함) 생활을 한 곳이기도 하다. 시진핑 주석은 오래전 옌안에서 마오쩌둥이 꿈꾼 세상을 중화민족 대부흥 '중국몽(中國夢, 중국 꿈)'을 통해 실현하려는 것인지 모른다.

베이징에서 산시(陝西)성 옌안(延安)까지는 비행기로 두 시간 거리다. 비행기는 군청색 산맥과 고원 지대 상공을 차례로 지나 금방 '옌안 난니완 공항'에 내려앉았다. '난니완(南泥灣)은 아름다운 고장, 그 옛날 황무지, 홍군이 들어온 뒤 푸른 초원으로 변했다네. 기름진 옥토 산베이(陝北, 옌안 등 산시성 이북 지역)의 강남, 풍성한 농작물, 풀을 뜯는 소와 양 떼, 옌안 시기 전투와 생산이 함께했던 곳 난니완을 따라 배우자.' 비행기가 착륙한 후 연결 통로를 통해 공항 역사 건물로 발을 들이자 눈앞 벽면에 '난니완' 노래의 악보와 가사를 담은 장식물이 눈길을 끈다.

옌안에 갈 거라고 하자 중국 친구가 '황토고원 옌안의 서정이 담긴 대장정 종착지 옌안 시기의 대서사시'라고 일러 준 공산당 찬양의 노래가 바로 이 난니완이다. 사진을 한 컷 찍는데 다른 승객들도 우르르 몰려들어 저마다 벽면에 붙은 '난니완 노래 악보' 조형물을 향해 스마트폰 셔터를 눌러 댄다.

중국 공산당의 붉은 혁명 도시 옌안시의 난니완 혁명 유적지 대형 당기 조형물 앞에서 주민들이 부채춤 공연을 선보이고 있다.

'영원한 적도 동지도 없다', 오직 공산당의 실리만...

공산당과 홍군은 대장정 출발 1년 뒤 천신만고 끝에 옌안에 터전을 잡았지만 여전히 배고픔과 국민당의 공세, 배고픔에 시달려야 했다. 옌안 시기 공산당에게 있어 수십 배 화력의 국민당보다도 더 무서운 적은 식량난이었다. 실제 홍군은 식량을 총탄 이상으로 중요한 물자로 관리했다.

'옌안 동남쪽 45킬로미터 밖의 난니완, 1941년 홍군이 이곳으로 진지를 옮겼을 때 천지에 잡초만 무성하고 민가에선 밥 짓는 연기가 피어오르지 않았다. 홍군은 장총을 비껴 멘 채 주민들과 황무지를 개간하고 농사를 지었다. 난니완은 식량 대생산으로, 국민당 장제스의 경제 봉쇄를 막아 내는 데 결정적 공헌을 했다.'

난니완 홍색 유적지 현장 기념관에는 당시 상황을 설명하는 이런 내용의 전시물이 게재돼 있다.

옌안의 난니완은 무기보다 중요한 식량 부족의 난관을 극복하기 위해 당시 홍군과 서북(西北)국 지도자 시중쉰(習仲勛, 시진핑 국가주석의 부친) 등이 펼친 '식량 대생산 활동' 현장이었다. 시중쉰은 1945년 10월~1949년 6월 공산당 서북국 서기를 맡았다.

난니완 기념관 전시 자료를 훑어보는데 국민당은 미국, 식량은 자꾸 반도체로 오버랩된다. 역사는 반복되는 것일까. 국공내전 시기에도 장제스의 배후에는 미국이 있었다. 중국 공산당은 지금 장제스 국민당 군과의 전쟁 대신 중국 굴기를 견제하고 나선 미국과 '총성 없는 전쟁'을 벌이고 있다. 1979년 1월 미중 수교 이후의 짧은 평화의 시대가 가고 글로벌 강대국인 미중 두 나라는 다시 냉전시대로 접어들었다.

중국 공산당은 옌안 시기 '난니완의 대서사시'를 빌려 인민들에게 '전쟁에 대비하자'고 촉구하고 있었다. 난니완 기념관엔 요즘 미중무역 전쟁 시대에 많이 들리는 자립자강이라는 구호도 도드라지게 강조되고 있다. '자립자강은 난니완 정신의 요체다. 전선이 조용해지면 생산 활동을 하고 적이 오면 총을 들고 나가 싸운다.' '난니완 대생산 활동' 전시장에 사진과 함께 소개된 이 문구는 1942년 마오쩌둥이 홍군 병사들에게 강조한 얘기였다.

난니완 기념관 안쪽 들판엔 넓은 공원이 펼쳐지고 한가운데 공산당 당기를 형상화한 붉은색의 거대한 조형물이 눈길을 사로잡는다. '당후이(黨徽) 광장'이라는 입구 안내판을 보니 '옌안시기 13년, 난니완 대생산 활동 등 옌안정신, 시진핑(習近平) 총서기 겸 국가주석의 량자허(梁家河) 촌 7년 활동 등 3가지 보귀한 정신적 자산을 주제로 이 광장과 조형물을 설계했다'고 직혀 있었다.

시진핑 주석이 난니완 유적지 딩후이 광장 안내판에 언급된 이유는 과거 문화대혁명 시절 지식청년 하방 정책 때 시 주석이 옌안 량자허 마을에 머물렀던 인연 때문이다. 시 주석은 1975년까지 7년간 산시성 옌안의 오지 마을 량자허 촌에서 하방 생활을 했다. 이런 인연으로 현재 량자허 촌은 시진핑 중국 특색 신시대 사회주의의 신농촌 모범 마을로 거듭났다.

산시성 옌안의 5월 날씨는 사막 기후처럼 일교차가 큰 편이다. 새벽녘엔 4도까지 떨어지고 한낮엔 기온이 29도까지 올라간다. 초여름으로 접어들면 시내 중심가 훼나무 가로수를 비롯해 옌안 시기 혁명 근거지였던 바오타산과 펑황산, 칭량산 등 옌안 전역은 짙은 녹음으로 새 옷을 갈아입는다.

마오쩌둥은 옌안에 도착한 후 맨 먼저 펑황산(1937년~1938년)에 들어갔다가 국민당 군의 공습을 피해 양자링(1938년~1943년), 자오위안(1943년~1945년 12월), 왕자핑(1946년~1947년)으로 계속해서 거주지를 옮긴다. 옌안의 이들 각 홍색 유적지에는 마오의 옛 황토굴 집이 모두 보존돼 있다.

옌안은 비교적 물가가 저렴하다. 호텔에 여행 안내원 소개를 부탁하자 하루 300위안에 섭외를 해 준다. 동선을 살펴 일정을 조율한 뒤 먼저 바오타(寶塔)산에 들렀다. 그리고 양자핑(楊家坪) 옌안 혁명기념관 양자링 자오위안(棗園), 다시 시내 쪽으로 돌아와 칭량(清涼)산, 펑황(鳳凰)산 등을 돌아보는 코스다. 옌허(延河)대교 인근 바오타산은 인근 펑황산, 칭량산 등과 함께 유명한 홍색 관광 혁명 근거지로 꼽힌다.

"이곳 바오타산은 홍군이 연안에 진주한 뒤 시간과 적진 예후 경보를 알리는 데 중요한 역할을 했어요. 저 건너편 펑황산(鳳凰山)은 마오가 1937~1938년 2년간 머물던 곳이죠. 후에 국민당 공습이 격화하면서 양자링으로 거주지를 옮겼지요." 안내원은 옌허 하천과 옌안 시가지가 한눈에 내려다보이는 옌안의 명물 바오타산에 올랐을 때 일일이 손가락으로 가리키며 이렇게 설명했다. 옌안 혁명 유적지 중 하나인 칭량산 매체 박물관은 신화서점의 발상지이자 신문 출판 혁명의 근거지로 유명하다. 막 푸르름을 띠기 시작한 칭량산 곳곳엔 마치 해방구이기라도 하듯 붉은 깃발이 펄럭이고 있었다.

바오타산에서 내려온 뒤에는 동선에 따라 양자핑을 거쳐 옌안 혁명 기념관을 찾았다. 기념관 앞 넓은 광장 한가운데 마오쩌둥 동상이 말없이 옌안 시내를 굽어보고 있다. '옌안 시기 마오가 꿈꾼 세상이 과연 자본주의보다 더 자본주의화된 오늘과 같은 중국이었을까.' 옌안의 붉은 광장을 지나면서 힐끗 쳐다본 높은 기단 위의 마오쩌둥은 아무 표정이 없다.

옌안 혁명 기념관에서 택시를 타고 20분쯤 가면 양자링(楊家嶺)에 닿는다. 양자링은 마오쩌둥이 '옌안 시기' 중엽인 1938년~1943년 머물던 곳이다. 이곳엔 당시 마오쩌둥이 직접 농사를 지었다는 '마오 농장'이 입구 쪽 왼편에 말끔한 모습의 자연 전람관으로 보존돼 있다.

"마오쩌둥은 고향인 후난(湖南)의 매운 고추와 감자, 조를 경작했다고 해요. 애연가인 마오는 옌안 시기 소련의 스탈린으로부터 담배 선물을 받았는데 답례로 수확한 조(小米)를 선물했다고 합니다. 당시 부상당한 린뱌오가 소련으로 수술을 받으러 가는 편에 선물을 보냈다고 해요." 안내원은 마오쩌둥이 식량 대생산 운동에 직접 팔을 걷어붙였다며 이런 말을 들려줬다.

당시 중국 공산당과 소련은 사회주의라는 동질성으로 유례없는 밀착 관계를 유지했다. 소련은 신중국 초기인 1953년 1.5계획(1차 5개년계획)을 적극 지원한다. 많은 건물과 공장을 지어 줬다. 수도의 베이징역도 당시 소련이 지어 준 것이다. 중국은 1953년 스탈린이 사망했을 때 애도의 표시로 전국의 모든 결혼식까지 연기할 정도였다. 당시 사회상을 다룬 중국 영화 '푸른 연'에는 이런 사회상이 자세히 그려지고 있다.

스탈린 사후 흐루쇼프 체제가 들어서면서 중소 관계는 1956년 전후 사회주의 노선에 대한 이념 대립으로 냉각기를 맞는다. 중국과 소련은 1969년에는 우수리강 일대의 국경 분쟁으로 격렬하게 충돌한다.

미국에 대한 두려움에다 소련과의 관계까지 악화되자 중국은 난감해졌다. 세상에 믿을 나라가 없다는 자각은 중국으로 하여금 인공위성과 원자탄 수소탄 개발을 서두르게 했다.

국제관계엔 영원한 적도 영원한 우방도 없다. 그저 실리를 좇아 냉탕과 온탕을 오갈 뿐이다. 짧은 데탕트 시대가 저물고 동서 진영 대립이 극단으로 치닫는 오늘날 시진핑 주석과 푸틴 대통령 시대의 중국과 러시아 두 나라는 다시 무제한 협력을 다짐하며 콘크리트 같은 밀착 관계를 과시하고 있다.

코로나 감염이 한창이던 2022년 2월 푸틴 대통령은 동계올림픽 참석차 베이징을 찾았고, 이듬해인 2023년 3월엔 시진핑 주석이 답방 형식으로 러시아를 방문했다. 또 2024년 5월엔 푸틴 대통령이 재차 베이징을 찾아 양국 간 공고한 우의를 재확인했다. 미중 충돌과 신냉전이 격화하는 와중에 중러 두 나라가 맞고 있는 이런 허니문은 마치 과거 스탈린 시대의 중소 관계를 보는 듯하다.

국익 앞에선 미국도 예외가 아니다. 미국 외교의 핵심 목표는 글로벌 패권 유지다. 미국은 이미 드러내 놓고 미국 우선주의를 표방해 왔다. 이를 위해 가치 외교로 우방국을 규합하려고 한다. 하지만 워싱턴의 정치 지형이 달라져 실리에 부합한다면 미국도 언제 북한과의 관계 개선에 나설지 알 수 없는 일이다.

미국의 대중국 전략 역시 크게 다르지 않다. 우리는 남북 관계나 한중 관계의 여러 조건들을 우리 마음대로 바꿔 나가기 힘든 처지다. 하지만 미중은 상호 관계를 서로의 이익에 맞게 주도적으로 관리해 나갈 수 있는 나라다. 국제 무대에선 힘이 곧 명분이고 힘을 가진 패권 국가들은 그 명분을 내세워 자국 이익에 맞게 정세와 국면을 좌지우지한다.

옌안의 양자링 내에는 중공 대예당(大禮堂) 유적지가 있다. 안내원은 이곳이 1945년 7차 당대회가 열려 공산당이 마오쩌둥의 사상을 당의 지도사상으로 채택한 곳이라고 소개했다. 그로부터 약 70년 만인 2017년 중국공산당은 19차 당대회(시진핑 집권 2기)에서 시진핑 사상(시진핑 신시대 중국 특색 사회주의 사상)을 당의 지도 사상으로 당장(당의 헌법)에 삽입했다.

옌안의 또 다른 공산당 혁명 유적지 자오위안(棗園)은 시내에서 서북쪽으로 8킬로미터 떨어진 곳에 공원식으로 조성돼 있었다. 자오위안은 옌안 시기 중공 중앙 서기처가 있었던 곳으로 5A급 관광지다. 중공 중앙은 1943년 10월~1947년 3월까지 약 4년간 이곳에 머물렀으며 원내에는 당시 마오쩌둥과 주더 류샤오치 저우언라이 장원톈이 거주했던 황토 토굴 집이 자리하고 있다.

중국 공산당에 있어 옌안 시기는 아주 각별하다. 중국은 옌안을 장정 승리의 성지이자 신중국의 출발점으로 기록하고 있다. 옌안의 중국 공산당은 마오쩌둥이 꿈꿔 온 새로운 나라 신중국 건국으로 한 발짝 더 다가섰다. 공산당은 국공 내전에서 차츰 승세를 굳혀 가면서 1948년 봄 베이징(당시 北平)의 길목인 허베이(河北)성 시바이포(西柏坡)를 향해 떠난다.

반부패 마오쩌둥 초심 '진징간카오(进京赶考)' 교훈

중국 공산당이 신중국의 청사진을 구상했다는 시바이포(西柏坡)는 허베이성에 있는 마을로 베이징에서 그리 멀지 않다. 시바이포는 중국 공산당이 베이징으로 진입하기 전 1948년 5월~1949년 3월까지 머물렀던 곳이다. 공산당 중앙위(마오쩌둥 주석)는 1949년 3월 23일 이곳을 떠나 3일 만인 25일 베이징(당시 北平) 향산으로 들어간다.

필자는 2021년 여름 베이징 서역에서 고속철 가오톄(高鐵) 기차를 타고 허베이성 수도인 스자좡으로 간 뒤 장거리 택시를 잡아타고 시바이포 마을로 들어갔다. 택시는 훠짜이(霍寨) 톨게이트를 진입해 고속도로를 달렸다. 하지가 지나 해가 짧아진 때문인지 차창 밖은 해가 진 뒤 금방 땅거미가 지기 시작했다. 육교 전광판과 도로가의 깃발 광고에 공산당 100주년 광고가 물결을 이루고 있다. 한 시간쯤 넘어 택시는 시바이포 터널을 지나 톨게이트를 빠져나왔다.

'신중국이 여기서 나왔다(新中國從這裏走來).' 시바이포 경계에 들어서자 야산 언덕과 도로변 공터 도처에 이런 문구가 설치돼 있었다. 기사에게 물어보니 공산당 중앙위원회가 여기서 머물 때 이곳에서 신중국 건국을 구상한 데서 나온 말이라고 말했다. 주변이 깜깜해졌을 때 택시 기사는 알려 준 주소지의 호텔에 기사를 내려 주고 돌아갔다.

이날 밤 환한 가로등이 시바이포 촌마을을 밝히고 있었다. 가로수로 나무 백일홍이 심어진 2차선 넓은 아스팔트 길을 따라 걷다가 불빛이 사라지는 호수 쪽으로 들어서니 사람들이 삼삼오오 둘러앉아 더위를 식히고 있었다.

어둠 속에서 물가의 청년과 인사를 나눴다. 베이징에서 온 한국인이라고 인사를 하자 반갑게 손을 내밀었다. "시바이포는 동쪽으로 화북 대평원, 서쪽으로 태항산과 접해 있어요. 1948년 5월 공산당 중앙과 홍군이 태항산맥을 넘어 이곳으로 왔어요. 약 10개월 머물다가 1949년 3월 베이징을 향해 떠났지요." 청년은 이렇게 말한 뒤 볼만한 곳으로 당 중앙 유적지와 시바이포 혁명 기념관, 청념정치 교육관, 국가안전 교육관 등을 추천했다.

마오쩌둥: 오늘 과거 보러 베이징 가는 날이다. 밤새 잠을 설쳤다.

저우언라이: 과거시험에 좋은 성적으로 합격할 것이다. 낙방해서 물러나는 일은 없을 것이다.

마오쩌둥: 우리의 베이징 입성은 이자성(명나라 말 농민 반란군)의 베이징 진군처럼 돼서는 안 된다. 이자성은 베이징에 들어간 뒤 부패했고 결국 실패하고 말았다. 공산당은 베이징 진입 이후 혁명을 멈추지 말고 사회주의를 건설하고 공산주의를 실현해야 한다. 결코 이자성의 전철을 밟아서는 안 된다. 시험에서 좋은 성적을 거둬야 한다.

시바이포 혁명 유적지의 '염정 교육관'. 반부패 청렴한 정치를 선전하는 이 교육 전시관에는 마오쩌둥이 약 10개월간 시바이포에 머물다 베이징을 향해 떠나던 1949년 3월 23일 아침 저우언라이와 나눈 대화 내용이 이렇게 소개돼 있었다. 이른바 '진징간카오(进京赶考)' 고사로서 베이징 입성 후 공산당이 어떻게 나라를 세우고 운영해야 할지를 다짐한 것이라고 한다.

중국 공산당 당 중앙위와 홍군 총부가 대장정 도착지인 옌안을 출발해 베이징으로 입성하기 전에 잠시 머물렀던 허베이성 시바이포 마을 혁명 유적지. 마을 입구에 '신중국이 여기서 나왔다'고 쓰인 바위 조형물이 설치돼 있다.

마오쩌둥이 이자성을 언급하는 대목은 마오가 어려서 이자성을 꽤나 흥미 있게 연구했을 것이라는 추측을 낳게 한다. 실제로 이자성은 마오쩌둥처럼 중농의 가정에서 태어났으며 마오처럼 농민군을 규합해 토지혁명을 추진했다. 군대의 규율을 강조한 것도 닮았고 베이징에 진군해 부패하고 낡은 봉건 왕조 구체제를 뒤엎고 새로운 나라를 세우는 것도 흡사하다.

"마오쩌둥이 어렸을 적 한때 이자성을 롤 모델로 삼은 게 아니었을까. 그리고 이제 베이징 진군을 앞두고 실패한 이자성을 반면교사로 삼아야 한다고 다짐하고 있는 게 아닐까. 마르크스와 사회주의라는 '신무기'를 제외한다면 마오쩌둥과 이자성 둘 사이의 차이점은 무엇일까." 1949년 3월 23일 베이징으로 떠나던 날 아침 마오와 저우언라이의 대화 내용으로 소개된 전시물을 쳐다보는데 궁금증이 꼬리를 문다.

'소박한 기풍을 유지할 것, 민가에 절대 진입하지 말 것, 극장이나 영화관에 들어가지 말고, 비밀 유지를 엄수하고 외출 시엔 2인이 함께 움직일 것, 문건과 무기를 휴대하지 말 것. 베이징 진입 3개월 내엔 가족과 우편 연락을 하지 말 것, 친지 모임과 명승 고적 유람을 삼갈 것, 종교 관습을 준수할 것.'

1949년 3월 베이징 진입은 공산당을 바짝 긴장하게 할 만큼 역사적인 사건이었다. 전시실 한쪽 벽에는 공산당 중앙위가 발표한 '6대 베이징 입경 수칙'이라는 내용의 자료가 붙어 있었다. 마오쩌둥은 베이징으로 향하기 직전 "겸허하고 절대 오만해서는 안 된다. 베이징에서 들어가서도 근신하고 분투하는 기풍을 유지하라"라고 당부했다.

또 다른 전시물을 보니 역시 '6조 규칙'이라는 통지문을 통해 '회갑 진갑 잔치 금지, 선물과 술 접대 금지, 허울 좋은 박수를 삼가고 인명을 지명으로 사용하지 말 것, 중국 혁명 동지를 마르크스, 레닌과 같은 반열에 올리지 말 것' 등을 강조하고 있었다.

시바이포 중앙위원회 유적지 한편에는 시바이포 시절 공산당 7기 2중전회가 열린 회의실 건물이 보존돼 있었다. 황토로 지어진 회의실 입구 양쪽에는 빨간 바탕의 입당 선언문과 7기 2중전회 유적지임을 알리는 간판이 나란히 붙어 있다. '당의 강령을 준수하며… 영원히 당을 배반하지 않겠다.' 참관객들은 마치 경쟁이라도 하듯 이 건물 앞에서 오른 주먹을 불끈 쥐고 '공산당 입당 선서문'을 낭독하고 있었다.

허베이 핑산(平山)현 시바이포에서 열린 7기 2중전회는 공산당에 있어 베이징 입성을 준비하고 신중국 건국의 비전을 기획하는 대회였다. 유적지 입구 안내문에는 이 회의가 신중국의 청사진을 그렸다고 소개하고 있었다. '신중국이 바로 여기서 나왔다(新中國從這裏走來)'는 구호가 마을 이곳저곳에 요란하게 나붙어 있는 이유를 알 것 같았다.

III
시진핑의 뉴차이나, 중국몽의 허와 실

중국 공산당은 2021년 11월 19기 6중전회에서 '역사결의(공산당 100년 분투의 중대 성취와 역사 경험에 관한 중공 중앙의 결의)'라는 문건을 채택했다. 마오쩌둥과 덩샤오핑 시대에 이어 중국 공산당 사상 세 번째인 이 역사결의는 시진핑 총서기 겸 국가주석 집권기의 중국 공산당이 창당 100주년을 맞아 창당의 역사적 필연성, 당과 역대 지도자의 치적, 창당 100년의 주요 사건에 대한 평가를 기술하고 있다.

역사결의는 1840년 아편전쟁 후 반(半)식민지 반(半)봉건하의 중국 사회에 러시아 10월 혁명이 마르크스 레닌주의를 퍼지게 했고 5.4운동이 마르크스주의의 중국 전파를 촉진했으며 이런 배경하에서 공산당이 탄생했다고 적고 있다.

이와 함께 창당 28년 만인 1949년 10월 1일 신중국을 세웠으며 항미원조(한국전쟁) 전쟁을 승리로 이끈 데 이어 '양탄일성(원자탄 수소탄 인공위성)' 개발에 성공했고 2008년 베이징 올림픽을 성공리에 개최해 강국 도약의 기초를 닦았다고 평가했다. 공산당 역사결의는 공산당 창당 100년 회고와 미래 100년 중국의 국가 청사진을 담고 있다.

세상을 압도하는 구호 '중화 위대한 부흥'

　베이징 서북쪽 자동차로 두 시간 이내의 거리에 향산 공원이 자리하고 있다. 향산은 해발 575미터의 야트막한 산으로 봄꽃과 가을 단풍이 아름다운 관광 명소다. 향산은 인기 관광지이면서 붉은 혁명의 산이기도 하다. 이곳 향산에는 시진핑 시대 공산당의 역사결의 내용 그대로 공산당 창당 이후의 투쟁과 위업을 기리고, 중화민족의 위대한 부흥, 중국몽을 다짐하는 혁명 박물관이 들어서 있다.

　공산당은 신중국 건국 직전 이곳에서 막바지 국공 내전을 지휘했다. 향산 박물관 당중앙 유적지 쌍칭(双淸) 별장에는 이를 기념하는 각종 기록물이 전시돼 있다. 1949년 3월 베이징 무혈입성을 비롯해 주요 전투에서의 승리, 신중국 건국 전야의 긴박한 상황들이 상세히 기록돼 있다.

　베이징 북서쪽의 바거우 전철역에서 경전철 서교선(西郊線)을 타면 이화원과 베이징 식물원을 거쳐 20여 분 만에 향산역에 도착한다. 향산역 역사를 빠져나와 대로를 건너면 바로 향산 혁명 박물관에 닿는다. 입구에서 도보로 10여 분 산 쪽으로 걸어가면 공산당 당중앙 유적지 쌍칭 별장이 나온다. '향산은 1921년 창당한 중국 공산당 중앙위(중앙위원회)가 28년 만인 1949년 가을 현재의 중난하이(中南海)로 들어가기 전 마지막으로 자리 잡았던 당 중앙 소재지다.' 향산 혁명 박물관 전면에는 이런 설명문이 적혀 있다.

창당과 대장정, 옌안 시기를 보낸 중국 공산당 중앙위원회는 산시(山西)성 오대산을 넘어 허베이성 시바이포(西柏坡)로 이동해 약 10개월 동안 머문다. 공산당 중앙위는 시바이포에서 곧장 베이징으로 입성하지 않고 교외 지역인 향산에 머물면서 건국 준비와 함께 막바지 국공 전투를 지휘한다.

마오쩌둥(毛澤東)을 주석으로 하는 당 중앙은 1949년 3월 23일 허베이성 시바이포를 출발해 이틀 후인 3월 25일 향산의 쌍칭(双淸) 별장에 도착했다. 마오와 공산당 중앙위는 현재의 중난하이(中南海, 중남해)로 들어가기 전 한동안 이곳에 머물렀다. 약 6개월 후 마오쩌둥은 1949년 9월 21일 현재의 당 중앙 소재지인 중난하이의 국향서옥으로 거처를 옮긴다.

전시된 게재물의 설명에 따르면 공산당은 주변 산세로 볼 때 은닉과 방위에 유리하다는 점 때문에 고궁(자금성) 옆의 중난하이로 들어가기 전 이곳 향산을 중간 기착지로 삼았다. 공산당은 당시 외부에는 향산에 '노동대학'이 들어설 것이라는 역정보를 흘렸고 실제로 당시 사람들은 향산에 무슨 대학이 들어서는 줄 알았다고 한다.

향산 쌍칭 유적지에는 중국 공산당이 향산에 진주하기 전 허베이성 시바이포에서 신중국 건국에 대한 밑그림을 완성했다고 소개하고 있다. 중국 공산당 당 중앙이 향산에 오기 전 1949년 3월 5일 시바이포에서 열린 공산당 7기 2중전회는 신중국 건국에 대한 아웃라인을 제시했다. 당

차원에서 신중국 건국 방침이 제정된 것이다.

공산당 7기 2중전회는 1949년 4월~5월 난징을 점령하고 북평(北平, 당시 베이징)을 수도로 정할 것을 결의했다. 또한 전국 정치협상회의 소집과 관료자본 몰수 및 토지개혁 등을 기초로 한 연합 정부 설립 방안을 선포했다.

"시바이포가 신중국의 아웃라인을 제시했다면 향산은 이를 바탕으로 건국의 정밀한 청사진을 완성했습니다." 쌍칭 별장 관리원은 같은 당중앙 소재지인 시바이포와 향산 쌍칭 별장의 차이점을 묻는 질문에 이렇게 답변했다.

2021년 11월 중국 공산당이 19기 6중전회에서 채택한 세 번째 역사 결의는 공산당이 역사적인 랴오선(遼沈) 화이하이(淮海) 핑진(平津)과 도강(渡江) 전투의 승세를 굳혔다고 설명했는데 이들 막바지 국공 내전 전투를 지휘한 곳이 바로 향산의 과거 당중앙 지도부 쌍칭 별장이다. '마오쩌둥의 공산당'은 향산 쌍칭 별장에서 지휘한 이들 4개 전투의 승리로 창당 28년 만에 나라를 세우고 대륙의 주인이 됐다.

향산 혁명 박물관은 공산당이 장제스의 국민당 군을 물리치고 국민당 정권의 수도 난징을 함락한 사건을 크게 부각시키고 있다. 마오쩌둥의 공산군은 장강 이남 전면 공격, 즉 '도강(渡江)전투' 진군 명령으로 천 리 장강 방어선을 돌파하고 1949년 4월 23일 난징을 접수했다.

베이징 인근의 향산 혁명 기념관에 마오쩌둥의 청동 조형물이 전시돼 있다.
이 동상은 마오쩌둥이 공산당 홍군의 역사적인 난징 함락 기사를 읽고 있는 조형물이다.

'도강전투는 중국 해방의 위대한 진군 호각 신호였으며 난징 점령으로 22년 만에 국민당 정권이 종식됐다.' 베이징 향산 혁명 박물관 전시물은 향산에서 공산당 마오쩌둥 지도부가 수행한 국공내전 마지막 전투와 국민당의 20년 본거지인 난징 점령의 상황을 이렇게 설명하고 있었다.

당시 신문들은 '난징 해방, 난징 반동 정권 멸망'이라는 제목으로 공산당군의 난징(南京) 점령을 보도했다. 박물관 중앙에는 마오쩌둥이 난징 점령 기사를 읽고 있는 조형물을 설치해 놨다. 난징을 점령한 공산당의 인민군은 파죽지세로 국민당군을 몰아붙인다. 난징 접수에 이어 1949년 5월 중에 항저우(杭州)와 우한(武漢), 시안, 난창(南昌), 상하이 등 주요 도시가 공산군의 수중에 떨어진다.

1949년 가을 중국 서남부 지역에서 여전히 '해방 전쟁'이 한창인 가운데 공산당은 중난하이(中南海) 화이런탕(懷人堂)에서 의회(전인대)를 대신하는 민주제당파 연합 성격의 정협 1기 회의(9월 21일~9월 30일)를 열어 건국을 위한 임시 헌법(강령)을 통과시킨다. 당시 정협 1기 주석은 당과 군권을 모두 장악한 마오쩌둥이었다. 정식 국회인 현재의 전인대가 생긴 것은 정협 주도로 신중국이 건국된 지 한참 후인 1954년 9월이다.

베이징 쌍칭 별장 유적지 기록물에 따르면 중국 공산당은 정협 1기 회의 폐막 다음 날인 1949년 10월 1일 오후 2시 중난하이(中南海)에서 신중국(중앙 인민정부) 건국을 선포했으며 오후 3시에 인근 천안문(광장) 성루로 나와 건국 행사를 개최했다.

건국을 공식 선포한 중난하이는 중국 공산당이 나라를 세우고 최종적으로 자리 잡은 곳으로 공산당의 심장부 같은 곳이다. 중앙 당사 격인 중국 공산당 중앙위원회(당중앙 총서기)와 행정을 총괄하는 국무원(총리) 사무실을 비롯해 정치국 7인 상무위원들의 사무실 관저가 모두 이곳에 중난하이(중남해)에 있다.

필자는 2007년 베이징 특파원 시절 몇몇 기자들과 함께 이곳 중남해에 들어가 자광각이라는 고풍스러운 건물에서 당시 원자바오 총리를 인터뷰한 적이 있다. 중남해에는 남쪽 장안가에 접한 신화문을 비롯해 모두 8개의 문이 있는데 필자는 당시 서북문을 통해 중남해로 들어갔다.

자광각을 비롯한 중남해의 건물들은 주로 회색 또는 녹색 기와에 붉은 기둥 및 창살로 이뤄져 있었다. 내부 공간이 창덕궁 같은 서울의 궁전들처럼 별다른 장식 없이 옛 모습 그대로인 점이 눈길을 끌었다. 당시 이곳에서 만난 안내원은 청나라 때 서태후가 자광각에서 외국 사신들을 접견했다고 일러 주었다.

중남해는 남북 약 2,000미터, 동서 약 200미터 넓이로 천안문과 자금성 서쪽에 자리하고 있으며 자광각을 비롯해 근정전 등 많은 전통 건물들이 들어서 있다. 군데군데 대형 사합원과 회의당 같은 건물들이 자리하고 있다. 특히 정협 1기 회의가 열린 화이런탕은 중남해에서 가장 이름 있고 유서 깊은 회의실이라는 설명이다.

공산당의 심장부인 이곳 중남해에선 과거 소련이나 베트남 지도자들이 회담을 갖고 숙박까지 했다고 한다. 미국 대통령 중에는 닉슨과 오바마 대통령이 이곳에 들어와 회담을 한 것으로 전해지고 있다.

남해와 중해로 이뤄진 중남해는 베이징 제1경으로 불린다. 요와 금 때 건립됐고 난징에서 천도한 명 때에 이르러 궁궐을 자금성으로 이전한 뒤에는 행궁과 원림으로 이용했다.

흥미롭게도 오랜 세월이 지나 중남해가 다시 '공산당의 궁궐'로 돌아간 것이다. 중남해는 원진가(文津街)의 작은 다리를 통해 북쪽 베이하이(北海) 호수로 이어진다. 베이하이 북쪽엔 첸하이와 허우하이, 시하이가 있고 베이징 서북쪽 이화원의 쿤밍호로 연결된다.

공산당이 1949년 10월 1일 신중국을 세우고 중남해 시대가 본격적으로 열렸지만 건국 후에도 한동안 국공 전쟁이 계속된다. 1949년 막바지 전투에서 공산군은 10월~12월 광저우와 샤먼, 구이양, 구이린, 충칭, 쿤밍, 청두 등 서남부 지역을 차례로 점령한다. 당 중앙 소재지 향산의 '쌍칭 별장' 자료들은 당시 마오쩌둥을 핵심으로 하는 공산당 수뇌부가 이곳에서 국민당 군과의 전쟁을 승리로 이끌었다고 기록하고 있다.

'우리 공산당은 이자성이 돼서는 안 된다. 부패를 삼가고 초심을 기억하자.' 베이징 향산 쌍칭 별장 유적지 결어문에도 시바이포 유적지와 똑같이 마오가 명나라 농민 혁명군 이자성의 거사를 반면교사로 삼을 것을 언급한 진징간카오(进京赶考) 고사가 비중 있게 전시돼 있다.

'시진핑 신시대 중국 특색 사회주의의 위대한 승리를 쟁취하자. 중화민족 위대한 부흥의 중국몽을 분투 실현하자.' 향산 쌍칭 혁명 유적지 결어문은 시진핑 신시대의 구호인 건국 100년 비전 '중국몽'으로 끝을 맺고 있다.

중국몽 잉태한 량자허, 신시대 조타수 시진핑

'산시(陝西)는 뿌리이고 옌안(延安)은 혼이며 옌촨(延川)은 나의 제2 고향이다.'

중국 시진핑 총서기 겸 국가주석이 청년 시절을 보냈던 샨시(陝西)성 옌안의 량자허(梁家河) '성지' 마을에 가면 시 주석이 말했다는 이런 글귀가 촌마을 위원회 앞뜰 대형 간판에 적혀 있다. 량자허 촌마을은 옌안 시내에서 황하를 거쳐 동북쪽을 향해 버스로 한 시간 남짓 되는 거리에 자리하고 있다.

시진핑(習近平) 주석은 문화혁명 시기인 10대 때 1969년~1975년까지 7년 동안 이곳 량자허 촌에서 지식청년들의 사상 재무장 교육 활동인 상산하향(上山下鄕) 차두이(揷隊, 하방) 생활을 했다. 중국 중앙 TV는 시 주석이 문혁 당시인 1969년 1월 13일 15세 때 지식청년 재교육 '차두이' 활동의 일환으로 샨베이(陝西,샨시성 이북) 옌안시 옌촨(延川)현 량자허 마을에 내려왔다고 밝히고 있다.

옌안 시내에서 단체 관광버스를 타고 황하 관광의 명소 첸쿤완을 거쳐 량자허 마을 유적지 입구 주차장에 도착한 뒤 2킬로미터 정도 걷고, 이곳에서 량자허 '시진핑 유적지'까지 가기 위해서는 전동 버스를 타고 15분 정도 이동해야 했다. 량자허 참관은 옌안의 다른 10여 군데 홍색 관광지와 달리 출입 검사가 좀 까다로웠다.

여권에 찍힌 비자로 상주기자(특파원) 신분을 확인한 관리원은 기자를 임시 파출소 같은 곳에 데려갔다. 경찰들이 한참 동안 기자의 신분과 방문 목적 등을 캐묻고 샅샅이 기록했다. 조사는 30분 정도 걸렸고 다행히 들어가도 좋다며 여권을 내줬다.

시진핑 주석이 샨시를 뿌리라고 말한 것은 아마 부친 시중쉰(習仲勛) 고향이 산시성 푸핑(富平)인 것을 염두에 둔 것으로 보인다. 시중쉰은 1945년~1949년 중국공산당 서북국 서기였는데 대장정 홍군이 옌안에 안착하는 데 큰 공을 세운 것으로 전해진다. 시중쉰은 신중국 건국 후 중앙 선전부장과 부총리, 광둥성 서기, 정치국 위원을 지냈고 이는 시 주석의 든든한 정치적 배경이 됐다. 시진핑의 원적지라고 할 수 있는 푸핑은 곶감 특산지인데 중국에서 푸핑 곶감은 기업들의 명절 선물로 많이 애용된다.

산시성(섬서) 옌안시 인근 옌촨현 량자허 마을에 "옌촨은 나의 제2의 고향이다"라고 말한 시진핑 연설문 한 구절이 대형 간판에 적혀 있다.

"량자허 작은 마을의 변화는 개혁개방 이래 중국 사회 발전의 하나의 축소판과 같다." 마을 안쪽의 또 다른 붉은 대형 간판에는 옌안 량자허에 대한 시진핑의 소감과 인상을 이렇게 소개하고 있었다. 실제 량자허 마을은 지금 중국 신농촌 변혁의 상징과 같은 곳이 됐다.

량자허 촌 위원회 앞뜰의 붉은 간판 구호가 말해 주듯 옌안에 대한 시진핑 총서기의 애착은 실제 고향을 대하는 것처럼 각별하다. 1993년에 옌안에 다녀갔고 2012년 가을 18차 당대회에서 처음 집권한 뒤 옌안을 찾았다. 2015년 2월 13일엔 부인 펑리위안과 함께 또다시 옌안을 방문했고 2022년 가을 20차 당대회에서 총서기 3연임을 확정한 뒤 재차 옌안을 찾았다.

'열다섯 살 황토의 땅에 왔을 때 나는 갈피를 못 잡고 방황했다. 22세 황토 지역을 떠날 때 인생 목표가 단단해졌고 자신감이 충만해졌다.' 시진핑 주석은 일찍이 량자허에서의 청년 시절을 이렇게 회고한 적이 있다. 시진핑은 량자허 생활 7년 도중 당과 국가와 인민을 위하는 열혈 청년으로 변신했고 20세 때인 1974년 마침내 공산당원이 됐다.

1970년대 '차두이' 지식청년들은 그 옛날 옌안 시기(1935년~1948년) 홍군이 묵었던 것과 똑같은 황토 동굴 방에서 생활했다. 동굴 방 유적지에는 시진핑이 메탄가스 신기술 보급에 기여했고 모든 과업에 적극 분자로 평가받았으며 그 공로로 1974년 1월 량자허 생산대대 당지부 서기에 임명됐다고 적혀 있었다. 메탄가스 연구 때문이었는지 모르지만 당시 주민들은 시진핑이 밤늦도록 책을 읽었다고 증언하고 있다.

'자력갱생 고난분투' '양식절약 낭비반대'. 10대의 시진핑이 생활했던 황토 동굴 방에는 정면 침상 맡에 청년기 시 주석의 량자허 시절 사진이 걸려 있고 좌우 양쪽 황토벽에는 이런 구호가 대련처럼 나붙어 있다. 중미 갈등이 격화하는 요즘 중국인들 입에 많이 오르내리는 구호라는 점에서 흥미롭다.

문혁의 정치적 회오리가 잦아들 무렵인 1975년 성실하고 모범적이었던 '청년 시진핑'의 손엔 칭화대학 입학 추천서가 쥐어지고 옌안 량자허 촌에서의 차두이 생활도 막을 내린다. '인생에서 배울 것 모두를 량자허 촌에서 얻었다. 내게 그곳은 학문의 대전당이었다. 나의 마음은 그곳에 남아 있다.' 마을 앞 기념관 안내문엔 량자허 시절에 대한 시진핑의 소감이 이렇게 적혀 있었다.

옌안은 문혁 당시 시진핑 주석의 량자허 7년 '차두이' 생활을 곳곳에 기록하고 있다. 옌안 시기 대생산 활동이 전개된 홍군 유적지 난니완 당후이 광장(공원)도 예외가 아니다. 이 광장엔 공산당기를 형상화한 조형물이 설치돼 있었고 안내문은 '13년의 옌안 시기와 옌안 정신, 그리고 시진핑의 량자허 촌 7년 생활을 주제로 광장을 설계했다'고 설명하고 있다.

량자허 마을의 '차두이' 청년 시진핑은 반세기 후 공산당 최고 지도자가 됐고, 강대한 신중국을 구축하려고 한다. 시진핑은 위대한 중화부흥 '중국몽'을 실현하겠다고 나섰다. 인류가 경험해 보지 못한 사회주의 선진 강국을 실현하는 꿈이다. 하지만 세계가 평화에서 '전쟁의 시대'로 접어들면서 신시대 중국의 조타수 시진핑의 중국몽도 거센 도전에 직면했다.

"서방 제도와 모델을 답습만 해서는 중화민족 부흥의 역사적 임무를 완성하지 못하고 중국 정치, 경제 부강과 사회 안정을 실현할 수 없으며 인민 행복도 보장할 수 없다."

베이징의 왕푸징과 국가미술관에서 멀지 않은 곳에 베이다홍러우(北大紅樓, 북대 홍루)라는 곳이 있다. 옛 베이징대학 캠퍼스로 신문화 운동과 5.4운동의 요람으로 불리는 장소다. 모두 3층으로 돼 있는 전시장의 한곳에 자립자강을 강조하는 시진핑 중국 국가주석의 이런 연설문이 붙어 있다.

시진핑 주석은 틈만 나면 사회주의 현대화 국가 전면 건설과 중국 고유의 선진 강국 모델인 '중국식 현대화' 및 신성장 메커니즘 고질량 발전을 강조하고 있다. 노골적으로 '탈미국'을 언급하지는 않지만 미국과의 전략적 경쟁이 격화할 것을 염두에 둔 듯 부쩍 독자노선을 강조한다.

2023년 양회 직전인 2월 23일 필자는 하이난성 싼야의 중국 과학원 심해과학 연구소를 취재했는데 이곳에서도 이와 비슷한 내용의 시진핑 주석 연설 구호를 본 적이 있다. '심해에 처음부터 길이 있었던 게 아니다. 우리는 남을 따라 할 필요가 없다. 우리가 바로 길이다(深海本沒有 我

们无需效仿 我们就是道路).'

 길의 다른 의미가 가치이자 질서라고 볼 때 중국이 서방(미국)에 맞서 중국 컨센서스를 확산시켜 가고 중국 주도의 국제 질서를 만들려고 하는 야심이 읽힌다. 정치무대에서 지도자들이 입만 떼면 일대일로를 강조하는 데서도 시진핑 집권 3기 대외 정책의 이런 기류가 드러난다.

 일대일로는 시진핑 총서기 겸 국가주석이 총서기 집권 이듬해인 2013년 제시한 중국의 세계화 전략이다. 시진핑 주석은 그로부터 10년 뒤 집권 3기 1년 차인 2023년 10월엔 베이징에서 130여 개 나라 지도자가 참석한 가운데 일대일로 회의를 열었다. 이 회의에는 한국에서도 장관급 인사가 참석했다. 중국의 독자 노선이 선명해지면서 미중 패권 경쟁도 한층 격화될 것으로 예고된다.

중미 패권 경쟁 시대, 전쟁과 평화의 패러독스

 "정권은 총구에서 나온다." 중국 지도자 마오쩌둥은 중국 국공합작 결렬 후인 1927년 8월, 공산당이 대륙의 패권을 잡기 위해선 무장 투쟁이 필요하다며 이렇게 말했다. 전쟁의 중요성을 강조한 마오쩌둥의 이 주장은 공산 혁명의 주요 사상으로 굳어졌다.

공산당은 군대의 무장 투쟁으로 세를 불리며 중국 대륙에 공산 정권을 세우는 데 성공했다. 대륙의 주인이 된 공산당은 이젠 미국과 글로벌 영향력을 놓고 패권을 다투는 나라가 됐다. 세계 패권도 강한 군사력의 산물이라는 점을 누구보다 잘 아는 중국은 경제 번영의 많은 역량을 군사 굴기에 쏟아붓고 있다.

중국 수도 베이징 서쪽 하이뎬구의 '인민혁명 군사박물관'에 가면 중국의 강군 전략에 대한 비전과 군사력 팽창의 야심을 한눈에 살펴볼 수 있다. 중국 강군 행보는 2012년 가을(18차 당대회) 시진핑 집권 이후 한층 속도가 빨라졌다. 군사박물관 1층엔 미국 F-22 대응용 '젠-20' 스텔스 전투기(2016년 공개), 독자 기술로 2017년 첫 진수시킨 항공모함 '산둥함' 모형을 전시해 놨다. 미국에 비해 절대 열세인 해군과 공군 중심의 국방력 강화에 대한 의지가 읽힌다.

'비 오기 전에 창문을 수리한다(未雨綢繆). 편안할 때 위험을 경계한다(居安思危).' 시진핑 주석을 비롯한 중국 공산당 지도자들의 연설에 한약방의 감초처럼 등장하는 말이다. 중국 공산당은 어떤 시기든 한시라도 위기의식을 늦추지 않는다. 맑은 날에 폭우를 생각해 창문을 손질하고 평화 시기에도 늘 전쟁의 가능성을 염두에 두고 대비를 게을리하지 않는다.

'전쟁이라는 다모클레스의 검(머리카락에 매달린 날 선 칼이 목 위로 떨어질 듯한 일촉즉발의 위험)이 인류의 목 위에 걸려 있다.' 군사박물관 게시물에서 '신시대' 중국의 조타수, 시진핑 국가주석은 국방력을 강화해야 하는 필요성에 대해 이렇게 역설하고 있다. 강한 군대야말로 평화와 국가 안전을 수호하고 전쟁을 막을 수 있는 최소한의 조건이라는 얘기다.

시진핑 주석은 2024년 3월 양회 기간 군 수뇌부에 대해 군사 투쟁에 대한 대비 태세를 강조했다. 시 주석은 특히 AI와 사이버 우주항공 등 신흥 전략산업 분야와 연계해 첨단 국방역량을 강화할 것을 지시했다. 리창 국무원 총리도 전인대 개막식에서 행한 정부 업무보고에서 2024년 국방 예산을 1조 7,600억 위안(309조 6,000억 원)으로 7.2% 증액한다고 밝혔다. 이는 한국 전체 국가예산(656조 6,000억 원) 절반에 육박하는 천문학적인 금액이다.

중국 국방 예산 증가 폭은 2021년 6.8%에서 계속 늘어났다. 하지만 중국은 자국의 국방 지출이 경쟁 대상인 미국에 비해서는 여전히 크게 뒤처지는 것으로 판단하고 있다. 중국 군사 분야 자료에 따르면 2023년 기준 중국의 전체 군비 지출은 여전히 미국 국방 예산의 40%에 못 미치는 상황이다. 같은 해 중국의 군사력은 미국과 러시아에 이어 3위로 알려졌다.

중국의 국방 예산은 미국에 비해 크게 뒤지고 있는 해군 및 공군력을 선진화하는 데 집중 투입될 것이라는 관측이다. 해군력에서 현재 미국은 10만 톤급 핵추진 항공모함이 11척인데 비해 중국은 일반 항모 3척뿐이다. 중국은 네 번째 항공모함을 핵추진 항모로 건조할 것으로 전해지고 있다. 현재 중국은 공군 전력에서도 20년 이상 격차가 난다고 할 정도로 미국에 크게 뒤진다.

중국이 최신예 전투기 젠-20을 자랑하고 있지만, 미국 전투 항공기 기술에 비하면 10여 년 뒤진다는 평가다. 미국은 전략 폭격기를 158대나 보유하고 있지만 중국은 마땅한 대응 기종이 없다고 한다. 중국은 우주 항공 신흥 전략 부문 투입을 늘려 폭격기 공중주유기 등 취약한 공군 전투력을 증강해 나간다는 전략이다.

다만 해군 및 공군과 달리 중국이 육군 전력에서는 미국에 크게 뒤지지 않는다는 평가다. 정규 병력 및 군대와 같은 무장경찰(120만 명)을 합친 중국의 총 병력은 350만 명이다. 중국은 탱크도 6,000대로 5,600대의 미국보다 많이 보유하고 있다. 중국은 연근해와 대만 인근 해역 및 지상에서 전쟁이 발발할 경우 승산이 있다고 자신한다.

2035년에 중국은 국방 현대화(선진화)를 달성하고, 2050년까지 군사력에서 세계 최강국이 된다는 목표를 세워 놓고 있다. 2050년, 즉 건국 100주년 무렵에 미국을 따라잡거나 추월한다는 비전이다. 이를 위해 과기 분야 투입을 대폭 늘리고 있다.

2024년 중국 R&D 과기 예산 증가 폭은 국방 예산보다 높은 10%에 달했다. 중국은 이미 주요 전략기술에서 한국을 넘어섰다는 평가다. 2024년 2월 한국 과기정통부는 AI 반도체 양자 수소 등 전략 기술 평가에서 중국이 한국과 일본을 앞섰다고 발표했다. 모두 군사기술에 응용되는 전략기술 분야라는 점이 주목을 끈다.

중국 군사 박물관 내 초대형 비디오 전시실에는 한반도 지도와 서해 일원, 중국 산둥지역 군사 기지가 표시돼 있고 스크린의 영상 자료들은 이곳에서 활동 중인 중국 육해공군의 움직임을 보여 준다. 또 대만 일원 및 최근 필리핀과 갈등 중인 남중국해 해역의 군사활동도 번갈아 비춰 준다. 대만을 포함한 자국 영토와 영해에서의 어떤 외부 도발과 분열 책동도 강력 응징할 것이라고 중국은 경고한다. '손톱만 한 땅도 양보할 수 없다(寸土不让).' 바위 조형물에 새겨진 사생결단의 구호엔 비장함이 묻어난다.

양안(대만과 중국)과 남중국해 상황은 그렇다 치고 우리 한반도 지도와 서해 해역이 훤히 펼쳐진 지역을 무대로 한 중국군의 요란한 군사활동 영상 자료를 대하자 과거 중국이 개입했던 한국전쟁이 오버랩되면서 불편한 마음을 감출 수 없다. '아시아와 세계 평화를 수호한 전쟁이었다. 중국 국제위상을 드높였다.' 더욱이 전시장 로비 벽면에 '항미원조(抗美援朝, 한국전쟁)'라는 제목으로 설치된 대형 석각 전시물의 설명 자료는 한층 마음을 무겁게 짓누른다. 이곳 군사박물관은 평화와 전쟁의 지독한 패러독스를 품고 있는 현장이다. 첨단 살상 무기와 강군이 평화와 인류의 복지를 위해서 필요하다고 역설한다.

박물관 내 '핵 평화이용 전시장'에는 '핵무기와 핵기술이 국가주권과 국가안전의 초석'이라는 구호가 내걸려 있다. 이걸 보는 순간 세계에서 가장 북한의 국가주권을 존중하는 나라 중국이 안전장치 없이 북한에 '핵'을 포기하라고 하는 이율배반적인 요구를 할 리 만무하다는 생각이 뇌리를 스친다.

한반도 비핵화를 위한 6자회담(2003년~2007년)은 일찍이 성과 없이 종료됐다. 이 문제를 다루던 한반도평화교섭본부도 2024년 3월 유야무야 간판을 내렸다. 때를 맞춰 중국 왕이 외교부장은 북한 비핵화에는 북의 합리적 안보 우려 해소가 필요하다며 북한 핵문제의 책임을 서방에 전가했다. 군축회담과 비핵화는 전설 같은 얘기가 됐고 미국과 중국 러시아 일본 등 강대국들은 예외 없이 군비확장에 혈안이 된 모습이다. 전쟁의 포화가 지구촌을 뒤덮고 인류 문명의 시곗바늘은 거꾸로 돌아가고 있다.

'원자폭탄은 장기적 관점에서 볼 때 많은 생명을 구했다. 구조된 절대 다수의 사람은 일본인이었다.' 박물관에 선뜻 이해가 안 되는 문구의 게시물이 눈길을 끈다. 사진 게시물 아래에는 이 얘기의 주인공이 히로시마에 원폭을 투하한 미국인 조종사라고 적어 놨다. 자세히 읽어 보니 원자탄으로 전쟁을 조기 종식해 결국 추가적인 일본 군대의 희생을 줄였다는 의미였다. 악으로 더 큰 악을 막았다는 얘기로 원폭 투하의 정당성을 강변하는 주장이었다.

2차 세계대전 후의 냉전기와 한국전쟁을 겪은 후 중국도 소련과의 갈

등 및 미국의 위협에 대응, 본격적인 핵 개발에 나섰다. 경제 폐허 속에서 중국은 1964년과 1967년에 원자탄과 수소폭탄 실험, 1970년대에 인공위성 발사에 성공했다. 공산당은 소위 이 '양탄일성' 개발 프로젝트를 역사에 남을 위업으로 기리고 있다. 생전에 덩샤오핑은 1960년대와 1970년대 양탄일성을 이루지 못했다면 중국이 국제사회에서 대국 행세를 하지 못했을 것이라며 큰 자부심을 표시했다.

중국이나 미국과 같은 강대국의 핵 인식을 여과 없이 보여 주는 사례들로 국제관계에 있어 영원한 친구도 영원한 적도 없고, 힘(군사력)이 곧 명분이며 정의라는 불문율을 새삼 실감케 한다. 핵을 보유한 강대국이 대의라고 판단하면 핵은 언제 어디서든지 재앙을 불러올 수 있다. 더욱이 가공할 핵 무력을 갖춘 나라에 인접한 대한민국으로서는 아주 불편하고 께름칙한 일이 아닐 수 없다.

'창신(혁신)은 세계를 바꾸고 과기는 미래를 이끈다.' 군사박물관 취재 관람을 마치고 나오려는데 '과기 강군, 우주 강군으로 인류에 공헌하자'라는 전시물 구호가 다시 발길을 멈추게 한다. 얼마 전 방영된 '유랑지구', 중국 우주 굴기를 다룬 SF영화가 떠오른다. '인디펜더스 데이'의 찰리우드 버전이라고 할 수 있는 이 영화는 중국이 세계 중심 국가이며 지구와 인류의 수호국이라는 점을 부각했다. 중국은 이 영화에서 중국 우주 굴기와 군사 굴기의 야심을 유감없이 드러냈다.

'우리가 바로 길' 너울대는 패권 야심

'부왕추신 라오지스밍(不忘初心 牢記使命, 불망초심 뢰기사명).' 베이징대 홍루 기념관에는 초심을 잃지 말고 사명을 기억하자는 시진핑 시대의 정치 구호가 3개 층 전체에 걸쳐 도배하다시피 나붙어 있다. 미국의 압박이 거세질수록 중국 공산당은 서방의 가치와 타협하기보다는 자꾸 창당 때 품었던 '초심'으로 되돌아가려고 몸부림치는 것 같다.

중국 공산당과 시진핑 주석에 있어 초심은 미국 자본주의와 대척점에 있는 사회주의이고 마르크스주의다. 홍루 기념관 초입에는 "옛 베이징대가 마르크스 연구 전파의 중심지였고 공산당 건립을 촉진했다"라는 2018년 시진핑 주석의 베이징대 좌담회 연설 내용이 전시돼 있었다. 공산당 연구가인 중국인 친구는 "중국에서 시진핑 국가주석이 마오쩌둥 다음으로 마르크스주의를 가장 신봉하는 지도자"라고 말했다.

'유물사관 연구, 자유무역 문제(마르크스 유작), 자본론, 정치 경제학, 공산 운동 과정 중의 좌파적 유치병, 마르크스 엥겔스.' 관람객 발길이 뜸한 홍루 기념관 3층 복도 구석 한편에는 방 안 사면 가득 '새빨간 서적'들로 채워진 사회주의 문헌 자료실이 눈에 띄었다. 중국의 지향점이 사회주의 국가지만 이런 책들은 중국에서도 요즘 핵심 공산당원이나 연구기관들 외 일반인들에게는 크게 인기가 없다.

그렇다고 공산당의 나라 중국에서 마르크스주의가 퇴색되는 것은 아니다. '마르크스주의는 중국 혁명과 조직 건설에 강대한 사상적 무기가 됐다.' 베이징대 홍루의 이 '새빨간 책방'에는 2018년 5월 마르크스 탄생 200주년 기념일 때 시진핑 총서기 겸 국가주석이 행한 연설문 한 대목이 이렇게 소개돼 있었다.

'시진핑 신시대 중국 특색 사회주의 사상(시진핑 사상)'도 마르크스주의에 대한 시 주석의 강한 신념을 기반으로 하고 있다. 2023년 양회 무대에서 중국 지도자들은 시 주석이 강조하는 마르크스주의를 한목소리로 연호했다. 서방 일각에서 시진핑 3기 정책에 대한 좌클릭 우려가 일고 있는 것도 모두 이런 이유 때문이다.

'중국 인민은 미국 제국주의의 대만 불법적 침범을 절대 용인할 수 없다. 대만 반동파가 그곳을 근거지로 삼는 것도 허용할 수 없다. 해방전쟁은 대만을 포함해 단 1촌(寸)의 국토까지 회복해야 끝이 난다. 중국은 반드시 대만을 해방해야 한다.'

베이징 시내 '북대 홍루' 신문화 운동 기념관 2층 '승리의 대진군'이라는 전람관에는 다른 곳에 없는 '사진 촬영 금지'라는 팻말과 함께 이런 내용의 1949년 3월 15일 자 인민일보 평론이 전시돼 있었다. 1949년 3월이면 신중국 건국 전이고 더더욱이나 시진핑 국가주석이 태어나기도 전이다.

베이징 시내 홍루 기념관 한 전시실에 '대만을 반드시 해방해야 한다'는 내용의 1949년 3월 15일 자 인민일보 평론기사가 전시돼 있다.

2023년 3월 14기 전인대 1차 회의에서 국가주석에 재선출된 시진핑 주석은 새 국가주석 자격으로 행한 폐막 연설에서 대만통일을 확고히 추진할 것이라고 강조했다. 대만 문제 해결은 신중국 건국 전부터 공산당의 숙원 과제였고 집권 3기에 돌입한 시진핑 정권은 양안 통일에 역대 공산당 어떤 지도자보다 강한 열의를 보이고 있다. 공산당원 친구는 "시진핑 주석은 양안 통일 또는 통일 환경을 조성하는 데 매진할 것"이라며 "그것이 3연임에 나선 주요 이유 중의 하나이기도 하다"라고 말했다.

미국이 대만 문제와 관련, 미중 수교 시 약속한 '하나의 중국' 원칙까지 파기할 듯 중국을 거세게 몰아붙이는 데 대해 중국은 전쟁도 불사하겠다는 자세다. 실제 북대홍루 기념관에 전시된 1949년 인민일보 게재물에 의하면 현재 대만을 해방하지 못했기 때문에 중국 입장에서 볼 때 양안은 아직 전쟁 상태나 마찬가지인 셈이다.

 필자는 2023년 봄 양회와 함께 그 5개월 전 2022년 10월 베이징 인민대회당에서 열린 중국 공산당 20차 당대회를 모두 현장 취재했다. 당시 당대회 연설에서 시진핑 국가주석은 '평화통일을 지향하지만 무력을 보류한다는 약속은 하지 않겠다'는 말로 대만통일에 대한 강고한 입장을 드러냈다. 리창 국무원 총리도 2024년 3월 양회에서 "조국 통일의 대의를 확고히 추진할 것"이라고 밝혀 대만에 대한 실질적 영향력을 확대할 것임을 시사했다.

 양안 통일 외에 중국 공산당은 완전한 사회주의를 실현해 모든 인민이 잘사는 공동부유 사회를 만드는 것을 궁극적인 국가 비전으로 삼고 있다. 시진핑의 신시대 중국은 금세기 중반(건국 100주년인 2049년)까지 '사회주의 현대화 강국'을 전면 건설해 '중화민족의 위대한 부흥'을 실현한다는 계획이다. 사회주의 현대화 강국은 사회주의 국가로서 슈퍼 선진국이 되는 전략으로 시진핑이 내세우는 중국몽(中國夢)이기도 하다.

 말하자면 금세기 중반에 가면 인류사회가 미증유의 사회주의 슈퍼강국, 즉 '미국처럼 강대한 사회주의 국가'를 마주하게 될 것이라는 얘기다. 2050년이면 불과 25년밖에 남지 않았다. 무역전쟁과 기술전쟁, 금융전쟁의 결말은 쉽게 점치기 힘들다. 위안화 패권이 달러 패권을 대체할지 여부도 예단하기 힘들다. 다만 오랜 기간 미국이 주도해 온 글로벌 질서에 어떤 형태로든 일대 지각변동이 일어날 것이라는 데 대해선 많은 전문가들이 동의한다.

　시진핑 주석은 2023년 3월 전인대(양회) 폐막 때 3기 집권 신임 국가주석으로서 행한 연설에서 미국을 직접 거론하지는 않았지만 우회적으로 미국의 압박에 대한 대응 전략을 밝혔다. 과거 공산당의 반제국주의 반봉건 분투 노력을 언급한 뒤 과학기술 자립 자강에 힘써 중화민족의 위대한 부흥을 실현해 나가야 한다고 촉구했다.

　중국은 '중국식 현대화, 첨단 과기 고질량 발전, 신품질 생산' 등의 개념을 유난히 강조하고 있다. 서비스와 내수 소비 분야를 확대해 미국 무역 의존도를 낮추고 과기 혁신 및 질적 성장으로의 전환을 통해 미국의 전방위 경제 및 기술 봉쇄를 돌파해 나간다는 전략이다. 2024년 3월 양회 무대에서는 과거 인터넷 디지털 산업정책인 '인터넷 플러스' 정책에 이어 'AI(인공지능) 플러스' 개념을 세시, 경제를 첨단 기술 산업으로 전면 재편하겠다고 밝혔다.

　시진핑 신시대 중국은 또한 다변주의 설파에 역점을 두고 있다. 중국이 내세우는 다변주의는 국제 무역질서에 반하는 미국의 보호주의 역글로벌화를 정면 겨냥한 것이다. 중국은 아세안, 중동, 유럽, 아프리카, 남미를 향한 일대일로 전략과 다자간 국제기구를 활용해 중국 주도의 새로운 무역질서를 구축해 가는 데 전력을 기울이고 있다.

　시진핑 국가주석은 2022년 10월 20차 당대회(5년 임기 세 번째 총서기 추대)와 2023년 3월 전인대(5년 임기 세 번째 국가주석 추대)를 거쳐 시진핑 신시대를 주창하며 전면 3연임에 돌입했다. 시진핑의 중국은 금세기 중반까지 '사회주의 현대화 국가' 도약이라는 목표를 내걸고 있다. 건국 100주년인 2049년까지 '미국에 맞서는' 슈퍼 선진 강국을 전면 건설한다는 청사진이다.

중국 시진핑 국가주석이 집권 2기를 연 2017년 10월 19차 당대회를 마친 뒤 나머지 6인 상무위원을 대동하고 상하이 1차 당대회 유적지 기념관을 찾아 결의를 다지고 있다. 시 주석은 2022년 가을 20차 당대회를 통해 3기 집권을 확정한 뒤에는 붉은 혁명 도시 옌안을 찾았다.

하지만 이런 중국의 경제와 국가 비전은 2017년 무렵부터 본격화한 미중 무역 전쟁과 3년간의 코로나 확산, 2022년 발발한 우크라이나 전쟁 등으로 큰 도전에 직면했다. 중국은 이런 국제정세를 100년 역사상 유례없는 세계사적 대변국의 소용돌이라고 규정한다.

중국 입장에서 볼 때 소용돌이 대변국의 진원지는 미국이고 그 소용돌이는 당장의 중국 경제 운영과 공산당이 슬로건으로 내건 국가비전의 앞날에 짙은 불확실성의 그림자를 드리우고 있다. 미국 때문에 글로벌 무역이 퇴조하고 공급망 균열과 함께 자국 경제 성장이 가로막히고 양안 통일 문제도 점점 더 꼬여만 가는 상황이다.

후발 강국이 선발 슈퍼 강국의 지위를 추격하다가 실패하고 마는 역사적 경험, 중국이 '투키디데스의 함정'에 빠져들까. 아니면 미국의 견제를 뚫고 인류 사상 유례없는 '사회주의 선진 강국'으로 부상할 것인가. 중국 굴기를 제어하려는 미국의 공세는 점점 거칠어지고 중국 역시 한 치의 양보 없이 격렬히 맞서고 있다. 미중 간 대치 상황은 2024년 연말 미국의 선거 결과 여부에 관계없이 갈수록 격화할 것이라는 관측이다.

현재 미국은 양상은 좀 다르지만 과거에 마르크스가 주장했던 것처럼 자유무역의 병폐를 지적하면서 국제 무역의 과거 규정들을 바꾸려 하고 있다. 미국은 트럼프 대통령 시절인 2018년 무역 제재 법인 슈퍼 301조 부활로 중국 제품에 대한 관세 부과에 나서면서 미중 간에 무역전쟁이 전면화한다.

이에 맞서 중국은 개혁개방을 글로벌 가치로 옹호하면서 자국 중심의 새로운 무역질서를 구축하겠다고 열의를 불태우고 있다. 2012년 가을 총서기에 오른 시진핑 주석이 2013년 이후 중국 글로벌 전략의 일환으로 내건 일대일로 프로젝트가 대표적인 사례다.

미중 무역전 이후 중국의 일대일로 연접 국가와의 경협이 급팽창하고 있다. 시 주석은 코로나19가 물러가면서 제일 먼저 중앙아시아 인도네시아 중동(사우디아라비아) 지역을 찾았고, 2023년 양회 이후 처음으로 러시아를 공식 방문했다. 미국의 중국 봉쇄 압박 이후 중국 대외 무역이 위축됐지만 아세안 러시아 중동 등과의 교역은 증가세를 보였다.

미중 두 나라 간의 무역전쟁은 현재 미국의 대중 반도체 기술 봉쇄로 인해 기술 및 자원 전쟁의 양상으로 확산하고 있다. 당장 한국 경제무역의 중추인 반도체산업이 기로에 처했다. 이 와중에 중국은 첨단 장비 소재인 희토류를 자원화할 움직임을 보이고 있다. 마치 한국경제가 사면초가에 처한 상황이다. 한국 경제는 미국 일본 등은 물론이고 중국에 비해서도 가장 안 좋은 형국이다.

미중 무역 전쟁과 기술 전쟁이 확전할수록 전형적인 무역 국가로서 대한민국은 점점 더 입지가 옹색해져 가고 있다. 주변국들의 우려엔 아랑곳없이 미중 간의 대결은 미국의 전방위적인 대중국 공세 속에 상호 간 한 치의 양보 없는 치킨게임의 양상으로 치닫고 있다. 시진핑 주석은 주요 정치 행사가 있을 때면 중국 공산당이 서구 제국주의를 물리치고 중화민족의 100년 치욕을 씻었다며 미국이 경계하는 중화민족의 위대한 부흥 '중국몽' 실현에 매진하자고 목소리를 높인다.

공맹을 스승으로, 포식성 강한 공산당

코로나가 한창 기승을 부리던 2022년 여름 필자는 '저우두 산둥(走读山東, 산둥을 주유하다)' 취재단의 일원으로 산둥성 지닝시를 찾았다. 산둥성 지닝(濟寧)시 산하에는 공자의 고향 취푸(曲阜)시와 맹자가 태어난 저우청(邹城)시 등 현급 도시가 있다. 도시 서쪽에는 자샹(嘉祥)현과 수호전의 배경이 된 양산(梁山)현, 마늘 주 생산지 진샹(金鄉)현이 자리하고 있다. 지닝은 인구 약 900만 명의 대도시다.

베이징과 상하이 훙차오역을 운행하는 부흥호 고속철, 허베이 평원을 가로지르는 열차 속도는 시속 330킬로미터를 넘어섰다. 열차는 끝없이 펼쳐진 옥수수밭 대 평원을 고속 질주한 뒤 정확히 두 시간 10여 분 만에 목적지인 취푸(曲阜)동역에 멈춰 섰다.

기차 역사를 빠져나가기 전에 먼저 해야 하는 일은 코로나19 핵산검사였다. 핵산검사를 위해 기차 역사 VIP 대기실로 들어서자 벽면에 유학(儒學)을 주제로 한 대형 그림이 걸려 있고 그림 맨 위에 '진저웨 위안저라이(近者悦远者来)'라는 논어의 한 구절이 쓰여 있다.

'가까이 있는 사람을 기쁘게 해 주면 멀리서 사람들이 몰려온다.' 인구를 늘리고 경제를 부흥시키는 방도로 춘추시대 공자가 엽공에게 제시한 치국관이다. 수천 년 전 공자가 오늘날 인류 사회의 과제로 떠오른 기업 유치와 출산 및 인구 증가의 해법을 정확히 제시하고 있다는 점이 흥미롭다.

 '삼인행필유아사(三人行必有我师, 세 사람이 길을 가면 반드시 스승이 있다).' 입구 벽면에 논어라는 제목을 붙인 사진 전시물과 함께 또 다른 논어 경구들이 편액으로 걸려 있다.

 '유붕자원방래불역락호(有朋自远方来不亦乐乎, 멀리서 벗이 찾아오니 이 또한 기쁜 일이 아니겠는가).' 지닝시 관계자들이 산둥성 지닝시 취푸둥(曲阜 東, 곡부 동) 기차역 플랫폼까지 마중 나와 고속철 부흥호를 타고 베이징에서 온 기자를 반갑게 맞는다. 이들이 손에 쥔 피켓에는 '멀리서 친구가 찾아오니 기쁘기 이를 데 없다'는 내용의 논어 한 구절이 적혀 있다.

 산둥성 지닝시 취푸시(현급시) 출장 여행이 처음이 아닌데 이번에는 논어의 글귀가 유난히 많이 눈에 띈다고 묻자 마중을 나온 현지 안내원은 '공맹의 고향, 문화의 지닝(취푸)'이라고 적힌 손 팻말을 흔들면서 '공맹의 고향 아닌가요'라며 웃었다.

 그러고 보니 산둥성 지닝시는 건물 안이나 밖 할 것 없이 온 도시가 전부 거대한 공맹의 전시관 같아 보였다. 박물관은 물론 기차 역사와 호텔, 음식점과 길거리 도처에 공맹이 없는 곳이 없었다. '취푸 거리를 걷다 보면 하루에 논어 한 권 떼는 거 문제도 아니겠는데요.' 누군가 농담을 건넸다.

필자는 맹자의 고향 지닝시 저우청 시(邹城市, 지닝시에 속한 현급시)에 있는 '맹자원(孟子苑, 맹자 정원)'을 돌아봤다. 여기에는 산둥성 지닝이 유교 5대 성인의 고장임을 소개하는 자료와 함께 맹모삼천지교와 관련한 고사 등이 전시돼 있었다.

"공자와 맹자 사이에는 180년의 시대적 격차가 있어요. 공자는 춘추시대, 맹자는 전국시대 사람이죠. 공자가 유학과 유가의 '창시자'라면 맹자는 이를 계승 발전시킨 분이라고 보면 돼요." 맹자원의 안내원은 필자에게 유교와 공맹에 대해 이렇게 설명했다.

맹자원엔 '시진핑 총서기가 2013년~2022년 인용한 맹자의 명구들'이란 제목의 전시룸이 있다. '물지부제물지정야(物之不齊物之情也).' 안내원은 한 대목을 손으로 가리키며 "사상, 제도, 문화, 종교 등 세상에 완전히 같은 것은 하나도 없다. 인류의 공존을 위해선 상대를 이해하고 또 다름을 인정하는 태도가 중요하다"라는 의미로 시 총서기가 2014년 유엔에서 인용한 말이라고 설명했다.

'물지부제물지정야' 맹자의 이 말은 중국인들이 많이 쓰는 말 구동존이(求同存异)와도 큰 차이가 없어 보인다. 구동존이는 국부적인 이견 같은 것은 제쳐 두고 대국적인 차원에서 공통점을 함께 추구해 나간다는 뜻의 성어다. 대동소이, 화이부동 등과도 유사한 의미로 갈등과 반목을 조성하기보다 공존을 위한 협력의 중요성을 강조한다고 볼 수 있다.

모름지기 외교의 근본은 차이와 다름을 인정하고 대화를 통해 공존을 모색하며 국가 이익을 극대화해 나가는 것이다. 노태우 대통령 시절 한국이 공산체제 적성국인 중국과 손을 잡고 수교를 한 가장 큰 이유다. 이명박 전 대통령은 한중 외교의 위상을 '전략적 협력 동반자' 관계로까지 끌어올렸다.

미중 패권 경쟁으로 살벌한 시대지만 잘만 대응하면 우리에게는 분명 기회 요인이기도 하다. 지혜만 있다면 미국과의 동맹관계를 굳건히 하면서 중국과 멀어지지 않는 쪽으로 얼마든지 실리 외교를 펼칠 수 있다. 미국과 친하다고 중국을 배척할 이유가 없고, 중국과 교류한다고 해서 미국과 소원해질 이유도 없다. 대한민국이 주권국가이기 때문에 더욱 그러하다.

산둥성 공자의 고향 취푸 공묘 안에
'기소불욕 물시어인'이라는 공자의 경구가 전시돼 있다.

'기소불욕 물시어인(己所不欲勿施於人). 덕불고 필유린(德不孤 必有鄰).'

'내가 하고 싶지 않은 바를 남에게 강요하지 마라. 덕이 있으면 외롭지 않고 반드시 친구가 있다.' 모두 공자와 유가 사상이 강조하는 얘기들이다.

필자가 방문한 산동성 취푸시의 공자묘(孔子廟, 공자사당)에는 금과옥조와 같은 논어의 주요 구절들이 노란 바탕천에 빨간 글씨로 쓰여 뜰 안을 장식하고 있었다. 공자묘 원내에선 공자 추모 대전 리허설 행사가 한창 진행 중이었다.

공자묘는 공자의 고장인 취푸에서 공자 사당을 일컫는 말이다. 공자 사당은 베이징에 국자감, 난징에 부자묘(夫子廟)와 같은 형태로 중국 주요 지역 곳곳에 들어서 있다. 취푸의 공자묘는 공자 사당 중 중국 전역에서 규모가 가장 크고 웅대하다.

공자묘는 취푸(曲阜, 산동성 지닝시 산하 현급시)시 중심부에서 멀지 않은 고루(鼓樓) 인근에 위치해 있고, 이곳 가까운 곳에 옛날 공자가 거주했다고 하는 취에리(闕裏) 마을이 있다. 이 마을에는 취에리빈사(闕里賓舍)라는 예스러운 모습의 아담한 호텔이 있다. 독특하게도 이 호텔에는 과거 이곳에서 묶었던 명사들의 기념사진이 연도별로 파노라마처럼 로비 벽면에 전시돼 있다.

장쩌민 전 총서기와 주룽지 전 총리 등 중국 지도자는 물론 외국 정상급 원수들의 숙박 기념사진이 도배하다시피 벽면을 장식하고 있다. 모두가 공묘와 공부, 공림(3孔)을 다녀간 흔적들이다. 전시물 중에는 김대중 전 대통령과 김일성 전 북한 주석의 기념사진도 1996년, 1991년에 각각 이곳에 묵었다는 설명문과 함께 걸려 있다.

취에리 빈사 호텔의 직원은 취푸는 아마 수도 베이징을 빼놓고 시안(西安)과 함께 외국 정상들이 가장 많이 다녀간 도시일 것이라고 말했다. 직원은 그들의 상당수가 바로 공묘(孔廟, 공자묘) 지척에 있는 취에리 빈사에서 묵었다고 자랑스럽게 말했다.

하지만 취푸 공묘를 참관한 유명한 인물은 취에리 빈사 호텔에 기념사진으로 전시된 이들이 전부가 아니다. 비록 취에리 빈사에 묵지는 않았지만 일찍이 1920년 마오쩌둥이 청년 시절 이곳 취에리 거리를 다니며 공묘에 절하고 향불을 피웠다는 사실이 기록으로 전해진다.

베이징의 중국인 친구는 공자의 고향 취푸로 취재를 간다고 하자 일찍이 1920년 마오쩌둥도 청년 시절 취푸의 공자사당 공묘에 들러 향불을 피우고 참배한 적이 있다며 공산당 창당 전야를 배경으로 한 '각성연대'라는 드라마에도 이 사실이 소개되고 있다고 일러 줬다.

'향불 피웠냐. 뭘 기원했나. 나는 공자 숭배자다. 기회가 되면 나도 취푸에 가서 공묘에 참배하겠다(천두슈).'

'공자를 비난할 일이 아니다. 공자는 하나의 초상화다. 후대인들이 초상화를 어떻게 걸고 활용하느냐의 문제다(마오쩌둥).'

TV 드라마 '각성연대'에는 공산당 창당 한 해 전인 1920년 사회주의에 물든 청년 마오쩌둥이 상하이에서 중국 공산당 창시자 중 한 명인 천두슈와 나누는 대화 한 토막이 소개되고 있다. 베이징에서 상하로 가는 길에 취푸(공묘)를 구경한 마오는 상하이에서 천두슈를 만나 공묘 참배를 놓고 이런 대화를 나눴다.

필자는 청년 마오쩌둥의 취푸 공묘 참배에 대해 팩트가 궁금했다. 마침 취푸시 공산당 시위 메이화(梅花) 선전부장과 만날 기회가 있어 물어 보니 '맞다'고 대답한 뒤 고맙게도 관련 자료 사진을 찾아서 웨이신으로 보내 주겠다고 말했다.

마오쩌둥은 신중국을 세운 지 3년 만인 1952년 다시 한번 공자의 고향 취푸를 다녀간 것으로 전해지고 있다. 사회주의자 마오가 약 30년 만에 다시 공자를 찾았다는 점이 흥미롭다. 마오쩌둥은 당시 취푸를 방문했을 때 산둥성 수도인 지난시와 지난의 황하강 변을 둘러봤다고 취푸시 관계자들은 일러 줬다.

유교(유가사상)는 수천 년에 걸쳐 중국 봉건 체제 유지의 기틀이 돼 왔다. 중국 공산당은 그런 봉건체제를 타도의 대상으로 삼았다. 그럼에도 중국 초기 사회주의자들은 공자나 유교를 그토록 극렬하게 부정하지는 않았던 것 같다. 중국 공산당의 유교관은 역사의 부침과 시대에 따라 모습을 달리했다.

신중국 건국 이후 문혁 등 광풍의 정치 변혁기에 공자와 유교 관련 문화재 파괴 등 유학이 큰 수난을 겪었지만 오늘날 중국 공산당은 다시 공자와 유가사상을 '중화 문화'의 핵심적 가치로 기리는 데 열을 올리고 있다. 중국은 유학을 2008년 베이징 올림픽 개막 연출의 중심 주제로 내세웠고 이후 '공자 해외 수출'에 전력을 쏟았다.

지닝(濟寧)시 맹자의 고향 저우청(邹城)으로 향하는 도중 무심코 차창 밖을 내다보니 지닝시의 예술극장 앞에 황토색으로 단장한 거대한 마오쩌둥의 동상이 눈에 들어온다. 그 옛날 청년 마오쩌둥이 취푸에 다녀간 것을 기념하는 동상일지 모른다는 생각이 문뜩 머릿속을 스친다.

현재 대륙의 주인인 중국 공산당도 과거와 달리 유교문화를 재건하고 계승하는 데 꽤나 공을 들이고 있어 주목을 끈다. 공산당은 옛날처럼 사회질서를 유지하고 백성을 계도하는 치국의 도로 공자와 유가 사상을 활용하고 있는 것 같다. 또한 대외적으로 국제사회에 중국 전통문화 가치와 중국의 소프트파워를 전파하려는 목적이라는 점이 흥미롭다.

이의 일환으로 중국은 2018년 공자의 탄생지인 취푸시 니산(尼山)진 광활한 면적의 야외에 공자 기념 공원을 조성했다. 니산은 취푸에서 자동차로 채 한 시간이 안 되는 거리에 위치해 있었다. 배산임수의 명당인 이곳에는 기단을 포함한 높이 90미터의 중국 최대 규모 공자 동상과 공자 사상 및 유가 문화를 연구 체험하는 대학당 등이 들어서 있었다.

공자와 유가 사상을 기념하는 산둥성 지닝시 취푸의 니산성징(尼山聖境)에는 국유기업 등 많은 기관 단체 참관객들이 몰려든다. 이곳에서 만난 산둥 에너지그룹의 한 신입 사원 참관객은 "신입 사원 오리엔테이션 프로그램으로 이곳에 들렀다"라며 "사람이 갖춰야 할 기본 도리 '인의예지신'에 대해 많은 걸 배웠다"라고 소개했다.

니산성징의 유가사상 체험관인 대학당 참관을 마치고 나오는데 건물 벽면에 '사회주의 핵심 가치관' 12개 항목을 적은 간판이 설치돼 있다. 중국 공산당의 국민 계몽 및 사회 체제 선전물 12개 가치관 간판이 유교의 성지에 들어선 점이 흥미를 끌었다.

지닝시 취푸의 공부(孔府) 출입문 옆에도 니산 성징 대학당 문턱에서처럼 '사회주의 핵심 가치관' 12개 항목이 국가와 사회 공민 세 파트로 나뉘어 붉은 간판에 적혀 있었다. 국가 항목은 '부강 민주 문명 조화', 사회 항목은 '자유 평등 공정 법치', 공민(개인)은 '애국 경업 성신 우선(友善)'이다.

3년간 중국 각지를 다니며 유심히 살펴본바 '사회주의 핵심 가치관' 계몽 구호는 전국에 아마 수억 개에 이를 것으로 추정된다. 다만 유학의 본산인 공부 유적지 앞의 사회주의 핵심 가치관 구호는 특별한 흥미를 유발시켰다. 공부(孔府) 참관 후 오찬 자리에서 이를 화제로 얘기를 나눌 수 있었다.

취푸의 공자 사당 공묘 앞에 공산당의 통치 이념 중 하나인
12가지 사회주의 핵심 가치관 조형물이 설치돼 있다.

"개인 부문 4개 항목 중 애국과 경업(업을 소중히 함)은 유가에서 국가 사회를 지탱하기 위해 강조하는 덕목입니다. 성신(誠信, 성실·믿음)은 공자가 말한 민무신불립(民无信不立)과 크게 다르지 않다고 봐요. 반면 맹자는 서로 공경하고 보살피는 인간 도리를 설파했어요. 우선(友善, 친절·선행)이 여기에 해당하는 것 같아요." 지닝시 선전부 관계자는 중국 공산당이 내세우는 12개 사회주의 핵심 가치관의 개인 부문 4개 항목이 많은 점에서 유가 사상의 덕목과도 일맥상통하는 것 같다며 이렇게 설명했다.

그리고 보면 12개 사회주의 가치관의 일부 항목은 과거 공산당이 배척했던 유가 사상과 공자와 맹자를 치국의 방편으로 수용한 결과다. 청년 마오쩌둥처럼 시진핑 중국 국가주석도 집권 1년 차인 2013년 취푸를 방문했고 이후 공자의 성지인 니산성징이 지어졌다. 오늘날 중국 공산당은 과거 황제들처럼 유가를 숭상하고 공맹을 스승으로 떠받들고 있다.

세기적 실험, 공산당으로 미국 같은 나라를…

'부강, 민주, 문명, 조화, 자유, 평등, 공정, 법치, 애국, 경업, 성신, 우선 (富強 民主 文明 和諧 自由 平等 公正 法治 愛國 敬業 誠信 友善).'

중국 공산당이 내세우는 12개 사회주의 핵심 가치관의 풀 버전이다. 공산당의 통치 이념과 같은 것으로 국가 사회의 지향점이며 개인이 갖춰야 할 덕목이고 도리다.

사회주의 핵심 가치관은 후진타오 지도부 시절(2006년 16기 6중전회) 처음 개념이 제시됐고 공산당 18기 시진핑 시대에 들어 12개 구체적인 항목이 만들어졌다. 빌딩과 거리, 주택단지, 공원 등 도시는 물론 농촌 구석구석까지 어디를 가나 '사회주의 가치관'을 피할 수 있는 곳은 없다. 이 선전물은 전광판과 TV 광고, 기차역, 농촌집 담벼락, 심지어 항공권 뒷면까지 전 중국을 촘촘하게 메우고 있다.

중국이 '중국식 현대화'를 강조한 2023년 양회(전인와 정협) 폐막 이틀 뒤인 3월 15일. 양회에서 3연임 국가주석에 선출된 시진핑 총서기 겸 국가주석은 이날 베이징에서 열린 '중국 공산당과 세계 정당 정상회의(중국판 민주 서밋)' 기조연설에서 '중국식 현대화와 글로벌 전략'이라 할 중국 대외 정책에 대한 지향점을 제시했다.

중국식 현대화는 중국적 가치에 의한 사회주의 현대화(선진국) 도약 비전이다. 공동부유와 조화 발전과 공생, 인류 공동 번영을 추구하는 전략이다. 일종의 '중국판 민주주의 서밋'이라 할 이 회의에서 중국이 강조한 것은 결국 서방(미국)의 길은 문제가 많았고 '중국의 길'이 인류의 정도라는 것이다. 공산당의 12가지 사회주의 핵심 가치관을 국제 무대로 확장해 나가겠다는 의도도 드러냈다.

"신냉전과 분열이 아니라 민주의 기치 아래 뭉쳐야 한다. 중국식 현대화는 식민 약탈의 낡은 길이 아니며 패권화의 왜곡된 길이 아니다." 시진핑 주석은 회의에서 중국식 현대화는 대화와 포용, 문명의 다양성 존중, 평화발전의 길이라며 이렇게 역설했다.

또 시 주석은 "타인의 등을 끄면 자기 길도 어두워지고, 타인 길을 막으면 자기도 먼 길을 가기 힘들다"라는 말로 미국의 대중국 기술 봉쇄와 경제 압박 공세에 대해서도 우회적으로 경고했다. 현대화(경제발전 선진국화)는 소수 국가의 전유물이 아니라고도 말했다.

집권 3기 시진핑의 중국 공산당은 '중국식 현대화'를 앞세워 신국제 질서를 구축하고 글로벌 이니셔티브를 쥐려는 야심을 분명히 하고 있다. 이와 관련해 공산당이 내세우는 '중국 가치'가 국제사회의 보편적 가치로 수용될 수 있을지 의구심을 보이는 사람들도 적지 않다. 중국은 12개 사회주의 핵심 가치관에서 '민주'와 '자유'를 주요 항목으로 내세우는데 정작 서방에선 중국에도 민주와 자유가 있냐고 반문한다.

베이징 천안문에서 장안가를 가로질러 남동쪽 대각선상에 중국 국가박물관이 자리하고 있다. 베이징의 이 국가박물관은 전국에서 관람을 온 사람들로 연중 장사진을 이룬다. 중국 국가박물관은 과거 역사 박물관과 혁명(공산당) 박물관으로 나뉘어 있었는데 후에 국가박물관으로 통합 재구성됐다. 현재 베이징의 이 국가박물관은 중국 고대 전시실(역사)과 부흥의 길(근대 및 공산당 창당 이후) 전시관 등으로 구성돼 있다.

박물관에 들어서면 넓은 홀 왼쪽 편의 공산당 상하이 1차 당대회 유적지 대형 전시 사진이 제일 먼저 방문객의 눈길을 끈다. 1층 홀을 장식하고 있는 다른 전시물들도 징강산 옌안 시대 시바이포 등 모두 공산당 혁명과 관련한 자료들이다. 역사와 혁명 전시룸으로 나뉘었던 30년 전에도 그랬지만 통합 국가박물관에서도 중심부에 있는 것은 역시 '공산당'이었다.

홀 안쪽으로는 역사박물관과 2, 3층에 걸쳐 있는 '부흥의 길' 전시관, 중국의 근대와 공산당 혁명기, 신중국 건국을 조명한 전시관이 설치돼 있다. 부흥의 길 전시관에는 마오쩌둥과 덩샤오핑, 장쩌민, 후진타오 등 역대 지도자들의 업적이 전시돼 있다. 시진핑 현 국가주석 관련 내용은 '부흥의 길, 신시대'라는 타이틀로 별관에 따로 전시한 점이 흥미롭다.

'시진핑 전용 전시관'인 별관 전시실은 두 개 층으로 이뤄져 있다. 이곳 국가박물관은 필자가 다녀 본 혁명 유적지 어느 곳보다 시진핑 총서기의 업적을 비중 있게 다루고 있었다. 부흥의 길 신시대 '시진핑 전용 전시관'은 공산당 18기와 19기 집권 10년 시진핑 총서기의 업적을 각종 자료와 사진, 동영상, 조형물들로 꽉 채워 놓고 있었다. 전시 자료들은 탈빈(脫貧)과 샤오캉(小康, 풍족한 사회) 사회 실현 성과를 선전하고 '시진핑 신시대 중국 특색 사회주의 사상'도 마치 교과서처럼 상세히 소개했다.

'2020년 소강사회 전면 실현…… 2035년 사회주의 현대화 기본 실현, 그때가 되면 경제 과학기술 발전 공동부유 가속…… 본세기 중엽(건국 100주년 2049년) 사회주의 현대화 강국 건설, 그때가 되면 전체 인민 공동부유 실현 세계 영향력 선도 국가 부상.'

전시관을 나서려는데 정면 위쪽 벽면에 '그때가 되면(到那时)……'이라는 제목의 붉은 색 대형 간판이 설치돼 있다. 잔잔한 바람 같기도 하고 비장함이 담긴 굳은 결의 같기도 했다. 미국을 뛰어넘는 슈퍼강국, 중화민족 위대한 부흥, 시진핑의 중국몽을 실현하는 '그날'을 노래하는 기원문 같아 보였다.

번영 속에 증폭되는 불균형의 고민

"큰 것이 작은 것을 잡아먹는 건 당연한 이치야. 작은 것은 큰 것에 잡아먹히기 마련이지." 홍콩 주성치 감독의 영화 '장강7호'에서 주인공인 초등학생 부잣집 아들은 같은 반 친구 가난뱅이 건설 노동자(농민공)의 아들을 향해 손가락질하며 이렇게 쏘아붙인다.

건설 노동자 농민공(주성치 분)은 아들의 신분 상승을 위해 온몸을 바쳐 비싼 사립학교에 보낸다. 홍콩이든 대륙이든 맹모의 후손인 중국인들에게 왕즈청롱(望子成龍, 자녀가 출세하기를 고대함)은 인생 최대의 갈망이다. 초등학생 철부지 아이들의 생각은 기성 사회의 반영이다. 주성치는 천진한 아이들을 통해 무한 경쟁으로 신음하는 홍콩과 '중국 시장경제(자본주의)'의 어두운 그늘을 고발한다.

눈부신 경제 성장으로 중국은 경제 규모에서 미국 다음의 부자 나라가 됐다. 하지만 대신 중국은 양극화를 비롯해 고속성장이 낳은 각종 후유증에 직면했다. 중국이 당면한 딜레마는 산업혁명 이후 서구사회가 겪은 경험과 유사하다. 18세기 산업혁명 이후 서양의 딜레마 중 하나는 자본가와 노동자 간의 대립이었다.

부가 소수에 집중되면서 폐해가 커지자 이에 대한 반성 차원에서 19세기 들어 공리주의가 등장했다. 공리주의는 자본주의를 옹호하되 경쟁과 효율, 성과를 중시하면서 그 폐해를 시정하는 데 초점을 맞추고 있다.

간혹 개인의 행복이 최상이냐, 공동의 부(富)와 복지가 우선이냐를 놓고 격돌하기도 했지만 둘 다 최종 지향점은 '국민의 행복한 삶'이었다. 하지만 서방사회도 결국 계층 간의 격차를 해소하는 데 실패했다. 21세기 세계 자본주의 최중심부 뉴욕에서 벌어진 월가 시위가 그것을 잘 설명해 준다.

산업혁명과 자유주의에 대한 성찰의 일환으로 공리주의가 등장했던 것처럼 중국에서도 후진타오(胡錦濤) 정부에 와서는 이전 덩샤오핑(鄧小平)과 장쩌민(江澤民) 시대 성장지상주의의 폐해를 치유하는 해법으로 과학적 발전관(2007년 17대 당장 삽입)을 제시하고 있다. 과학적 발전관은 균형과 조화 발전을 추구하며 허셰(和諧, 조화와 화합) 사회를 실현한다는 통치 이념이다.

시진핑 정권은 여기에서 한 발 더 나가 중국 사회주의의 본질이라고 하는 공동부유에 이전 어떤 지도자들보다 강한 드라이브를 걸고 나섰다. 중국 공산당이 양극화라는 고성장의 후유증을 치유하고 인류사 최초의 실험인 사회주의 시장경제를 끝까지 성공시킬지 쉽게 장담하기 힘든 상황이다.

1949년 신중국 성립 이후 중국의 5인 최고 지도자
(좌로부터 마오쩌둥, 덩샤오핑, 장쩌민, 후진타오, 시진핑)

중국은 2020년 인터넷 플랫폼 기업 알리바바의 금융기업 마이그룹(앤트파이낸셜) 상장에 제동을 건 것을 비롯해 시장이 놀랄 만한 조치들을 연거푸 발표했다. 단순한 개혁이 아니다. 평소 같으면 하나하나가 모두 혁명 같은 조치들이다. 이런 정책들은 중국 당국이 2020년 가을 19기 5중전회에서 '자본의 문어발식 팽창을 근절하겠다'고 표방한 이래 하루가 멀다 하고 쏟아져 나왔다.

2021년 7월에는 초등학교와 중학교(의무교육 9년) 학생들의 숙제 부담 경감과 학원 및 일반 과외 교육을 금지하는 정책이 발표됐다. 이 정책이 나오자 중국 인터넷 교육 테마주들이 등록된 미국 나스닥 시장에서는 '장송곡'이 울려 퍼졌다. 주가가 한 번에 60%~95% 대폭락하면서 신동방 같은 인터넷 교육 기업 주식이 하루아침에 휴지 조각이 되다시피 했다.

중국 당국은 공동부유라는 정부 의중을 거스르는 인터넷 플랫폼 기업에 대한 제재를 강화하고 있다. 인터넷 자본의 정보장악과 공룡화에 중국 공산당이 위협을 느낀 결과다. 대중들은 박수로 환호하고 있고 반대쪽에서는 시장경제에 대한 도전이라며 우려를 내보이고 있다. 특히 중국 진출 외자기업과 투자자들 사이에서 염려가 커지고 있다.

인터넷 사교육 제재 조치는 신동방을 비롯한 신경제 인터넷 기업에 대해 거의 사망 선고나 다름없는 대타격을 안겨 줬다. 겉만 보면 이 조치는 일부 주장처럼 O2O 공유경제 인터넷 산업 정책의 대전환이나 비대화한 인터넷 기업 자본 길들이기 차원으로 해석될 수도 있다. 하지만 그 속엔 영구집권을 꾀하는 중국 공산당의 훨씬 더 계산된 심모원계(深謀遠計), 공동부유 전략이 숨어 있다.

중국 당국은 출산율을 높이기 위해 2021년 5월 31일 세 자녀 정책을 발표했다. 공산당은 2035년 선진국 문턱 진입, 2050년(건국 100주년인 2049년) 사회주의 현대화 슈퍼강국 실현을 국가목표로 세워 놓고 있다. 이를 위해선 5% 안팎의 지속성장을 해야 하고 이를 뒷받침하는 동력은 바로 젊은 노동력이다.

하지만 출산문제는 백약이 무효다. 2016년 산아제한을 폐지(두 자녀 허용)했지만 별 소용이 없다. 젊은이들은 내 집 마련과 양육비와 교육비 부담 때문에 결혼을 기피하고 결혼을 해도 아이를 낳지 않으려 한다. 급기야 2021년엔 사실상 산아제한을 완전히 푸는 세 자녀 정책을 시행하고 나섰지만 중국 젊은 층은 '양육하기 힘든데 누가 애를 낳겠냐(生的起 也養不起)'라고 볼멘소리를 하며 출산을 거부했다.

3억 명에 가까운 도시 농민공과 기층 서민들은 물론이고 비교적 수입이 높은 도시 월급쟁이들도 내 집 마련에 엄두를 내기 어려운 상황이다. 젊은 세대들은 SNS에 '내 월급으로는 1,000여 년 전 당나라 때부터 저축을 한다 해도 베이징과 상하이 같은 대도시에 집을 갖기 힘들다'며 냉소적인 글을 올리고 있다.

도시 직장인들의 월급이 조금 올라 봤자 자녀 교육비와 주택 임대료에 다 들어간다. 실제 저축은 아예 흉내를 낼 수 없는 상황이다. 수입의 60~70%를 아파트 임대료로 부담하는 가계가 적지 않다는 통계도 있다. 웬만하면 공산당을 무조건 칭송하고 추종하던 사람들이 이 문제에서만큼은 냉랭한 태도를 보이고 있다. 이런 세태를 방치했다간 단순한 인구 문제를 넘어 체제 기반이 위태해질 수도 있다.

베이징의 한 학자는 "국내적으로 대중의 광범위하고 전폭적인 지지를 끌어내기 위해 공산당은 공동부유를 표방하면서 과외 금지 등 초개혁적인 교육 정책과 계획경제를 방불케 하는 부동산 정책, 인터넷 기업에 대한 정리정돈에 힘을 쏟고 있다"라고 밝혔다.

영향력 최대의 인터넷 포털 뉴스 텐센트는 2021년 7월의 '과외 금지' 교육 정책과 관련, 교육 공평성 실현은 민생 관련 중대 문제라며 인민이 반대하는 것은 역사 무대에서 퇴출돼야 한다고 당국을 엄호했다. 인민과 대중을 강조하고 나섰다는 점에서 중국이 전반적으로 좌클릭하고 있다는 느낌을 갖게 하는 논평이다.

새 정책은 학부모 교육비 부담을 대폭적으로 낮추는 것 외에 교육과 기회의 공평성을 실현하는 데 초점을 맞추고 있다. 이를 통해 '아이를 낳고 싶은(敢生孩子)' 환경을 만들겠다는 것이다. 중국 공산당은 1980년 한국 군사정권이 과외를 금지한 것과 유사한 조치를 취했고 한 발 더 나가 사립학교를 사실상 모두 폐지하는 정책으로 나가고 있다.

한동안 사립 교육 붐으로 우수교원과 교육자원이 공립학교에서 사립학교로 넘어갔다. 의무교육(초등 6년과 중학교 3년 학비 무료)은 허울뿐 학부형들은 울며 겨자 먹기식으로 자녀를 1년 학비가 2만 위안~10만 위안 하는 사립학교에 진학시켜야 했다. 공산당 당국은 공립학교 등 각 기관 주도로 전국에 우후죽순처럼 세워진 사립학교가 불평등 심화와 출산율을 떨어뜨리는 원흉이라고 본다.

과외 금지 등 중국의 교육 제도 개혁은 바로 이런 사회적 병폐를 바로 잡겠다는 것이다. 일정 정도 신분 사다리를 복원하는 부대 효과도 거둘 수 있다는 생각이다. 정부로서는 부실해져 가는 공교육을 바로 잡을 수 있고 학비 부담 경감으로 인민 대중에게 칭송을 받게 됐으니 일석이조가 아닐 수 없다.

중국 광둥성 광저우에 있는 농민공 박물관 조형물 앞에서
어린이들이 기념 촬영을 하고 있다.

영화 '장강7호'에서 아이가 툭 던진 말 '세상은 큰 것이 작은 것을 잡아 먹게 돼 있다'는 얘기는 양육강식, 무한경쟁의 시장경제와 양극화로 몸살을 앓고 있는 '중국 자본주의'의 민낯을 여과 없이 보여 준다.

창당 100년을 넘긴 공산당은 지금 이런 사회적 인식이 잘못됐다며 정면 제동을 걸고 나섰다. 다수를 위해 소수가 희생하는 것, 함께 부자가 돼 모두가 풍요롭게 사는 대동(大同)사회, 중국 공산당은 공동부유의 이런 가치가 시진핑 신시대 중국 특색 사회주의의 지향점이라며 경제, 사회, 산업 정책에 거리낌 없이 좌경화 드라이브를 걸고 있다.

'다 함께 부자가 되자.' 2021년 여름 중국 공산당은 한층 더 강경한 입장으로 공동부유를 화두로 던졌다. 중국 공산당이 목표하는 공동부유의 기본 전략은 빈곤층을 줄이고 중산층을 늘려 사회 계층 구조를 올리브형으로 만들어 나가는 것이다.

시장경제 부작용, 국가개조 대전환 수술

'996제.' 아침 9시에 출근해 저녁 9시에 퇴근하고 주 6일 일하는 근무 형태를 일컫는 말이다. 공동부유가 강조되면서 996제는 근면과 분투을 격려하는 파이팅 구호에서 한순간 몇 푼 잔업 수당에 근로자들을 혹사시키는 착취의 악습으로 둔갑해 버렸다. 중국 공산당이 표방하고 있는 공동부유를 정면 거스르는 나쁜 제도로 받아들여지고 있다.

세계적인 유니콘 창업자, 혁신의 아이콘 알리바바 마윈 전 회장은 일찍이 이 근무제를 적극 지지한다는 입장을 밝히면서 근로자들에게 996제가 복음과 같은 것이라고 추켜세웠다. 이 말은 기업인들의 호응을 얻었고 중국 사회에서 큰 관심을 끌었다. 스타트업 열풍 속에 당시엔 마윈의 한마디, 한마디가 금과옥조로 여겨지던 때였다.

마윈의 영향력은 가히 폭발적이었다. 인터넷 기업들은 경쟁적으로 996 근무제로 전환했다. 마윈의 말은 법이었다. 마윈의 996제 지지표명으로 1980년대 정부가 도입한 쌍슈(雙休, 주 이틀 휴무)는 금세 유명무실해졌다. 젊은 회사원들은 졸지에 일벌레로 전락했다. 저녁 휴식과 주말이 없는 일과를 보내야 했다.

중국 정부가 가만히 보니 996제는 사회적으로 폐단이 큰 제도였다. 평일과 주말까지 휴식을 잃어버린 젊은이들은 데이트 시간을 빼앗겼고 결혼까지 포기해야 했다. 시간에 쫓긴 젊은이들은 결혼을 해도 아이를 낳을 생각을 하지 않았고 자연히 출산율도 떨어졌다.

그렇다고 임금이 올라 공동부유에 기여한 것도 아니었다. 정부가 볼 때 세상에 이런 나쁜 규정이 없었다. 시진핑(習近平) 정권은 집권 초기부터 공평가치와 공동부유를 강조했다. 시진핑 신시대 사회주의는 사회 자원으로 성장한 기업들이 국가 사회 균형성장에 적극 기여해야 한다는 것이다. 하지만 알리바바로 대표되는 소위 빅테크 대형 플랫폼 기업들은 이런 방침에 잘 부응을 하지 못했다.

2019년 이후 996 제도는 인터넷 플랫폼들의 노동 착취라는 질타를 받게 됐다. 중국 인민법원 등 주요 부처가 합농으로 노동시간 제노와 산업수당, 노동휴식 및 휴가권과 관련해 명확한 입장을 발표했다. 당국은 996제도가 근로시간 상한 규정을 엄중하게 위반하고 있다며 근로현장의 996은 완전히 무효라고 선언했다.

법원의 이런 입장 발표로 인터넷 플랫폼 기업들이 하루아침에 모두 법정 근로시간을 어기는 범법자가 되고 말았다. 마윈이 엄지척했던 996제도는 법원으로부터 '사형' 선고를 받고 역사의 무대에서 사라지게 됐다.

텅쉰광즈(騰訊光子, 텐센트광즈)는 직원들에게 갑자기 6시 칼퇴근을 채근하고 나섰다. 콰이서우와 바이트댄스, 중국판 리쿠르트 BOSS도 996제 폐지 대열에 동참했다. 중국 인터넷 기업들은 과거 한국 대기업들이 사무실 전기까지 소등하면서 오후 6시 퇴근을 강제했던 것처럼 칼퇴근을 종용하고 있다. 어쩔 수 없이 잔업을 시켜야 할 때는 상응하는 높은 수당을 지급할 수밖에 없게 됐다.

인터넷 기업들은 1990년 후반부터 약 20여 년간 중국의 O2O 핀테크 신경제를 견인하면서 경제 성장과 고용 등에서 무시할 수 없는 역할을 해 왔다. 하지만 시대가 바뀌고 있다. 사회 일각에선 이들 인터넷 플랫폼 기업들이 국가와 사회에 대해 기업 성장의 성과에 걸맞은 기여를 하고 있는지 의문을 제기했다.

'혁신의 아이콘' 마윈은 전자 신용카드 같은 인터넷 대출 금융 상품인 화베이(花呗)와 제베이(借呗)를 통해 20% 가까운 이자를 챙기는 고리대금업자로 지목받았다. '신기술 신제조의 혁신 기업가' 마윈을 향했던 갈채가 한순간에 손가락질로 바뀌었다. 변덕스러운 대중과 정부 당국은 마윈이 모방자에 불과하다며 지탄을 쏟아 내고 있다.

알리바바의 타오바오나 텐마오, 지역 단체 구매에 대해서는 소비자에게 편리함과 새로운 구매 체험을 가져다주기는 했어도 중국 사회 대중들에게 궁극적 이로움을 주지 못한다는 지적이 나왔다. 빅테크 인터넷 플랫폼 기업들이 모바일 핀테크 기술을 이용해 결제시장을 독점하고 있는 데 대해서도 중국 정부는 마뜩잖아한다. 이런 배경하에서 중국에선 새로운 법정화폐 '디지털 위안화' 도입이 급물살을 타고 있다.

지역구매 인터넷 업체들이 저가를 무기로 골목 상권을 장악한 다음 나중에 구멍가게가 없어지면 일제히 가격을 올려 소비자들의 호주머니를 털어 갈 것이라고 사람들은 의심한다. 반독점 행위를 문제 삼아 당국이 계속 인터넷 플랫폼 기업들을 옥죄고 있는 것도 다 이 때문이다. 한 전문가는 알리바바와 알리페이가 한국기업이었다 해도 아마 제재가 불가피했을 것이라는 의견을 피력했다.

알리바바 등 인터넷 플랫폼 기업은 중화인민공화국의 최대 공공 자원인 위안화 화폐 신용과 14억 인민을 대상으로 플랫폼 장사를 해 천문학적인 이익을 거두고 있다는 게 중국 사회 공통인식이다. 정부가 공동부유를 선동하고 나서면서 플랫폼 기업들이 바짝 긴장하고 있다.

영구집권 노린 심모원계, 공동부유 잰걸음

분배를 강조하면서 법 제도적으로 많이 가진 계층의 양보와 자선을 압박하고 있다는 점에서 과거 사회주의 계획경제 시절을 연상케 한다. 무형의 정부 압력으로 고수입 계층과 대기업 자본은 세금과 자선 기부 등을 통해 더 많은 재부를 사회에 환원해야 하는 세상이 됐다. 전문가들은 공동부유가 국가경영의 새로운 로드맵과도 같은 것이라고 말한다. 국가 개조에 버금가는 조치로 해석되기도 한다.

시진핑 시대 들어 유난히 강조되고 있긴 하지만 사회주의 중국에서 공동부유가 화두로 떠오른 것은 어제오늘의 일이 아니다. 덩샤오핑(鄧小平)은 1985년 서방 기업인을 만난 자리에서 일부(지역)가 먼저 부자가 되고 그들이 다른 사람들을 이끌어 함께 부자가 되는 선부론(先富論)과 공부론(共富論) 정책을 소개했다. 중국은 시장경제와 선부론 정책으로 계획경제 저효율의 폐해를 극복하고 개혁개방 40년의 휘황한 성과를 거뒀다.

베이징 최고 번화가 왕푸징 서점 특설 코너에 시진핑 정권의 주요 정책 목표인 공동부유를 다룬 책들이 전시돼 있다. 진열대 위에는 시진핑 집권 10년을 의미하는 '비범한 10년, 중국 시대'라는 타이틀이 놓여 있다.

성장에 매진한 개혁개방 40년 동안 일부 부자들은 자원 배분의 왜곡 및 불균형에 의한 특혜와 편법적인 정경 유착, 국유자산 불하 등을 이용해 막대한 부를 축적했다. 적법하게 돈을 번 기업도 많지만 부당하게 국유자산을 헐값에 불하받아 거부가 된 사람도 적지 않다.

이 때문에 고도성장 과정에서 빈부격차가 커지고 양극화가 심화했다. 개혁개방의 해인 1978년 0.317이었던 지니계수는 2019년 0.465로 확대됐다. 2020년 도시 주민 수입이 4만 3,834위안인 데 비해 농민 수입은 1만 7,131위안으로 큰 격차를 보이고 있다. 2020년 탈빈과 소강사회를 이뤘다고 하는 공산당의 선전을 무색하게 하는 통계다.

3억 가까운 저임의 도시 사회 농민공들도 농촌의 가난한 농민들의 생활이나 크게 차이가 없다. 관변 학자들은 인터넷 대기업들이 혁신도 아니고 고용에도 별 기여를 못 하면서 사회자원과 시장을 독점하고 있다고 본다. 중화인민공화국의 최대 자산인 14억 인민을 대상으로 뻔한 플랫폼 독점 장사를 하면서 저임에 질 낮은 일자리나 제공하고 있다는 지적이다. 이는 당국이 인터넷 플랫폼 기업에 대해 반독점 제재에 나선 이유이기도 하다.

'중국은 완전한 사회주의로 가기 위해 여전히 생산력 발전과 상품경제 발달이 필요하다. 농업국가에서 공업국가로 전환하고 빈곤이라는 모순에서 벗어나야 한다.' 덩샤오핑 시절 제시된 사회주의 초급단계론의 핵심 내용이다. 중국은 이 전략에 따라 장기간 분배보다는 장기간 성장과 개발에 정책의 무게 중심을 둬 왔다.

다만 공산당 창당 100년을 넘긴 지금 경제, 사회 구조적으로 성장의 피로감이 너무 많이 쌓였다. 인민들이 겉으로 말은 안 해도 저 아래 어딘가에선 불만이 들끓고 있다고 봐야 한다. 양극화와 불균형 성장은 체제

불안의 잠재적인 화근이다. 내부 결속을 위해 성장과 분배의 수레바퀴를 한꺼번에 굴려야 할 필요성이 커졌다. 중국 공산당이 공동부유를 강조하고 나선 중요한 배경이다.

다행히 개혁개방 40년의 경제 성과는 계층 및 지역 간 격차를 줄이고 공동부유를 실현해 나가는 기초적 여건을 제공하고 있다고 공산당은 보고 있다. 중국 GDP 경제 총량은 덩샤오핑이 선부론을 꺼냈던 1985년 9,016억 위안에서 2023년 126조 위안으로 120배 이상 불어났다. 경제 총량 100조 위안 돌파만이 아니라 2023년 1인당 GDP도 약 1만 3,000달러를 넘고 있다.

이런 배경하에서 시진핑 정권은 공동부유 정책에 고삐를 죄고 있다. 실상 공동부유는 시 총서기가 집권한 18대 당대회 이후 수차례 언급됐고 2기 집권기인 당 19기에 들어서 정책 방향도 한층 구체화하기 시작했다. 시진핑 정권의 정책과 국가운영이 분배를 중시하는 방향으로 '좌클릭'할 것이라는 신호가 집권 초기부터 가시화했다는 얘기다.

중국 시진핑 총서기의 분배 중시 정책은 공산당 19기 들어 한층 선명해졌다. 시진핑은 "우리는 중국 특색 사회주의 신시대에 진입했다(中国特色社会主义进入了新时). 중국 사회 주요 모순은 인민의 행복한 삶 욕구와 불평등 사이의 모순으로 바뀌었다"라고 천명했다.

공산당은 '시진핑 신시대 중국 특색 사회주의'를 전면에 내세우면서 조화로운 질적 성장과 평등의 가치를 강조한다. 당국은 시장에 자원 배분의 결정적 역할을 맡기겠지만 동시에 정부도 많은 작용을 발휘할 것이라고 밝히고 있다.

앞서 중국은 2021년 '14.5계획과 2035년 장기목표 요강'을 발표하고 공동부유 신속 추진을 결의했다. 공동부유의 구체적인 실천 과제로 중국은 중등 수입계층 비중 확대, 저소득계층의 수입 증대, 고수입 계층의 합리적 임금 조정, 불법 수입 불로 소득 철저한 제재 단속, 사회계층의 양극단 축소 및 올리브형 계층 구조 촉진에 힘을 쏟고 있다.

공동부유가 기업의 혁신과 생산 동력을 상실케 하고 국제 경쟁력을 악화시켜 여전히 생산력 발전이 필요한 사회주의 초급단계의 중국 경제를 좌초시킬 것이라고 우려하는 목소리도 있다. 어떤 이들은 공동부유 정책이 '부자 것을 빼앗아 빈민을 구제하는 살부제빈(殺富濟貧)' 정책이라며 과거 급진 좌경화 시절 평균주의로의 회귀를 우려하기도 한다.

과거 상품경제와 생산력 발전, 성장이 우선이었던 시절에는 세금과 부당 수입, 심지어 위법 경영까지 대충 눈감아 줬다. 전체 파이를 키우는 게 중요했고 고용이 시급했기 때문이다. 하지만 중국의 사회주의 시장경제는 현재 심한 양극화로 인해 몸살을 앓고 있다. 이런 부작용은 공산당의 영구집권에도 정면 도전이 될 거라는 게 당국의 판단이다.

시진핑의 신시대 사회주의가 표방하고 나선 공동부유는 성장지상주의가 낳은 이런 폐해를 바로잡고 공산당의 또 다른 100년 순항을 위해 초석을 다지는 작업인 셈이다. 앞으로 고수입 계층 세금 부담이 높아지고 기업들의 사회 환원 부담이 커질 게 불을 보듯 뻔하다. 외자계 기업들도 예외일 수 없다. 경영 환경 신조류의 변화를 잘 파악하고 미리 대응해야 한다.

중국 공산당은 정부와 시장의 공동 노력으로 고효율 공동부유 체제를 건설할 수 있다며 민영 기업과 부자들을 다독거리고 있다. 이와 함께 시장 주체들이 공동부유 정책 실현을 위해 자발적 노력을 기울여 줄 것을 권하고 고수입 계층과 대기업들의 노블레스 오블리주를 촉구하고 있다.

수년 전 미국에 소수에 의한 부의 집중과 양극화 시정을 요구하는 '월가를 점령하라' 시위가 발생했다. 당시의 월가 시위가 분배에서 배제된 소외 계층들에 의해 주도된 것이라면 최근 중국 시진핑 정권이 전면에 내세운 공동부유 정책은 일종의 당국(공산당)이 주도하는 양극화 해소 운동(정책)이라는 점에서 주목된다. 언젠가 중국 사회과학원 마르크스주의 연구원의 천즈강(陈志刚) 박사는 필자에게서 '공동부유는 사회주의의 본질'이라고 말한 뒤 생산력이 증대하고 여건이 개선됐기 때문에 향후 경제와 산업, 대기업 정책에서 갈수록 공동부유가 강조될 것이라고 견해를 밝혔다.

Ⅳ
니하오 차이나!
길에서 만난 중국

　강을 따라 도시가 번성하고 그 물길을 따라 인문이 축적돼 왔다. 문명은 황하에서 발원했지만 그 문명을 화려하게 꽃피운 곳은 장강(長江)이다. 중국의 경제 번영은 바로 장강이 만들어 낸 기적이다. 장강의 세찬 물결엔 초일류국가를 향한 중국 굴기의 대야망이 어른거린다. 유유히 흐르는 장강에선 중국 공산당 국가 경영의 감춰진 비밀이 드러난다.

　필자는 2023년 설 연휴를 맞아 베이징에서 비행기를 타고 충칭(重庆)으로 넘어가 코로나 통제 해제 이후 현지 소비 경제 현장을 취재하고 충칭 차오텐먼(朝天门) 부두에서 3박 4일간 장강 변 도시를 돌아보는 장강 3호 산샤(三峽)유람선에 탑승했다.

　유람선 장강 3호는 삼국지와 이백으로 잘 알려진 유서 깊은 역사 도시, 펑두(丰都)와 펑제(奉节) 백제성(白帝城), 구당협과 우산(巫山)협을 지난 뒤 삼협댐의 고장 후베이(湖北)성 이창(宜昌)으로 운항한다. 필자는 이창에서 기차로 장강 변의 또 다른 경제 도시이자 4년 전 코로나 발생 도시인 후베이성 우한(武漢)으로 이동, '위드코로나' 시행 이후 장강 변 도시의 내수 경제 회복 상황을 살펴봤다.

산샤유람선 장강 3호 승객들이 충칭 차오텐먼 항구를 떠나기 전 선상에서
충칭의 관광 명소인 훙야동을 구경하고 있다.

　충칭(中慶) 관광 명소 훙야동(洪崖洞)에서 도로를 따라 20분 걸어가면 장강유람선 부두로 이어지는 길목에 차오텐먼 플라자(광장) 빌딩이 눈에 들어온다. 상가 광장 안에도 상점마다 손님들이 만원이고 밖에까지 대기 줄이 길게 늘어서 있다. 한쪽 편에는 미국 증시에 상장돼 있는 중국 신예 전기차 웨이라이(蔚来)가 넓은 전시장을 차지하고 있었다. 한국인이라는 걸 알고 매장 책임자는 호감을 보이며 반갑게 인사를 건넸다.

　장강(长江)과 장강 지류 자링(嘉陵)강 합류 지점인 충칭 차오텐먼(朝天门) 부두에 자리 잡은 광장 상가 건물은 싱가포르 자본에 의해 개발됐다. 차오텐먼 플라자 건물은 빼어난 디자인 덕분에 충칭에서 첫손가락에 드는 랜드마크 명소가 됐다. 개발 당시 중국 지도자 장쩌민은 쌍수를 들고 싱가포르 기업을 환영하면서 직접 휘호까지 써서 내렸다고 한다.

차오텐먼 플라자 빌딩 아래 작은 광장에서 차오텐먼 마터우(码头, 부두) 표지판을 따라 좁은 길을 내려가면 이내 부두로 연결되는 통로가 나온다. 이곳부터는 정장과 빨간 티셔츠를 걸친 장강 3호의 직원들이 나와 승객들을 안내하고 캐리어 서비스를 했다. 장강 3호는 자링강 기슭의 6번 부두에 정박해 있었다.

호텔 수속과 거의 똑같은 절차로 체크인 수속을 마친 뒤 짐을 풀고 갑판에 오르자 눈앞에 그동안 네댓 번 와서 봤던 충칭과 전혀 다른 새로운 정경이 펼쳐진다. 위치가 바뀌어 강에서 뭍을 향해 보니 훙야둥과 대극원, 차오텐먼 광장 빌딩, 그리고 장강 맞은편 난안(南岸)구까지 전부가 새롭게 느껴진다.

차오텐먼 부두 앞은 왼쪽 자링강과 오른쪽서 내려오는 장강 본류가 합류하는 시점이나. 3박 4일 여성의 출항이 망설여지는 걸까. 산샤유람선 장강 3호는 장강 지류 자링강 톈스먼 대교와 장강 본류 둥수이먼 대교 쪽을 천천히 오간 뒤 해가 지고 사위가 어두워질 무렵 삼협댐의 고장 후베이성 이창을 향해 힘찬 고동 소리를 울리며 출항한다.

승무원들은 오성급 호텔 직원 이상으로 승객들에게 깍듯하고 친절하다. 객실 인터넷 연결을 도와주던 승무원은 두 손을 마주 잡은 채 '당신은 코로나19 발생 3년여 만의 첫 출항인 이 배의 첫 번째 한국인 승선 유커'라며 축하 인사를 건넸다.

중국 번영의 젖줄, 장강 황금수로

"충칭은 장강 상류 지점에 속합니다. 목적지인 이창은 장강 중상류에 위치해 있지요. 3박 4일간 중도에 펑두와 펑제 백제성, 우산현에 정박하고 이창 즈꾸이항에 닻을 내리게 됩니다." 승무원은 이렇게 설명한 뒤 장강 3호 운항 속도는 자동차에 비유하면 시속 30킬로미터 정도라고 덧붙였다.

출항과 함께 시작된 저녁 식사를 마치고 선상에 오르니 사위가 어둠 속에 묻혔다. 장강은 넓은 중국을 자연과 인문 환경적으로 구분하는 랜드마크와 같은 강이다. 장강 3호 선상은 장강 이북, 장강 이남 어느 쪽도 아니다. 스마트폰이 가리키는 기온은 영상 3도인데 강바람 때문인지 꽤나 춥게 느껴진다. 배가 달리면서 일으키는 물결 소리에 장강의 밤 정취가 더해진다.

출발한 지 한 시간쯤 지난 시각. 스마트폰을 열어 보니 지도상에는 충칭의 장베이(江北)구인데 온 세상이 적막하고 인가의 흔적인지 먼 산속에서 가끔씩 불빛이 가물거린다. 어딘지 모를 산골 마을에서 간간이 설날 밤 폭죽 놓는 소리가 들려온다. 도시의 밤과 달리 빛의 간섭이 사라진 장강의 밤하늘에는 별이 떡가루를 뿌려 놓은 듯 밝다.

창장(長江, 장강) 상류 충칭과 산샤댐(三峽, 삼협댐)이 있는 후베이성 이창을 운항하는 산샤유람선 장강 3호. 모두 6층짜리 유람선인 이 배엔 여행객 500여 명과 승무원이 150명 탑승했다. 근 700명에 가까운 대규모 인원이 제한된 공간에서 함께 생활하면서 4일 동안 여행을 한다는 것은 코로나 시대가 종식됐음을 웅변으로 말해 주고 있었다.

충칭 차오톈먼 부두를 떠난 지 이틀이 되는 날 장강 3호는 헤아릴 수 없이 많은 다리를 지나 중류를 향해 내려갔다. 이날 늦은 오후 장강 3호는 상하이와 청위(成渝, 청두와 충칭) 사이 중셴 고속도로의 충칭 구간을 달리고 있었다. 장강에서 좀 떨어진 강안 마을에 꽤 큰 규모의 공장 단지가 눈에 들어온다.

강상에는 그리 높지 않게 컨테이너를 적재한 화물선들이 마치 도로에서 자동차가 운행하듯 쉴 새 없이 오고 간다. 강 위에 2~3킬로미터마다 설치된 돛단배 모양의 부표는 선박의 좌표 겸 자동차의 신호등 같은 역할을 하는 것 같았다.

황금수로 장강은 경제의 강이다. 장강 변 도시 경제의 활기는 중국 경제의 맥과 온기를 재는 척도다. 코로나 3년, 진원지 우한과 상하이, 충칭 등 장강 변 도시의 코로나 확산은 중국 경제를 미증유의 침체로 몰아넣었다. 대신 중국 경제에 볕이 들면 가장 먼저 상하이와 난징 우한 충칭 등 장강 유역 대도시를 따라 온기가 퍼진다.

길이 6,387킬로미터, 세계 3대 하천으로 불리는 장강은 고원 지역인 칭하이성에서 발원해 중국 11개 성시를 통과하며 넓은 유역에 걸쳐 문화 인문은 물론 경제적으로 큰 후광 효과를 낳는다. 장강 유역의 지류를 이용하는 통항 하천만 해도 3,600개에 이른다고 한다.

　장강의 시간은 물살처럼 빠르다. 뱃길과 강 안이 다시 어두컴컴해졌다. 선실 5층에서는 설 이튿째 밤 선상 춘제(春节, 춘절, 설) 파티가 열렸다. 선상 갑판에 나오니 장강의 1월 밤바람이 매섭게 차다. 어둠에 잠긴 장강 물결은 차가운 강바람에 검푸른 형상으로 출렁이다가 어쩌다 다리의 조명을 받으면 찬란한 은빛 여울을 만들면서 신세계를 연출한다.

　간밤에 얼마나 더 이동했는지 다음 날 아침 눈을 뜨니 150미터 길이에 1만 7,000톤의 육중한 선체의 산샤 유람선 장강 3호는 백제성으로 유명한 충칭의 펑제(奉节)현 펑제항에 정박해 있었다. 사람들은 바이디청(白帝城, 백제성)이 바이디산에 있는 고성으로 산샤 협곡 유람의 백미라고 했다.

장강 변 도시들, 인문 마케팅으로 부자 꿈

　"산샤(三峡, 삼협)는 장강 구간 3개의 협곡이라는 뜻이죠. 이곳 백제성 아래쪽의 구당(瞿塘)협곡과 우산(巫山)의 우산협곡, 이창(宜昌)의 시링(西陵)협곡을 합쳐 산샤라고 합니다. 이 중 구당협은 중국 10위안짜리 종이돈에 인쇄된 명소예요. 10위안 지폐를 준비했다가 꼭 기념사진을 찍으세요."

중국인 단체 여행객 틈에 섞여 여행을 하다 보면 투어단의 한 사람, 한 사람 모두가 훌륭한 여행 가이드다. 쓰촨성 이빈(宜宾)에서 온 중국인 유커는 산샤를 이렇게 소개한 뒤 경치로 볼 땐 머리 위의 하늘이 좁고 파란 개울처럼 보이는 우산협곡이 가장 빼어나다고 설명했다.

산샤 유람선 장강 3호 여객들이 펑제현에 와서 가장 먼저 조우한 것은 시선(詩仙)으로 불리는 시인 '이백'이었다. 선상 식사 후 백제성 탐방을 위해 배에서 내려 장강의 부두 다리를 건너 강 안 둑으로 올라서는데 이백이 귀양길에 사면 소식을 듣고 기쁜 마음에 지었다는 시 '자오파바이디청(早发白帝城, 조발백제성)'이 대문짝처럼 눈앞에 펼쳐진다.

이백의 시구절을 인용한 '채색구름 사이로(彩云间)'라는 상호의 여관, 마을 어귀 회관 건물 담벼락의 이백 시와 이백이 돛단배로 지났던 산샤의 구당협 도안이 늘어간 10위안짜리 종이돈 소형물. 백세성으로 들어가는 길목과 마을 전체가 이백의 시로 도배가 되다시피 했다. 마치 마을 골목 어귀 어디선가 발자국 소리와 함께 이백의 시 읊는 소리가 들려올 것 같은 분위기다.

장강에서 뭍으로 나와 백제성으로 들어가는 길은 그 자체가 이백 시 세계의 거대한 야외 전시장을 방불케 했다. 백제성이 유람선이 정박한 곳에서 강 건너편에 있으니 백제성 쪽으로 들어가려면 마을을 지나 장강 다리를 건너야 했다. 다리 입구에도 이백의 시를 마치 예술 조각품처럼 새겨 놓고 있었다.

장강 변 유명 관광지 백제성으로 들어가는 다리 앞에 이백의 시
'조발백제성' 조형물이 설치돼 있다.

장강을 내려다보면서 백제성을 향해 다리를 중간쯤 건너고 있는데 누군가 어깨를 잡으며 장강 강 안 뒤쪽 산을 가리킨다. '아침나절 채색 구름 사이로 백제성을 떠났는데, 천 리 강릉 길을 하루 만에 돌아왔네(朝辭白帝彩雲間, 千裏江陵一日還).' 손짓하는 쪽을 바라보니 장강 변 기슭에서부터 하늘가로 넓고 완만하게 펼쳐진 산자락에도 엄청난 크기의 대형 구조물로 이백의 시 '조발백제성'의 첫 두 개 시구절을 설치해 놓고 있었다.

충칭의 펑제현 백제산에 자리한 백제성은 본래 유명한 삼국지의 고장이다. 백제성의 백제묘는 유비와 제갈공명 묘당, 촉한의 통일 대업에 관한 유적들을 전시해 놓은 곳으로 유비와 촉의 한이 서린 곳이기도 하다.

장비의 사망과 이릉전쟁으로 인해 병이 깊어진 촉한의 유비는 이곳 백제성에서 생을 마감한다. 유비는 숨을 거두기 전 공명에게 아들 유선을 보좌해 통일 대업을 이룰 것을 당부한다. 유비는 "아들이 재목이 아니면 공이 권력을 취하라"라고 제갈공명에게 말한다.

사람들은 백제성에 삼국지와 유비, 제갈공명 촉한의 자취를 살피러 오지만 막상 이곳에 오면 이백을 그냥 지나칠 수가 없게 돼 있다. 삼국지 무대인 백제성은 이백의 시의 고장이며 예로부터 시인의 성지였다.

이백과 두보 백거이 소동파. 백제성이 있는 펑제현엔 예로부터 시인 묵객들이 몰려들어 만 수의 시를 남겼다. 이 때문에 '삼협에 가면 반드시 시가 있다'는 말이 생겨났다. 2017년 중국 정부는 펑제현에 전국 단 하나인 '시의 도시'라는 칭호를 내렸다.

이백의 시 '소발백제성'을 모르고 발을 들이민 백세성은 영락없이 주마간산 격 여행이 될 듯싶다. 펑제현 백제성이 산샤 장강 유람선 관광객을 끌어들이기 위해 삼국지와 이백 두 가지 중 어떤 간판을 더 크게 내걸고 있는지 가늠하기 힘들다.

삼국지의 인물들에 비하면 이백은 수백 년 후대 사람이다. 장강을 따라 동쪽 강릉(江陵)으로 가기 전 이백도 삼협의 빼어난 풍광을 내려다볼 수 있는 이곳 백제성에 올라 촉한의 역사를 떠올렸을 것으로 전해진다. 장강 3호 유람선 승객들이 통과하는 구당협을 이백도 나룻배를 타고 지났을 것이다.

이백의 '조발백제성'은 백제성을 수백 년에 걸쳐 최고의 인문 관광지로 만들었다. 이 시는 유비와 촉한을 기리는 백제묘 입구 주변에도 꽤나 비중 있는 관광 거리로 조성돼 있다. 펑제현 백제 고성의 백제묘 관광 관리 사무소는 백제성이라는 흰 대리석 표지석과 함께 이백의 이 시를 마오쩌둥과 저우언라이, 장쩌민 등 역대 공산당 지도자의 필체로 각각 커다란 대리석에 새겨 기념하고 있다.

'장강 3호는 잠시 후 장강 산샤(三峽, 삼협) 구간의 절경 구당협(瞿塘峽)을 통과합니다. 갑판에 올라와 구당협의 경관을 즐기세요.'

펑제현 백제산 백제성을 내려와 선상 식사를 마치고 선실에서 휴식을 취하는데 안내 방송이 나온다. 구당협은 오전 백제묘의 쿠이먼(夔門, 기문) 조망대에서 내려다본 10위안짜리 중국 돈 도안으로 유명한 장강 협곡이다. 백제묘 아래쪽의 이곳 구당협곡은 더 아래 우산(巫山)의 우산협곡, 이창(宜昌)의 시링(西陵)협곡과 함께 장강 산샤(세개의 협곡)를 이룬다.

구당협 협곡에 들어서자 훨씬 속도감이 더해지는 느낌이다. 산샤 유람선 장강 3호는 마치 미끄러지듯 장강의 협곡을 지나고 양안 절벽은 병풍을 두른 듯 공중을 향해 까마득히 치솟아 있다. 갑판 위에 오른 500여 명의 유커들은 산샤 구당협이 뽐내는 원시적 자연미 앞에 일제히 탄성을 터뜨렸다.

"이백은 쓰촨성 면죽 사람이라고도 하지만 안서도호부 키르기스스탄

쪽에서 태어났다는 설도 있어요. 어쨌든 어려서 지금의 쓰촨성 지방, 촉에서 살았다고 합니다. 촉나라 사람인 이백은 장강 삼협 물길을 이용해 자주 충칭을 지나갔을 것이라고 합니다. 당시 산샤 물길을 이용해 고향을 떠나는 심정을 노래한 시(峨眉山月歌)가 이렇게 전해집니다."

峨眉山月半轮秋 影入平羌江水流
夜发清溪向三峡 思君不见下渝州

드높은 아미산(촉)에 보름달이 걸려 있고
평강 강 물결 위에는 달그림자가 어리네
밤 배는 청계를 떠나 삼협으로 달려가고
위저우로 가는 배엔 아쉬움만 가득하네

- 최헌규 역

오선 벙세현 백세성에서 얼핏 나주한 시인 이백에 대한 여운이 이곳 구당협곡까지 길게 꼬리를 물고 이어졌다. 갑판 위에서 함께 구당협의 장관을 지켜보던 쓰촨성 이빈의 중년 남성 유커는 필자에게 이런 시를 소개하며 그 옛날 시인 이백이 돛단배를 타고 장강 산샤 구당협을 지났음이 이 시를 통해 알려졌다고 말했다. 그는 마지막 시구절의 위저우(渝州)가 지금의 충칭 일대라고 귀띔했다.

구당협을 지나자 장강의 양쪽 강 안이 다소 완만한 경사면으로 바뀌고 가끔씩 산골 마을이 시야에 들어온다. 한쪽 산비탈에는 '녹수청산 금산 은산, 대개발을 삼가자'는 구호가 대형 입간판으로 세워져 있었다. 환경 보존의 중요성을 강조하는 이 구호는 중국이 환경과 자원을 대가로 하는 무한 성장의 시대와 결별했음을 새삼 깨우쳐 주는 것 같았다.

충칭 차오텐먼 부두에서 출항한 지 사흘째 오후 장강 3호는 장강 본류와 지류 다링허 강이 만나는 우산(巫山)현에 도착했다. 우산현은 인구 65만 명의 충칭 맨 동쪽 고장이다. 산샤(세 개의 협곡) 즉, 백제성 펑제의 구당협과 우산현의 우산협곡, 후베이성 이창의 시링 협곡 중에서도 이곳 우산협곡이 가장 가파르다.

우산현에서 돌아볼 곳은 그 옛날 천상의 선녀들이 산책 나왔다는 전설의 하늘길, 선녀 텐루(天路)다. 그동안 쭉 강 위에서만 산을 바라봤는데 이번엔 거꾸로 수직 절벽 산에 올라 까마득한 발치 아래를 흐르는 장강을 바라볼 차례다.

이런 곳에도 길이 있을까 싶은데 버스는 가파른 벼랑길로 '하늘'을 향해 멈추지 않고 달렸다. 이럴 줄 알았으면 배에서 쉬었을 거라고 누군가 말했다. 아찔한 하늘길, 공중을 달리는 버스가 금방이라도 추락할 것처럼 아슬아슬하다. 여기저기 돌무더기가 산길을 뒤덮은 곳도 있었다. 마치 공중 곡예라도 펼치는 것 같고 꽉 움켜쥔 손에 절로 땀이 솟는다.

버스 출발 한 시간쯤 지났을 무렵 하늘길이 끝나고 곡예도 중단됐다. 버스가 멈춰선 곳에서 보니 1킬로미터도 넘는 까마득한 수직 허공 저 아래로 장강이 작은 실개천처럼 내려다보였다. 가슴을 졸이고 혼을 뺐던 사람들은 언제 그랬냐 싶게 다시 멀쩡한 표정으로 돌아와 열심히 스마트폰으로 기념사진을 촬영했다.

3천 킬로미터 물길, 균형 개발로 원형 보존

하늘길에서 내려온 싼샤 유커들은 우산현 항구에 정박해 있는 배에 다시 몸을 실었다. 선상에 곧바로 저녁 뷔페 식사가 차려졌다. 식사를 하는 도중 싼샤 유람선 장강 3호는 서서히 육중한 몸체를 움직여 우산현 장강 지류 다링허와 장강 본류가 만나는 곳을 향해 경적을 울린다.

강어귀에 세워진 철교를 지나는가 싶더니 어느새 우산협곡으로 들어섰다. 충칭의 제일 동쪽 끄트머리 지역, 장강 삼협 중에서도 가장 가파르기로 유명하다는 우산협곡. 배는 하늘이 좁은 도랑처럼 올려다보이는 우산협곡을 지났다. 설이 지난 지 이틀째 밤, 산골 마을 사람들이 터뜨리는 폭죽 소리가 장강의 고요한 밤의 적막을 갈랐다.

장강 3호는 충칭을 벗어나 후베이성 바동(巴东) 구간에 진입했다. 이날 배는 검푸른 장강의 밤 물결을 헤쳐 가며 늦은 시간까지 운항을 계속했다. 갑판에 나가 하늘을 보니 사막의 별처럼 크고 밝은 별이 반짝인다. 구름이 많은 도시 충칭을 벗어나니 바로 맑은 하늘이 열리는구나 하는 생각을 하면서 선실로 들어와 장강 선상에서의 마지막 밤잠을 청했다.

충칭 차오텐먼에서 출항한 지 나흘째 아침 모닝콜 음악 소리에 잠을 깨 창문을 여니 장강 3호 산샤(三峽) 크루즈가 이창 즈구이(秭归) 항구에 정박해 있다. 창장(長江, 장강) 산샤의 산봉우리에서 뜨는 해는 유유히 흐르는 장강 수면을 황금빛으로 물들이고 있다. 이백도 아마 이런 풍경을 보고 '조발백제성'에서 '채운간(彩云间)'이라고 노래했을 듯싶다.

이창(宜昌)은 3일 전 설날 충칭 차오텐먼 항구를 출발한 장강 3호 크루즈 여행의 최종 기착지다. 크루즈가 정박한 이창 즈구이현은 산샤댐(三峽坝, 삼협댐)이 건설되면서 댐 상류 고지대에 새로 건설된 신도시다. 즈구이현은 장강 변의 수몰과 이주의 역사를 품에 안고 코앞의 삼협댐을 여유 있게 내려다보고 있었다.

이날 장강 산샤 유커들은 3박 4일간 여행하면서 정이 든 장강 3호와 이별했다. 여느 날보다 이른 아침 8시께 짐을 전부 챙겨 가지고 배에서 내린 뒤 버스로 이동했다. 사람들은 대합실에 걸린 즈꾸이항 간판을 배경으로 기념사진을 촬영했다. 버스는 이번 여행의 마지막 목적지인 이창 시링구 협곡 구간의 이링구 삼두평진 삼협댐으로 향했다.

삼협댐 관광은 댐 전체를 조망할 수 있는 탄즈링(壇子岭) 전망대에서부터 먼저 시작됐다. 버스에서 하차해 셔틀로, 셔틀에서 내린 뒤 다시 에스컬레이터를 타고 전망대로 향했다. 전망대 기슭에는 중국의 대형 국기를 조형물로 설치해 놓고 있었다.

중국은 세계적인 장강 치수의 성공 사례 삼협댐 건설을 공산당이 이룩한 역사적인 위업으로 선전하고 있다. 탄즈링 주변 야외 전람관에는 1918년 손문(손중산)이 건국방략에서 제시한 장강 수력 자원 개발 구상을 공산당이 실현한 것이라고 설명하고 있었다.

안내원의 설명에 따르면 삼협댐은 1994년 착공해 단계적 공정을 거쳐 2009년에 완공됐다. 먼저 물박이 공사와 수문 발전소가 세워져 2003년부터 전력 생산에 들어갔다. 이어 1만 톤급 선박이 넘나들 수 있는 두 개의 갑문식 운하와 3천 톤급 선박을 20분 만에 끌어 올릴 수 있는 대형 리프트(승강기)가 건설됐다.

삼협댐은 세계에서 규모가 가장 큰 수력댐으로 전체 길이가 2,309미터이며 기준 높이가 185미터다. 댐 위의 넓이도 135미터에 달한다. 삼협댐 선설은 상상의 물길과 지도를 바꿨다. 장강의 자연 지형뿐만 아니라 경제 사회 지형도에도 큰 변화를 가져왔다.

총 1,800억 위안을 들여 건설된 삼협댐은 연간 발전량 1,000억 킬로와트를 넘는 전력 생산과 수로 물류 이용 등 커다란 경제적 이익을 창출했다. 새로운 관광지가 개발되고 수천 년 염원인 홍수 예방, 장강 치수 역사에 새 장을 열었다.

산샤댐(삼협댐) 건설은 충칭과 이창 우한 난징 상하이로 이어지는 장강권 경제 번영에 결정적인 기여를 했다. 댐은 또 서전동수(서부 내륙 전기를 동쪽으로 보냄)의 생생한 현장이기도 하다. 산샤댐에서 생산되는 전기는 후베이성은 물론 후난성과 장쑤성, 저장성 그리고 멀리 광둥성까지 10개 성으로 공급된다고 한다.

중국이 고난도 기술로 자체 건설한 세계 최대 규모의
수력 발전 댐인 후베이성 이창의 삼협댐

댐 건설엔 상실의 아픔도,
영화 속 산샤의 추억

중국 경제발전과 기술 굴기의 상징으로 여겨지는 창장(長江, 장강)의 대역사 산샤(三峽, 삼협)댐 공사로 2006년 무렵 장강 상류 충칭까지의 약 600킬로미터 구간은 거대한 '장강 저수지'로 모습을 바꿨다.

수천 년 된 마을이 눈앞에서 사라지고 장강 협곡에는 마오쩌둥도 하지 못했던 초대형 아치교들이 수도 없이 세워졌다. 양광이 있으면 그늘도 생기게 마련이다. 댐 수위가 치솟으면서 정든 고향 마을이 눈 깜짝할 새 수몰되고 도시는 철거와 개발 바람으로 들썩였다.

산샤크루즈 유람선 장강 3호가 장강의 펑제(奉節)현과 우산(巫山)현을 지나 삼협댐의 도시 이창으로 이동하던 밤 필자는 스마트폰에서 장강 산샤와 삼협댐을 모티브로 한 오래된 영화 '삼협호인(三峽好人, 산샤하오런, 영문 제목: STILL LIFE)'을 소환해 냈다. 실제 장강 삼협의 선상에서 다시 본 '삼협호인'은 전과 느낌이 달랐다.

중국 자장커(賈樟柯) 감독의 '삼협호인(三峽好人, 산샤하오런, 영문제목: STILL LIFE)'은 삼협댐 건설이 이슈였던 2000년대 중반 중국 사회의 모습을 사실적 기법으로 그린 다큐멘터리식 풍경화라고 할 수 있다. 이 영화는 장강(長江) 상류, 시(詩)의 도시 충칭(重慶) 펑제현이 주요 무대이며 2006년에 개봉됐다.

중국 6세대 감독의 대표 주자 자장커 감독은 개혁개방과 고속 성장 과정에서 일그러진 중국 사회의 이면에 대해 강한 문제 의식을 표출해 왔다. 자장커 감독은 2013년에 발표한 영화 '천주정(天注定, 톈주딩)'에서도 중국이 비록 옛날보다 훨씬 잘살게 됐지만 이로 인해 중국이 어떤 성장통을 앓고 있는지에 대해 대담한 톤으로 지적했다. 하지만 이런 영화들을 끝으로 개혁개방 이후 잠깐 반짝했던 현대 중국 영화의 '르네상스'

도 빛을 잃고 있다.

경제개발에 계속 드라이브가 걸리고, 빈부격차 확대 등 성장의 부작용은 갈수록 심화하고 있지만 요즘에는 사회성을 가미한 이런 유형의 영화들을 만나기가 쉽지 않다. 중국인 친구들은 평화의 시대가 지나고 냉전의 시대가 왔기 때문이라고 말한다. 영화나 소설 문예 창작 활동에 이전보다 통제가 심해지고 애국주의 경향이 뚜렷해졌다는 얘기다.

엄청난 물줄기를 막고 축조한 삼협댐은 '장강 위의 만리장성'이다. 장강의 삼협댐 공사는 자연 지도뿐만 아니라 수천 년 경제, 사회 지형도를 바꾸고 라오바이싱(老百姓)들의 삶도 변화시켰다. 고성장과 경제 개발, 삼협댐과 같은 대공사 속에 사람들은 장강의 물결 따라 도시로 몰려들고 가족들은 이별의 아픔을 겪었다.

삼협댐의 수위가 높아지면서 돛단배가 다니던 강은 거대한 '장강 저수지'로 모습을 바꿨다. 댐은 번영을 가져왔지만 사람들이 모두 행복진 것만은 아니다. 마을이 수몰되고 '역사'가 통째 수장됐다. 자장커 감독의 영화 '삼협호인'은 삼협댐 위에서도 육안으로는 볼 수 없는 이런 부분들을 크게 드러나지는 않지만 사실적으로 그리고 있다.

처지에 따라 장강의 물결은 평온함일 수도 있고, 또 어떤 이에게는 두려움일 수도 있다. 장강은 누군가에겐 만남의 물길이고, 또 다른 이에겐 이별의 물길이다. 삼협댐 건설은 기회이기도 하지만 되돌릴 수 없는 상실의 고통이기도 하다. 사람들은 각자 다른 사연과 가치관에 얽힌 채 삼협댐이 만들어 내는 거친 개발의 소용돌이에 휩싸여 든다.

　자장커 감독의 영화 '삼협호인'은 삼협 위에서 펼쳐지는 두 쌍의 부부, 한산밍 부부와 쉔홍 부부의 만남과 사랑, 그리고 이별에 관한 이야기다. 한산밍과 쉔홍은 둘 다 산시(山西)성 사람으로 각자 배우자를 찾아 산샤협곡 중에서도 구당협곡으로 유명한 충칭시 펑제에 나타난다. 이들 중 한산밍은 다시 부부의 연을 잇게 되지만 쉔홍에게 산샤 펑제행은 이별을 확인하는 가슴 아픈 여행이다.

정치 1번지 인민대회당을 장식한 당송시(唐宋詩)

　중국 국회 격인 양회(전인대와 정협)가 열리는 베이징 인민대회당은 미니 화랑이라고 할 만큼 많은 서화 작품들이 벽면을 장식하고 있다. 필자는 2022년 10월과 2023년 3월 이곳에서 열린 중국 공산당 20차 당대회와 양회를 취재하면서 여러 작품들을 살펴볼 기회를 가졌다.

　인민대회당 1층과 2, 3층에는 장강을 소재로 한 그림부터 고시를 소재로 한 서예와 동양화 등 각종 작품들이 비치돼 있다. 2023년 양회 때 회의 시작 전 남는 시간을 이용해 3층 기자실을 나와 우연히 외부에 개방이 안 되는 2층으로 진입하게 됐다. 대회당 2층에는 소동파(소식)와 이백 등 시를 소재로 한 초대형 서화 작품들이 로비 벽면에 가득 전시돼 있었다.

'명월은 언제부터 그곳에 떠 있었는가. 술잔을 들어 청천 하늘에 묻는다(明月几时有 把酒问青天)……' 운동장 넓이만 한 대회당 2층 로비를 죽 돌며 작품을 감상하는데 많이 들어 본 소동파의 사(词, 송나라때의 시)가 발길을 잡는다. 송 때 시인 소동파가 추석에 크게 취한 채 달을 보고 동생을 그리워하며 지은 시(송의 词, 水调歌头· 明月几时有 把酒问青天)의 첫 구절이다.

달은 곧 그리움이다. 시인은 보름달에 마음을 실어 추석 명절 멀리 떨어진 가족에 대한 그리움을 절절하게 노래했다. '오래도록 함께하기를 바라며 멀리서라도 달을 바라보며 그리움을 달래자(但愿人长久 千里共婵娟).' 회의장 벽에 전시된 소동파의 시는 이렇게 끝을 맺고 있었다. 다른 고시들도 많은데 제한된 공간에 소동파의 시가 이것 말고도 한편 더 전시돼 있어 관심을 끌었다. 중국인 친구에게 이 얘기를 했더니 이백은 유명세에서는 타의 추종을 불허하지만 정작 많은 중국인들은 소동파나 두보를 좋아한다고 말했다.

당송 고시에는 문화, 전통, 인문과 자연, 삶을 관통하는 일체의 소재가 망라돼 있다. 한 연구 문헌에 따르면 고시에서 빈도수가 높은 소재는 달과 모친, 송별, 술, 춘절(설), 추석, 매화, 명절, 청명절, 중양절, 사계절, 사랑, 고향, 산수, 장강, 눈과 비 등의 순으로 이어진다. 이 중에서도 특히 달은 당송 때 중국의 고시에서 가장 많이 등장하는 단골 소재 중 하나였다.

스마트폰이 없던 시절 옛날 사람들은 추석이나 대보름날 한날한시에 시간을 정해 놓고 떠오르는 달을 바라보며 서로의 마음을 전했다고 한다. 딱히 통신 수단이 없었던 시절 어찌 보면 당시의 달은 오늘날의 스마트폰처럼 가족과 친지 간에 실시간으로 안부 묻고 그리운 마음을 전하는 통신 수단이었을지 모른다.

'머리맡의 밝은 달빛, 하얗게 서리가 내린 듯하네, 머리 들어 보니 밝은 달, 고개를 떨구니 고향 생각에 가슴이 메이네(床前明月光 疑是地上霜 举头望明月 低头思故乡).' 중국 아이들이 네댓 살 문자를 깨우칠 무렵부터 줄줄이 외는 당송 시 300선 중의 으뜸으로 여겨지는 이백의 시 징예스(静夜思, 정야사)다.

바다 위로 밝은 달이 솟아오르면 어디서든 우리 함께 달을 보며 그리움을 나누자(海上生明月 天涯共此时). 이백과 동시대 시인인 장구령도 달을 빌려 이렇게 노래했다.

달은 부모 형제 일가친척과 고향, 시원(始原)에 대한 그리움이다. 중국도 '달나라'에 우주선을 보내는 시대가 됐고, 우주선과 과학이 달의 신비를 한 꺼풀씩 벗겨 내고 있지만 그렇다고 월광에 물든 신화가 한 번에 빛이 바래게 하는 것은 아니다. 첨단 과학이 인간의 인식 세계를 통째 바꿔가는 현대에도 달에 대한 인간의 희구(希求)나 선망은 언제나 한결같다.

이백은 당대 최고의 낭만파 시인이라는 호칭에 걸맞게 자신의 술자리에 달을 끌어들여 만고에 유전되는 시 한 수를 남겼다. '잔을 들어 밝은 달을 불러 맞으니 그림자와 함께 셋이 되었구나(举杯邀明月 对影成三人).' 월하독작(月下独酌, 달빛 아래 홀로 술을 마시며)의 한 구절이다. 이백은 그날따라 함께할 친구가 없어 꽃밭에 술 한 주전자 놓고 혼술을 했다(花间一壶酒 独酌无相亲). 쓸쓸한 밤 시인은 달을 친구 삼아 한잔하면서 적적함을 달랬다.

연구에 따라 좀 차이가 있지만 이백의 현존하는 시는 약 1,500수이고 그중 170수가 술과 관련된 것으로 알려져 있다. 이백은 옆구리에 늘 술을 달고 살았다. '석 잔 술에 도를 통했고 한 말 술에 자연과 하나가 됐다(三杯通大道 一斗合自然).' 월하독작 중반에서 이백은 이렇게 노래하며 자신이 얼마나 호주가인지를 뽐내고 있다.

이백은 또 술만 마시면 시를 쏟아 냈다. '이백은 술 한 말에 시 백 편을 지었다. 장안가 주막에서 술을 마시면 황제가 불러도 스스로를 술에 취한 신선이라며 듣지 않았다(李白斗酒诗百篇 长安市上酒家眠 天子呼来不上船 自称臣是酒中仙).' 그런 이백에 대해 두보는 음중팔선가(饮中八仙歌)에서 이렇게 증언하고 있다.

이백은 이별에 대해서도 주옥같은 시를 남겼다. 어느 날 필자는 중국 친구 열 명에게 송별시를 추천해 달라고 부탁했다. 친구 10명이 보내온 10개의 시 중에 7개가 이백의 '벗을 보내며(送友人)'였다. 시의 내용을 소개하자면 다음과 같다.

청산은 성곽 북편에 나른하게 누워 있고,
은빛 맑은 개울 물은 동쪽 성곽을 휘돌아 흐르네.

여기서 우리 아쉬운 작별 인사를 나누고 나면,
그대는 마른 풀잎 바람에 흩날리듯 만 리를 가네.

구름은 나그네 마음 담아 저 하늘 위에 떠돌고,
붉은 노을, 서산 석양에 미련이 한가득 남아.

손을 흔들어 이별(別離)을 전하고자 하는데,
필마도 구슬피 울며 발걸음을 떼지 못하는구나.

- 최헌규 역

青山横北郭, 白水绕东城
此地一为别, 孤蓬万里征
浮云游子意, 落日故人情
挥手自兹去, 萧萧班马鸣

송별시란 흔히 떠나보내는 쪽이 남는 사람에게 아쉬움을 전하는 형식이다. 하지만 이백의 시 중에는 거꾸로 떠나는 입장(이백)에서 남아 있는 사람에게 건네는 유별시도 있다. 이백은 안후이성의 한 고을에 머무르면서 왕룬이라는 촌민을 만나 두터운 교분을 쌓고 많은 술을 얻어 마셨다. 이백은 떠나면서 '왕룬에게 헌사함(赠汪伦, 쩡왕룬)'이라는 시를 남긴다. 그 시의 내용은 다음과 같다.

이백이 배를 타고 먼 길 가려 하는데
홀연히 강둑 저 위에 노랫가락 소리
복숭아 꽃 연못이 아무리 깊다고 한들
왕룬이 나를 보내는 석별의 정만 하겠는가

― 최헌규 역

李白乘舟将欲行 忽闻岸上踏歌声
桃花潭水深千尺 不及汪伦送我情

고시를 연구하는 필자의 중국인 친구는 안후이의 촌민인 왕룬이 이백에게 몇 달 술을 받아 준 대가로 만고에 길이길이 이름을 떨치게 됐다며 왕룬같이 투자에 성공한 사람도 찾아보기 드물다고 말했다.

이백과 동시대 당나라 시인 왕유(王维)도 언제 만날지 기약 없는 이별의 정회를 담뿍 담은 풍경화와 같은 시 한 수를 남겼다. 친구를 서역 멀리 안서로 떠나보내며 이별주 한 잔에 석별의 정을 달랬다는 '송원이사안서(送元二使安西)'다.

송원이사안서는 중국인 남녀노소를 불문하고 누구에게나 사랑을 받는 시다. 아침나절 주막에서 먼 길을 떠나는 친구를 배웅하는 장면이 마치 한 폭의 그림을 감상하는 것 같다. 잠깐 내린 새벽 비에 대지가 촉촉이 젖고 주막의 푸른 버드나무 잎은 청량감을 더한다. 말 타고 두어 달 걸리는 먼 임지 양관으로 떠나면 술친구가 그립지 않겠는가. 기약 없는 이별에 차마 맞잡은 손이 떨어지지는 않는다. 그 시는 다음과 같다.

위성 아침 비가 가볍게 대지를 적시니 (渭城朝雨浥轻尘)
객사 뜰의 버드나무는 푸르름을 더하네 (客舍青青柳色新)
그대 이 술 한 잔 받고 떠나게나 (劝君更尽一杯酒)
양관에 가면 뉘와 함께 술잔 기울일꼬 (西出阳关无故人)

— 최헌규 역

이렇듯 이별주 한잔으로 친구를 떠나 보내는 시가 있는가 하면 술 한 잔하자고 손짓하며 친구를 부르는 시도 있다.

'새로 담근 잘 익은 동동주 한 동이, 붉은 진흙 화로에 정감이 더하고, 금방이라도 눈이 쏟아질 듯한 이 저녁, 어디 술 한 잔 할 벗 없는가(绿蚁新醅酒 红泥小火炉 晚来天欲雪 能饮一杯无)' 당나라 백거이가 지은 시인데 요즘으로 치면 시를 지어 '술 번개'를 치는 것과 같은 것이다. '유십구에게 묻다'라는 제목의 이 시에는 눈 내릴 듯한 한겨울 저녁나절 초가 주점, 소박하고 따뜻한 인정 등의 서정이 녹아 있다.

영화 '장안삼만리'의 시선 이백의 풍류

2023년 여름 이백의 시 인생을 소재로 한 '장안삼만리(长安三万里, 창안산완리)'라는 애니메이션 영화가 중국 극장가를 강타했다. 러닝타임 근 3시간의 '장안삼만리'는 이백의 시와 인생, 초월적 정신세계를 다룬 영화다. 당 때의 무장 고적이 젊은 시절 이백과의 교류를 회상하는 형식으로 전개되는 이 영화에는 모두 48수의 당시(唐詩)가 등장하는데 그중

21편이 이백의 시다.

 이백은 호방하고 패기가 넘치며 사교적인 인물이다. 자유분방하며 소탈하고 혈기 방탕한 성품이다. 자유인으로서 마치 장자의 대붕처럼 구만 리 창공을 날아 유토피아를 찾아갈 듯한 기세다.

 '장안삼만리'는 성당(盛唐) 시대 모든 이들의 드림이며 이백의 포부이기도 하다. 모두가 '삼만리' 장안 드림을 좇아가지만 성공은 언제나 잡힐 듯하면서 쉬 잡히지 않는다. 화려한 도시 장안은 늘 멀리 있고, 삼만리는 쉽게 도달할 수 없는 먼 이상 세계다.

 이백의 웅대한 이상은 현실에서 늘 좌절에 부딪힌다. 영화 '장안삼만리'에서는 이백이 겪은 꿈과 절망, 패기와 탄식이라는 극단의 심리적 동요를 '행로난(行路难)'이라는 시를 통해 암시한다. 이백은 갑갑한 현실에 비분강개하며 불만을 터뜨린다.

 '장안삼만리'를 보면 이백은 낭만파 시인이면서 지독한 '음주파 시인'이었던 것 같다. 이백은 시와 술을 빌려 친구를 사귀고 천하를 주유했다. '장안삼만리'에 소개되는 21편 시 중에는 이백이 술에 취해서 쓴 시가 여러 편인 것으로 알려졌다.

 연구가들은 행로난(行路难)과 촉도난(蜀道难), 창진주(将进酒), 조발백제성(早发白帝城)이 대표적인 '음주시'라고 말한다. 술에 취해 쓴 음주 작시 중에서도 특히 176자의 장시 창진주는 아주 술에 대취해서 지은 시로 짐작된다.

'황하지수천상래 분류도해불복회(黃河之水天上来 奔流到海不復回, 황하는 하늘에서 내려와 바다로 흘러간 뒤 다시 돌아오지 못하네).' 이백 연구가들은 이 대목이 취중의 흥분 상태에서 인생무상을 표현한 것이라고 말한다.

재미있게도 이백은 창진주에서는 "황하의 물이 하늘에서 내려온다"라고 했는데 또 다른 시 '황학루송맹호란지광릉(黃鶴樓送孟浩然之广陵)'에서는 "장강은 아득히 저 먼 하늘 끝으로 흘러 오르네"라고 노래했다. 그 내용은 다음과 같다.

> 벗이 작별을 알리고 횡학루를 떠나는데. 춘삼월 버들가시 꽃 비단 수놓은 양주로 간다네. 돛단배는 창공 너머로 자취를 감추고, 한 줄기 장강만이 먼 하늘로 흘러가는구나(故人西辞黃鶴楼 烟花三月下扬州 孤帆远影碧空尽 唯见长江天际流).

"황하는 하늘서 내려오고 장강은 하늘로 흘러 오른다." 이백의 초월적이고 비범한 정신세계를 드러내는 대목이다. 조금도 거침이 없다. 이백은 무엇에도 얽매이지 않고 마음껏 자유인으로서의 분방함을 발산한다.

이백은 27세 전후에 자신보다 12세 많은 친구 시인 맹호란을 우한시 황학루 인근에서 장강 동쪽 하류 방향의 장쑤성 양주(당시 광릉) 고을로 떠나보내면서 이 송별시를 지었다고 한다. 영화 '장안삼만리'에도 이백이 황학루에 올라 이 시를 낭송하는 장면이 들어 있다.

영화 '장안삼만리'에는 이백, 맹호란, 왕유, 두보, 왕지환, 최호 등 같은 시대를 살아간 많은 쟁쟁한 시인과 그들의 시가 소개되고 있다. 사교적인 이백은 뛰어난 시인과 훌륭한 시가 있는 곳엔 천 리를 마다하지 않고 찾아가서 술자리를 열고 낭송을 즐겼다.

'백일의산진 황하입해유 욕궁천리목 갱상일층루(白日依山尽 黄河入海流 欲穷千里目 更上一层楼).' 이백은 어느 날 황학루에 올라 '백일의산진'으로 시작되는 왕지환의 '등관작러우'를 낭송하며 찬탄을 아끼지 않는다. 최호(崔顥)의 시를 접하고서는 신묘하다며 마치 큰 도를 깨우친 듯 흥분을 감추지 못한다.

산둥성 공자의 고향 취푸의 취에리 호텔 매점에 이백의 시
'창진주' 서예 작품이 전시돼 있다.

'거울 보고 백발을 슬퍼해 봐야 아침에 청단 같은 머리가 저녁에 백발 되는 게 인생 아닌가(高堂明镜悲白发 朝如青丝暮成雪).' 이백은 장진주에서 인생의 덧없음과 뜻을 펴지 못함을 한탄하면서 번민과 시름을 달래려고 통음을 했다. 그러면서 한번 마셨다면 300잔은 마셔야 되지 않겠냐(会须一饮三百杯)고 마음껏 호기를 부린다.

'오화마 천금구 후아장출환미주 여미동소만고수(五花马 千金裘 呼儿将出换美酒 与尔同销万古愁).' 창진주를 읊을 때 이백이 대취해 극도의 흥분 상태가 됐음을 알려 주는 것은 바로 이 대목이다. 영화 '장안삼만리'에서 이백은 "값진 물건을 모두 가져다가 술 바꿔 오게 하라. 밤을 새워 술을 마시며 만고의 시름을 씻어 내리라"라고 거침없이 호기를 발산한다. 단지 술을 들이켜는 이백의 음주 장면이 스크린을 압도한다.

영화 '장안삼만리'에서는 또 중국 아이들이 셋 떼기가 부섭게 배우는 고향을 그리는 노래 '징예스(정야사)'도 소개된다.

> 상전명월광 의시지상상 거두망명월 저두사고향(床前明月光 疑是地上霜 举头望明月 低头思故乡, 머리맡의 밝은 달빛, 하얗게 서리가 내린 듯, 머리 들어 보니 밝은 달, 고개를 떨구니 고향 생각에 가슴이 메는구나.)

정야사는 이백이 26세 때 객지에서 고향집을 그리며 지은 것으로 14억 명의 국민시로 불린다. 징예스를 지을 무렵 장쑤성 양주에 머물던 이백은 뱃놀이를 하던 도중 취기가 오른 틈에 '美人一笑千黄金(미인의 웃음은 천 냥의 황금이다)'이라는 내용의 즉흥시를 지어 좌중의 흥을 돋웠다고 전해진다. 영화 '장안삼만리'에는 이와 관련한 고사와 함께 이백이 양주에서 지은 이 즉흥시도 비중 있게 다뤄지고 있다.

59세 봄에 이백은 현종의 둘째 아들 영왕 이린 모반 사건에 연루돼 숙종(현종의 첫째 아들)에 의해 야랑이란 곳으로 유배를 떠난다. 도중에 백제성에서 사면 소식을 듣고 만고에 남을 시 한 수를 남기는데 그 시가 바로 '早发白帝城'이다. 영화 '장안삼만리'는 이 시를 맨 후반부에 다루고 있다.

> 朝辭白帝彩雲間, 千裏江陵一日還
> 兩岸猿聲啼不住, 輕舟已過萬重山
>
> 아침 녘 채색 노을 속에 백제성을 떠났는데
> 일천 리 강릉 길을 하룻밤 새에 돌아왔구나
> 장강 양안에는 원숭이 소리 그치지 않는데
> 가벼운 돛단배는 어느새 첩첩산중 지났구나
>
> — 최헌규 역

이백은 유배가 풀렸다는 소식을 듣고, 충칭 평제현 백제성에서 천 리 길인 장강 동쪽 후베이성 강릉으로 돌아가 뛸 듯이 기쁜 마음으로 '조발백제성'을 지었다. 가벼운 배(輕舟)라는 시어는 귀양에서 풀려나 다시 자유인이 된 시인 이백의 경쾌한 심정을 드러낸다. 만년을 유배지에서 마칠 뻔했는데 사면 소식을 들은 기쁨이 오죽했을까. 이백이 시에서 노래한 장강 양안의 야생 원숭이들은 지금도 옛날 같은 울음소리를 내며 펑제현의 장강과 백제성 여행객들 곁을 맴돈다.

사람들은 이백의 천재적인 시재와 초월적 정신세계에 탄복을 금치 못하면서 그에게 하늘에서 인간 세상에 귀양 온 신선(謫仙人, 저쎈런)이라는 별명을 붙였다. 영화 '장안삼만리'에도 이백이 술자리 때마다 "나는 하늘로 다시 돌아가야겠다"라고 말하는 내용이 소개된다.

한 시대를 풍미했던 이백은 귀양길에서 돌아온 3년 뒤 62세에 숨을 거둔다. 그는 죽음 앞에서도 시를 놓지 않았다. 임종 직전 세상을 하직하면서 임종가를 남겼다. 임종가가 발표된 이후에는 세상 그 누구도 다시는 이백을 봤다는 사람이 없다. 300여 년 후 시인 소동파는 이백을 떠올리면서 "인생은 거꾸로 가는 여행이다. 나도 그 여정의 나그네다(人生如逆旅 我亦是行人)"라고 노래했다고 한다.

인문 중국 선전장, 황학루의 당송시 3백선

2023년 설 연휴 때 중국 4대 누각 중 하나인 우한의 황학루에 올랐다. 황학루는 우한에서 가장 인기 있는 관광지로서 명절 때는 물론 평소에도 전국에서 몰려드는 관광객들로 늘 인산인해를 이룬다. 2023년 설 연휴에도 예외가 아니었다. 한 시간가량 줄을 서서야 누각으로 진입할 수 있었다. 어찌나 많은 사람이 몰려드는지 누각이 무너지는 게 아닌가

걱정이 될 정도였다.

많은 유커들이 당나라 시인 이백보다는 만강홍(滿江红) 시가의 주인공인 남송의 군인 악비 전시물 앞에 몰려 있었다. 아마 같은 시기에 개봉된 장이머우의 영화 '만강홍'이 악비 신드롬을 몰고 왔는지 모른다. 한 여행객은 아이에게 악비가 남송 때 정충보국의 애국적인 장군이었다고 설명하고 있었다.

평화의 시대가 가고 전쟁의 시대가 왔음을 말해 주는 것일까. 황학루 4층 전시공간에 이백, 맹호란, 백거이 등 다른 시인들의 전시물도 많은데 유독 관광객들은 악비와 그의 결연한 애국 시가 '만강홍'을 소개하는 전시 코너에 몰려들어 발걸음을 뗄 줄 몰랐다.

중국은 전통문화 콘텐츠의 소재도 다양하지만 사람들이 이를 활용하는 능력도 남다르다. 모두에게 잊히고 역사책 속에 잠든 남송의 장군 악비를 끌어내 장이머우 감독이 메가폰을 잡자 삽시간에 박스오피스 1조 원에 가까운 천문학적인 현금이 쏟아졌다. 영화 '만강홍'의 흥행에는 미중 신냉전기 중국 사회의 애국주의 열풍도 한몫했다는 분석이다.

하지만 중국 사회가 아무리 영화 '만강홍'으로 군인 악비를 띄우고 애국 충정을 강조한다고 해도 만고에 빛나는 시문으로 중국 역사에 끼친 이백의 심원한 인문적 영향력이 쉽게 가려질 수는 없는 것 같다.

'서기 701년생 당나라 낭만파 시인으로, 풍류와 패기와 호방함으로 신선의 세계를 노래함.' 우한의 황학루 4층, 사람들 발길이 뜸한 한편에 이백의 초상화가 붙어 있고 그 옆에 이백을 이렇게 소개하고 있었다. 소개란에 이백의 시 세계가 봉건 체제를 비판했다는 대목이 눈길을 끌었다. 이백의 사상이 공산당의 지향성과 맥을 같이한다는 점을 강조한 것으로 보였다.

중국 4대 누각 중 하나인 후베이성 우한의 황학루에
이백을 비롯한 옛 시인들의 초상화가 그려져 있다.

황학루의 이백 전시물에는 이백이 황학루에도 수차례 올랐으며 황학루와 직접 관련된 시만 해도 15수가 넘는다고 소개돼 있었다.

'황학루에 옥저 소리 들리는데. 강성(우한) 오월에 매화가 지는구나.' 이백의 이 황학루 시는 우한 지역, 우창 일대를 전국에 유명한 고장으로 만들었다고 한다. 이백은 장강을 내려다보며 황학루에서 마음껏 풍류를 즐겼고 우한 홍보 대사로 후대에 길이길이 이름을 남겼다.

황학루 4층 누각에는 이백의 초상화와 시문을 소재로 한 벽화가 그려져 있다. 후베이성 일대에는 이 초상화를 로고로 한 백주 바이윈벤(白云边)이 명주로 이름을 떨치고 있다. 바이윈벤은 후베이성에서 가장 유명한 백주 브랜드로서 삼국지 관우로 유명한 씽저우(荆州) 산하 현급시인 숭즈(松滋)시에서 생산되는 술이다. 바이윈벤에 대해 다음과 같이 유래가 전해진다.

이백은 어느 날 장강 이창과 싱저우에서 배를 타고 장릉(江陵)과 동정호 일대를 여행했다. 바이윈벤은 씽저우 장강 변 남쪽에 위치한 고을이다. 이백은 어느 날 동정호 호숫가에서 호수와 월광이 연출해 내는 비경에 취해 하늘로 승천하는 신선의 꿈을 노래했다.

이백은 '월색이 빚어내는 동정호의 경치를 외상으로, 바이윈벤에서 술을 사서 돛단배에 오르네'라고 호기롭게 노래했다. 이 시 한 수로 바이위인벤 고을은 천하에 유명세를 떨쳤고 후세에 씽저우시 산하 숭즈시에서 바이윈벤 상표로 후베이성을 대표하는 백주가 만들어지게 됐다. 오늘날 이백 초상화를 붙인 백주 바이윈벤은 유명상표(驰名商标)의 법적 지위를 획득했다.

미주(美酒)의 전설, 세상을 삼키려 한 주당들

 술은 오랜 세월 인류와 희로애락을 함께해 왔다. 백주는 애주가와 비애주가를 가리지 않고 중국 사람들의 일상 삶과 인생 전 분야에 걸쳐 심원한 영향을 끼쳐 왔다. 우리가 고량주라고 하는 백주에는 중국의 서사와 중국인들의 서정이 녹아 있다.

 중국 술 백주(白酒 바이주)는 음식이자 문화이고 산업이며 투자상품이다. 구이저우마오타이 술은 황금이나 부동산 주식 이상으로 투자자들 사이에서 인기가 높다. 중국에서 백주는 생활 소비품 중 시장 규모가 담배에 이어 2위다. 화장품에 비해서는 시장이 무려 3배나 큰 것으로 알려져 있다. 쌀과 밀, 수수, 콩 등 곡물로 빚는 백주는 농경문화의 산물로서 오랜 역사와 함께해 온 인문적 자산이라고 할 수 있다.

 중국 술의 역사는 주(周) 말 춘추전국 초기 무렵 두캉(杜康)이 살던 시대로 거슬러 올라간다. 처음 술을 빚은 사람은 하(夏)왕조의 이디(儀狄)지만 정작 술의 시조는 주나라 때의 두캉으로 전해지고 있다. 이디가 술의 발명자라면 두캉은 본격적으로 술을 발전 보급시킨 인물로 보인다.

 후세에 와서 두캉은 술의 대명사이며 술도가, 또는 술 자체를 의미하기도 한다. '중화주(中華酒)'라는 사설은 "이디가 술을 빚어 우임금에게 진상했고, 중화의 자손은 모두가 술을 즐기는 두캉의 후예다"라고 적고 있다. 두캉이 세상에 나온 후에 방방곡곡에 주막 경제가 번영하기 시작했다는 내용도 눈에 띈다. 옛날부터 술은 생활 소비와 불가분의 관계였다고 할 수 있다.

사람들은 옛날부터 세상 번뇌와 근심 걱정을 떨치고 흥을 돋우기 위해, 틀에 갇힌 자아를 깨우고 자유를 찾아 아득히 먼 저 하늘가로 날아가기 위해 술을 마셨다. 옛날에는 한 번 마시면 오랫동안 쉽게 깨지 않는 술을 좋은 술로 쳤다고 한다.

당 때의 주당 이백은 불후의 권주가 창진주(將進酒)에서 "잘 차려진 주안상이 귀한 게 아니라 다만 오래도록 취해서 깨지 않기를 바랄 뿐이다(鐘鼓饌玉不足貴 但願長醉不願醒)"라고 노래했다. 그러다 보니 세월이 갈수록 술의 도수도 점점 높아졌다. 세상의 주당들은 또 저마다 주량이 센 것을 자랑으로 여겼다.

중국 중원에 해당하는 허난(河南)성 뤄양(洛陽)에는 독하고 좋은 술 두캉에 관한 재미있는 고사가 전해져 온다. '두캉주 석 잔 마시고, 류링(劉伶)이 3년 취했다'는 이야기다. 전설 같은 이 얘기는 '천하의 최고 술은 두캉이고, 주량이 가장 센 사람은 류링(天下好酒數杜康, 酒量最大的數劉伶)이다'라고 주장하고 있다.

춘추전국시대 진(晉)의 죽림칠현 중 한 사람인 류링이 벼슬을 버리고 술을 벗 삼아 세월 보내던 중 어느 날 두캉 주막을 지나게 됐다. 주막 사립문은 살짝 열려 있었고 대문에는 다음과 같은 글귀의 대련이 나붙어 있었다.

'맹호가 한 잔 먹고 산중에 몸을 누이고, 교룡이 석 잔을 마신 뒤 바닷속에 고이 잠들었노라(猛虎一杯山中醉, 蛟龙三盏海底眠).' 그리고 그 아래는 또 이런 내용의 반가운 문자가 적혀 있었다. '한 번 마신 뒤 3년 안에 깨어날 경우 술값 무료(不醉三年不要錢).'

벼슬은 몰라도 술에는 누구보다 자신이 있었던 류링은 앉자마자 호기롭게 연거푸 두 잔을 들이켰다. 세 번째 잔에 천하의 주당 류링도 어질어질 정신이 혼미해졌다. 정신 줄을 놓은 류링은 어찌어찌 집으로 돌아왔으나 눈앞에 저승이 어른거렸다. '아! 이제 내가 죽는구나.' 죽음을 예감한 류링은 술지게미와 술잔을 관에 넣어 달라고 유언한 뒤 쓰러졌다.

3년 후 이 집에 두캉이라는 사람이 찾아와 문을 두드렸다. 두캉은 류링 집임을 확인한 뒤 다짜고짜 부인에게 외상 술값을 달라고 요구했다. 류링의 처는 자기 서방을 죽게 만든 장본인이 제 발로 나타났다며 두캉의 멱살을 잡고 흔들었다. 두캉은 어이없다는 표정으로 "뭔 소리냐. 류링은 죽은 게 아니다. 지금 술에 취해 곯아떨어진 거다"라고 말하며 류링의 처를 앞세워 묫자리를 찾았다.

두캉이 황급히 관 뚜껑을 열고 류링을 흔들며 소리치자 거짓말처럼 류링은 한 손으로 입을 막고 크게 하품을 하며 잠을 깼다고 한다. 류링은 "두캉은 소문대로 정말 좋은 술이다(好酒!好酒!)"라고 중얼거리며 자리를 털고 일어났다. 이후 세상에서는 '한번 취했다 하면 3년, 두캉은 천하의 최고 좋은 술'이라는 얘기가 사람들 입에 오르내렸다.

천년 명주 전설의 카피, 두목의 고시 청명

이야기를 지어 상업 마케팅에 연결하는 중국인들의 상술을 말할 때 바이주(白酒, 고량주) 이야기를 빼놓을 수 없다. 중국은 각 성마다 대부분 대표적인 백주가 있는데 산시(山西)성의 간판격 바이주는 두말할 것 없이 청향형 술 펀주다. 산시 사람들은 고장을 대표하는 자랑스러운 바이주 '펀주'에 대해서도 숱한 스토리를 만들어 이를 마케팅의 도구로 활용하는 지혜를 발휘하고 있다.

펀주는 산시(山西)성 펀양(汾陽)현 싱화(杏花, 행화)촌이라는 곳의 바이주다. 행화촌은 핑야오 고성이 있는 핑야오에서 그리 멀지 않은 곳이다. 산시성 싱화촌(杏花村) 펀주의 양조 역사는 4,000년 전으로까지 거슬러 올라간다고 한다. 중국 정사 24사 중의 '북제서(北齊書)'에는 서기 561년 북제 황제가 처음 이곳 술을 거론한 대목이 나온다. 싱화촌 펀주가 1,500년 전 궁정의 어주가 됐음을 알 수 있는 기록인 것이다.

당나라 때 싱화촌 펀주는 70여 제조사가 생겨날 정도로 유명해졌고 청 때는 펀주 만드는 곳이 200여 개로 늘어났다. 시성 두보와 시선 이백 같은 이들도 싱화촌을 찾아 펀주를 음미하고 나서는 아름다운 시문으로 감미로운 펀주의 향을 천 리 밖에 전했다고 한다. 지방 특산 술 하나하나에 다양한 의미를 부여하고 엄청난 스토리를 만들어 내는 중국인들의 상술에 입이 다물어지지 않는다.

음식 문화로서의 술은 한 국가와 민족의 농후한 역사성을 담고 있다. 이런 점에서 비춰 보면 바이주는 차와 공자와 도자기, 서예 한자, 경극 등과 같이 중국의 소프트파워를 대표하는 문화콘텐츠 중 하나라고 할 수 있다. 중국은 요즘 유무형의 다양한 문화콘텐츠들을 앞세워 대외적으로 '인문 중국'을 과시하려고 애쓴다.

언젠가 산시성 관광지 핑야오 옛 성곽을 찾았을 때 만난 현지 주민은 "산시성을 대표하는 술 바이주가 맛으로 1백 리, 향으로 1천 리, 이야기(스토리)로 1천 리를 간다"라는 얘기를 들려준 적이 있다. 그러면서 그는 당 말의 천재 시인 두목(杜牧)이 어느 봄날 펀양현을 지나 당나라 충신인 곽자의 고택을 찾아가던 중 노래했다는 '칭밍(淸明, 청명)'이라는 시 한 수를 소개했다. 봄에 읊었다 해서 '봄날의 노래'라는 제목으로도 유명한 시의 내용은 이렇다.

    칭밍스제위펀펀
    루상싱런위돤훈
    제원쥬쟈허추요우
    무통야오쯔싱화춘

    淸明時節雨紛紛

路上行人欲斷魂
借問酒家何處有
牧童遙指杏花村

청명절에 봄비가 내리는데,
나그네 발걸음이 고단해라.
주막이 어디쯤에 있는가.
목동이 싱화촌을 손짓하네.

- 최헌규 역

두목의 시 청명은 싱화촌 펀주와 함께 유명해져 술과 관련한 옛이야기를 할 때 어느 자리에서나 빠지는 적이 없다. 이 시 한 수로 인해 산시성 펀양현 싱화촌은 대번에 중국 미주(美酒) 산지의 대명사가 됐다.

재미있는 것은 펀주의 고향인 펀양현 싱화촌에서는 두목의 이 시로 인해 싱화촌 펀주가 유명해진 것이 아니라 오히려 펀주 때문에 두목의 시 청명이 유명해졌다고 주장한다는 것이다. 말하자면 광고(시) 때문에 상품(펀주)이 유명해진 게 아니라, 상품 자체가 워낙 유명해서 거꾸로 광고를 유명하게 만들었다는 주장과 마찬가지인 셈이다.

후세 중국인들은 이 에피소드에 대해 천재 시인 두목을 폄하하는 얘기라기보다는 수천 년의 역사를 가진 명주에 바치는 헌사쯤으로 여기고 닭이 먼저냐, 달걀이 먼저냐는 식의 논쟁처럼 굳이 시시비비를 가리려 하지 않는다.

펀주로서 청명이라는 시를 떠올리게 되는지, 청명이라는 시를 통해 펀주가 유명해졌는지 가릴 수는 없지만 어쨌든 청명의 '나그네'는 어둑어둑 날이 저물고 봄비가 부슬부슬 내리는 가운데 싱화촌 주막의 사립문을 들어섰을 것이다. 연분홍빛 살구꽃은 봄비에 떨어져 싱화촌의 대지를 하얗게 적셨을 게 분명하다. 주인공은 그날 저녁 살구꽃 피는 이 마을의 어느 따뜻한 주막방에 들어 펀주 한잔으로 여로의 노독을 풀었을 게다.

두목의 시 청명과 싱화촌 펀주는 아름다운 선율로서, 또 촉촉이 목줄기를 적시는 감미로움으로 오랜 세월에 걸쳐 많은 세상 사람들을 매료시켜 왔다. 후세인들은 싱화촌 펀주에 관한 이런 고사를 상업 마케팅을 위한 스토리 콘텐츠로 각색해 이역만리에 퍼뜨리고 있다.

황제 酒 마오타이, 알고 보면 새빨간 혁명의 술

한국 마트에서 판매하는 중국 백주(고량주) 가격은 중국 도시 일반 마트 판매가격과 비교할 때 대체로 두 배 정도라고 보면 맞다. 국내서 유통되는 백주 판매가격은 중국 백주 메이커 출고가에 수입 관세와 주세, 교육세, 부가세 등이 붙어 결정된다.

한국에도 잘 알려진 중국 장향형 술 구이저우마오타이(귀주모태)는 53도 페이텐(飞天, 비천) 한 병이 중국 현지 마트 가격으로 한화 66만

원에 팔린다. 53도 귀주모태는 국내 마트 매대에서 찾기 힘들지만 다른 수입 백주의 판매 사례로 추정해 보면 소매가가 120만 원에 육박한다. 한국 소주 판매가격이 한 병에 약 1,700원임을 감안하면 53도짜리 500밀리리터 귀주모태 한 병의 소매가는 소주 700병을 사서 마실 수 있는 돈이다.

53도 귀주모태는 워낙 값이 비싸다 보니 아주 특별한 접대나 소장용으로 쓰이고, 가끔 뇌물용으로도 이용된다. 이런 풍토를 반영하듯 중국 주류 업계 안팎에는 '마오타이를 마시는 사람은 마오타이를 사지 않고, 마오타이를 구입하는 사람은 마오타이를 마시지 못한다'는 얘기가 구전된다. 마오타이를 선물로 받거나 마시는 사람이 대체로 높은 신분이며 특별한 접대를 받는다는 걸 암시하는 말이다.

외교 의전에서 미국을 가장 극진히 예우하는 중국은 1979년 미중 수교 때 만찬주로 귀주모태를 사용했다고 한다. 2018년 3월에는 시진핑과 김정은의 만찬에 귀주모태가 '혈맹의 만찬주'로 사용돼 화제를 모았다. 역사책엔 한나라 무제가 BC 135년 마오타이진의 술맛을 높이 평가했다는 기록이 전해진다.

"마오타이(茅台) 술은 홍군 병사들의 피로를 풀어 주고 상처를 치료해 주는 군수품이다. 장향형 마오타이 술을 보호하라." 구이저우(貴州)성 준이(遵義)시 '준이(遵義) 회의' 유적지 박물관에는 이런 설명문과 함께 1930년대 옛날 장향형 마오타이 공장 사진을 전시해 놓고 있다. 사진 설명문에는 1935년 1월 대장정의 홍군(紅軍, 중국 인민해방군의 전신) 총정치부가 이곳에 도착, 이런 포고령을 내렸다고 쓰여 있다. 식량 한 톨도 아쉬운 시절 군대가 양조 산업을 보호했다는 사실이 이채롭다.

중국은 마오쩌둥이 리더십을 확립한 1935년 준이 회의를 공산당의 역사적 전환점으로 여긴다. 이런 이유로 마오타이진의 많은 장향형 백주엔 '1935'라는 숫자가 브랜드로 쓰인다. 준이 회의 개최지라는 의미의 노회지(老会址)도 마오타이진의 유명 백주 브랜드 중 하나다. 귀주모태가 왜 혁명의 술이라고 불리는지 짐작이 된다.

마오타이진 일대의 많은 백주 공장들은 1949년 신중국 건국 이후 1958년 대약진운동 때도 용광로 속으로 사라질 뻔했다. 당시 지도자 주덕이 마오타이 백주 수출로 기차와 비행기 선박을 만들 자금을 벌어들일 수 있냐고 마오쩌둥을 설득해 산신히 마오타이 공상 철거를 면했다는 얘기가 전해진다.

준이시와 산하의 런화이시(仁懷, 마오타이진)는 장향형 백주의 도시다. '준이 회의' 유적지 박물관을 돌아본 뒤 공유 차량 디디택시를 불러 타고 마오타이 전으로 가는 길. 구이저우성 구이양(貴陽)과 준이(遵義)시를 연결하는 고속도로변에는 마치 백주 마케팅 전람회장처럼 엄청난 수의 입간판 백주 광고가 도열해 있다. 모두 마오타이진(茅台鎭)에서 생산되는 장향형(醬香型) 백주 브랜드다.

옛날 귀주모태주 공장 사진이 구이저우성 공산당 유적지인
준이 회의 박물관에 전시돼 있다. 사진에는 대장정 도중 홍군이 장향형
마오타이 공장을 보호하라는 훈령을 내렸다는 설명이 적혀 있다.

준이시에서 런화이시 마오타이진까지는 택시로 두 시간 거리다. 마오타이진은 중국 장향형 백주의 맏형이자 중국증시 최고가 주식 구이저우 마오타이 공장이 위치한 곳이다. 마오타이진은 장향형 백주의 메카라고 할 수 있다. 런화이시 마오타이진은 산세가 험준하다. 도로는 온통 높은 교각 다리와 터널로 이어진다. 이곳에 마오타이 백주를 만드는 적수하가 흐른다.

마오타이진을 거느린 런화이시는 술의 도시 주도(酒都)라는 별명을 얻고 있다. 런화이시 마오타이진은 도시 전체가 백주 공장이며 판매 매장이라고 해도 과언이 아니다. 누룩을 찌고 증류하는 연기가 하늘을 뒤덮고, 시내에 끝없이 이어진 도로변 판매장에는 대형 술 항아리가 십여 개씩 놓여 있고 도로는 양조공장 트럭들로 주차장처럼 붐빈다.

"마오타이진을 중심으로 런화이시에는 약 3,000개의 백주 브랜드가 있습니다. 그중에 규모가 큰 곳이 대략 300개 정도 됩니다. 이 중에는 공장 없이 브랜드만 가지고 주문 생산한 뒤 상표를 붙여 파는 업체들도 많아요." 마오타이진 '1915 광장' 옆의 장향형 백주 판매상은 마오타이 술의 현황에 대해 이렇게 소개했다.

마오타이진에서 생산되는 백주 가운데 가장 유명한 술로 구이저우 마오타이(贵州茅台)와 궈타이(国台), 디아오위타이(钓鱼台)를 일컬어 '산타이(3台)'라고 한다. 하지만 물과 재료, 토양, 기후와 제조 방식이 비슷하기 때문에 이곳 런화이시 일대에서 생산되는 백주는 모두 장향형 백주, 또는 마오타이 백주라고 부른다.

준이 런화이시에 있는 마오타이 백주 공장 가운데 한 곳을 방문했는데 성문 널리서부터 들큼한 누룩 냄새가 진농한다. 작업장에 들어가니 벼 왕겨를 섞어 주원료 중 하나인 수수와 보리를 쪄 내는 작업이 한창이다. 대형 찜통에서 나온 찐 수수는 바닥에 널어 뜨거운 김을 빼고 열기를 식힌 뒤 발효를 위해 공장 내 지하 저장고로 옮겨진다.

장향형 백주를 제조하는 공정은 많은 작업들이 인공으로 이뤄진다. 수수를 찌고 말리는 일부터 누룩을 빚는 작업도 모두 사람의 손과 발을 거쳐야 한다. 마오타이 공장 한편에는 공장 직원들이 직접 발로 밟아 빚은 누룩 덩이가 산더미처럼 쌓여 있다.

농향형 등 다른 백주에 비해 장향형 백주는 생산주기가 길다. 전통 제조 방식을 따르다 보니 장향형 백주의 생산주기는 보통 1년 정도 된다. 곡물을 쪄 낸 뒤 널어서 김을 빼 말리고 여기에 누룩을 섞어 저장 발효하고 술을 받는 데만 최소 1년이란 시간이 걸리고 숙성하는 데 또다시 5년이 소요된다.

"단오제에 처음 누룩을 만든 다음 두 차례 곡물을 배합하고 9차례 찌고 여덟 번 누룩을 가미하며 1년에 7차례 증류를 합니다." 마오타이 공장 직원은 장향형 백주가 농향형이나 기타 백주에 비해 가격이 비싼 이유에 대해 장향형 백주 생산이 시간과의 싸움이기 때문이라고 설명했다.

고온 증류를 거친 장향형 백주는 바로 시판을 하지 못한다. 숨 쉬는 도자기 항아리에 수년 동안 보관해 숙성을 시키고 블렌딩을 해야 한다. 마오타이 백주 직원은 "장향형 술을 빚는 과정은 공예 예술과 같다"라며 "제조 방법에 많은 비밀이 숨어 있다"라고 말했다. 천문학적인 마오타이 술 가격엔 바로 이런 비법이 반영됐다고 볼 수 있다.

천년을 갈고 닦은 양조기술, 정성스레 빚은 장향형 백주는 기분 좋은 취기와 함께 아무리 많이 마셔도 머리가 아프지 않은 게 특징이다. 구이저우 마오타이를 비롯해 마오타이진의 장향형 고급 백주들을 왜 '액체 황금'이라고 부르는지 수긍이 갈 만했다.

구이저우 마오타이 53도 페이톈 표준품은 용의 해 2024년 설 무렵

3,400위안을 돌파했다. 증시에서도 마오타이는 투자자들이 가장 주목하는 인기 종목이다. 2024년 5월 현재 마오타이 주가는 전반적인 A주 증시 침체로 주당 1,690위안대까지 밀렸지만 한때 2,500위안을 오르내렸다. 이 회사 시가총액은 구이저우성 총 GDP를 넘어섰고, 한때 코카콜라를 제치고 세계 전체 식음료 주식 중 최고가 기록을 세운 바 있다. 지금 많이 조정받긴 했지만 그래도 삼성전자 시가총액을 바짝 추격하고 있다.

장향형 백주의 젖줄로 불리는 마오타이진의 하천 적수하의 바위산에 '맛있는 술의 강'이라는 뜻의 미주하라는 한자가 새겨져 있다.

장향형 바이주(白酒, 백주, 고량주)의 고장 마오타이진은 험한 산지로 이뤄져 있다. 마오타이진의 비탈을 깎아 만든 왕복 2차선 좁은 도로는 잡곡과 누룩 원료, 술지게미를 실어 나르는 대형 트럭들로 당장이라도 땅이 꺼질 것처럼 위태위태한 모습이다. 좁은 협곡에 미주하(美酒河)로 불리는 츠수이허(赤水河, 적수하)가 마오타이진을 감싼 채 유유히 흐르고 마을에 들어서면 대기에 가득 찬 장향형 고량주 향이 여행객들을 유혹한다.

마오타이진에는 예로부터 "바람이 불어오면 이웃 세 집이 취하고 비가 지날 때 병을 열면 향이 십 리를 간다"라는 말이 전해 내려온다. 마오타이 장향형 백주의 뛰어난 맛과 향을 예찬하는 말이다. 마오타이진 사람들의 주장에 따르면 장향형 백주는 요즘 중국 중앙 지도자들에게 가장 인기 있는 술이다.

마오타이 장향형 백주는 광물질이 풍부한 적수하 물과 기후, 토양, 대기 중의 미생물 등의 자연조건 때문에 타 지역에서 그 맛을 흉내 낼 수 없다고 한다. 면적이 좁고 열악한 지리적 조건, 산비탈을 깎아 건립한 공장, 높은 운송 비용 등을 감수하고 마오타이진 현지 생산을 고집하는 이유다.

마오타이진의 대장정 홍군교 다리 인근에는 100여 년 전 마오타이 술의 파나마 박람회 입선을 기념하는 1915 광장이 조성돼 있다. 1915 광장에서는 매년 중양절(음력 9월 9일)에 '제수대전(祭水大典)'이라는 거대한 장향(醬香)형 백주 축제 의식이 치러진다. 중국 전역에서 구름처럼 많은 사람들이 모여들고, 작은 마을 마오타이진 전체가 들썩였다. '준이 마오타이' 공항이 1년 중 가장 붐비는 시기다. 이 축제는 필자가 1990년대 중반 취재했던 독일의 맥주 축제 옥토버페스트를 연상시켰다.

마오타이진은 런화이(仁懷)시에 속한 우리의 읍면과 같은 도시다. 상급 도시인 런화이시는 인구 70만의 작은 현급 도시다. 또 런화시 상급 도시인 준이시는 농촌까지 합쳐 인구가 600만에 달한다. 준이(尊義)시 전역의 장향형 백주 브랜드는 작은 규모의 가족 공장까지 합쳐 수천 개에 이른다고 한다.

데탕트의 술 대만 금문고량주, 양안 평화 건배주

황금 빛깔의 누런 수수 이삭이 뜨거운 태양 아래 영글어 간다. 전쟁의 폐허 속에 사막처럼 버려진 땅은 천혜의 옥토로 변했고 황량했던 대지는 찬란한 빛을 뿜어낸다. 역설적이게도 전쟁은 붉은 흙먼지가 자욱하던 황무지 진먼(金門, 금문도)현을 정열의 땅, 풍요의 파라다이스로 만들었다. 금문도의 명물 금문고량주(金門高粱)의 기원과 번영은 대만 금문도에 관한 한 편의 서사시다.

대만 금문도는 중국 본토 샤먼에서 배로 불과 10킬로미터도 채 안 되는 거리다. 우리로 말하면 백령도나 연평도 같은 초접경 지역인데 군 시설이나 병사들이 눈에 띄지 않아서 그런지 이렇다 할 긴장감이 느껴지지 않는다. 비록 관계가 악화했지만 중국 대륙과 금문도를 포함한 모든 대만 땅에서는 위챗 같은 모바일 SNS도 허용된다. 금문고량주와 금문도 포탄 식칼 광고판, 선거 유세 간판, 파룬궁 선전 차량이 문뜩문뜩 이곳이 대만 땅임을 상기시켜 준다.

　필자는 중국 대륙의 몇몇 백주 공장을 다 돌아본 뒤 2023년 귀국에 앞서 대만의 대표적인 백주를 취재하러 금문고량주 공장이 있는 금문도로 건너갔다. 대만의 금문도는 중국 푸젠(福建)성 샤먼(廈門)의 코앞에 있다. 샤먼 우퉁(五通) 부두에서 요금 154위안(약 3만 원) 하는 여객선을 타면 30분 만에 대만 땅 금문도에 닿는다.

　중국에서부터 위챗으로 연락을 취해 온 대만 금문도 택시 기사 첸(千) 여사는 금문도 수이터우(水头) 부두 인근 버스정류장 가까운 곳에서 필자를 기다리고 있었다. 첸 여사가 운전하는 택시를 타고 20여 분쯤 달리자 목적지인 금문고량주 주창(酒廠, 양조공장)이 눈에 들어온다.

　첸 여사는 이곳이 대만 진먼현(金門縣, 금문현)의 서북쪽이라고 했는데, 필자가 얼른 갤럭시 스마트폰으로 사진을 찍어 상세 주소를 들여다보니 진닝샹 타오위안루 1호(金寧鄉 桃園路 1號)라고 적혀 있었다. 공장 정문 왼쪽에는 금문고량주 병을 모형으로 한 거대한 공장 마스코트 조형물이 방문객을 맞는다. 공장 정문을 들어서기 전부터 인근에 들큰한 누룩 발효 냄새가 진동하며 코끝을 자극했다.

　금문고량주는 국공 내전 중에 세상에 나왔다. 본토에서 패퇴한 장개석의 국민당 군대는 금문도에 배수진을 쳤다. 대만의 호국 영웅 후롄(胡璉) 장군은 10만의 병사를 이끌고 마오쩌둥의 인민해방군과 싸워 승리를 거됐다. 후롄 장군이 금문도를 지키지 못했다면 오늘의 대만도 없었을 것이라고 한다.

전쟁 당시 후롄 장군은 금문도가 수수 재배를 위한 최적지라는 사실을 알게 됐다. 술을 빚기 위해 농민들에게 가오량(高粱, 수수)을 재배하게 했고, 1종 보급품인 쌀을 주고 농민들로부터 수수를 거둬들였다. 금문도 농민들은 쌀밥을 먹게 됐고 병사들은 고량주를 마실 수 있어 사기가 올라갔다.

양안에 전쟁의 기운이 팽배했던 1952년 금문도엔 주룽장(九龍江, 금문고량주 전신) 양조장이 세워졌다. 전투 당시 군대가 설립한 금문고량주는 지금도 100% 지분이 금문현 소유인 공기업으로 이어져 오고 있다. 종업원도 90% 이상이 현지 주민들이다. 수수가 자람에 따라 먼지가 날리던 황토 사막은 푸른 농토, '붉은 수수밭'으로 모습을 바꿨다. 아이러니하게도 전쟁은 금문도에 풍요를 가져왔다.

금문고량주는 전쟁의 산물이지만 한편으론 양안 간 화해와 교류 협력의 상징주로 여겨지기도 한다. 대만의 최전방인 금문도에는 포성이 잦아든 이후에도 계속 군사적 긴장감이 감돌았지만 국공 간 대화 노력으로 화해 무드가 조성되기도 했다. 어쩌다 열린 양안 주요 지도자 회담에서 금문고량주는 양안 긴장을 누그러뜨리는 화합의 촉매제가 됐다.

한국 애주가들에게도 인기가 높은 금문고량주는 대만의 국가대표급 백주다. 금문고량주는 지난 2015년 중국 시진핑 공산당 총서기 겸 국가주석과 마잉주 대만 총통이 싱가포르에서 국공 간 역사적인 회동을 했을 때도 널리 화제가 됐다.

당시 회담 만찬주는 대륙을 대표하는 술 구이저우 마오타이였지만, 대만은 베이징으로 귀경하는 시진핑 주석의 행랑에 1990년산 금문고량주를 챙겨 보냈다. '시·마(習·馬, 시진핑과 마잉주) 회견' 덕분에 금문고량주는 양안 화해의 술이라는 영광의 '레테르'를 얻게 됐다.

이후 시진핑 주석은 대만 금문고량주를 중국 공산당의 외교주로 활용했다. 시·마 회견 2년 뒤인 2017년 9월 중국은 대만 금문도에서 약 7킬로미터 떨어진 푸젠성 샤먼에서 브릭스 서밋을 열었다. 중국 당국은 이때 금문고량주(진먼 가오량주)를 회담 만찬주로 올려놓고 평화를 위한 건배를 했다. 신냉전 시기가 도래하기 전 금문고량주는 한동안 양안(중국과 대만) 화합의 상징주로서 역할을 톡톡히 해냈다.

젊고 깔끔한 백주, 한국과 친한 강소백

장샤오바이(江小白, 강소백)는 중국에서 젊은 백주로 통한다. 연륜은 오래되지 않았지만 젊은 층 시장을 집중 공략하면서 중국 전국에 걸쳐 인기를 높여 가고 있다. 강소백은 한국에도 총판을 운영하고 있다. 강소백은 중국 서부 내륙 충칭(重慶)의 백주로서 공장은 남서쪽 장진(江津)구

바이사(白沙)진에 위치해 있다.

　언젠가 공장을 찾았을 때 정문에 충칭 강소백 주업과 충칭 강기주장(江記酒莊)이라는 회사 명판이 걸려 있었다. 충칭 강기주장(江記酒莊)은 강소백의 가장 큰 공장으로 고량주와 과실주 및 전통주, 미주(米酒, 막걸리)까지 제조하고 있다. 이곳 강기주장 공장에 강소백 전체 종업원 약 2만 명 가운데 절반에 달하는 1만 명이 근무하고 있다.

　공장 입구 안쪽에 '강기주장'을 설명하는 화단 높이의 대형 안내판이 뉘어 있었는데 반갑게도 한국어 설명문이 중국어 영어와 함께 적혀 있었다. 관광지엔 한국어 안내문은 더러 있지만 일반 기업의 설명문이 한글로 명석처럼 큰 안내판에 적혀 있는 것은 아주 드문 일이었다.

　"한국의 롯데와 이마트, 각 편의점 기업, 술 도매상 관계자들을 조정해 공장 탐방 행사를 했어요. 그분들과의 소통 및 한국 마케팅을 원활히 하기 위해 한글 설명을 추가한 겁니다." 충칭시 위베이(渝北)구 본사에서 나온 한 부장은 안내판에 한글이 추가된 배경을 이렇게 설명한 뒤 공장 이름 '강기주장'이 '술 빚는 강나루 마을'이라고 말했다.

　"나는 장샤오바이(강소백)입니다. 2011년에 태어났어요. 고향은 충칭입니다." 강소백 양조공장을 돌아보던 도중 검색 사이트 바이두를 열어 강소백이 무슨 뜻인가 찾아봤더니 강소백의 뜻 대신 이런 소개의 글이 올라온다. 강소백이란 백주가 충칭에 터를 잡고 10여 년 전 세상에 선을 보였음을 말해 주는 내용이었다. 비록 신생 백주이지만 강소백은 오래된 백주에서 최고의 비법만을 취해 백주를 제조하고 있다.

"강소백(江小白)의 강(江)은 강진(江津)에서 발원했다는 의미이고 '소백(小白)'은 젊은 층들이 겸손하고 낙관적이며 단순하고 순수한 심플라이프 생활을 추구한다는 의미예요." 강소백이란 브랜드의 유래가 궁금해서 물었더니 공장 안내원이 그 뜻을 이렇게 일러 줬다.

공장 안에는 대형 가마솥에서 김이 모락모락 피어오르는 가운데 후끈한 열기가 느껴진다. 넓은 실내 공장에서 공장 직원들이 대형 솥에 가오량(高粱, 고량, 수수)을 쪄 내고 바닥에 널어 말리는 작업을 하고 있었다. 쪄서 말린 수수는 누룩과 배합한 뒤 저장고에 넣어 배균과 탕화(糖化) 과정을 거친다고 한다. 백주(술) 제조에 있어 탕화는 술 누룩 중의 곰팡이균을 이용해 알맞은 온도와 습도하에서 수수 등 곡물 중의 전분을 포도당으로 전환시키는 과정이다.

탕화를 거친 뒤 저장고에서 발효하고, 다음으로는 증류 공정으로 옮겨진다. 증류 때에는 거품을 잘 살피면서 술을 받아 낸다. 누룩을 쪄서 바닥에 널어 말리는 술 공장 안의 넓은 마당 옆 벽면에는 청향형 백주 강소백의 양조 공정이 그림으로 상세하게 소개되고 있었다.

2023년 한국으로 귀국하기 전 취재했던 타이완 진먼다오 고량주 공장, 2020년 10월 방문한 구이저우 마오타이 공장, 오래전인 2008년 베이징 올림픽 전에 찾은 쓰촨성 이빈의 우량예 공장. 농향형, 장향형, 칭향형 등 향형이 다르고 몇 가지 비법에 차이가 있을 뿐 백주를 빚어내는 방식은 대체로 유사한 과정을 거치는 것 같았다. 청향형 강소백 백주의 특징은 누룩 원료로 수수 한 가지만을 사용한다는 점이었다.

충칭의 유명 백주 회사인 강소백 백주 공장에서 공인들이 원료 곡물을 찌는 작업을 진행하고 있다.

충칭(重慶) 일대 지도를 펴 놓고 보면 서쪽에 쓰촨(四川)성 이빈(宜宾)시와 루저우시(瀘州)가 있고 남쪽에 구이저우(貴州)성 런화이(仁懷)시 마오타이(茅台)진이 위치해 있다. 구이저우마오타이로 잘 알려진 런화이시 마오타이진과 우량예(五粮液) 공장이 있는 쓰촨의 이빈시, 루저우라오지아오(瀘州老窖)로 유명한 쓰촨성 루저우시를 이으면 삼각형 모양을 이룬다. 중국 사람들이 말하는 백주의 황금 삼각지대가 바로 이곳이다.

이 일대를 휘돌아 흐르는 상류 장강의 물과 특히 미주의 강(美酒河)으로 불리는 츠수이허(赤水河, 적수하)는 오늘날 우량예나 마오타이 브랜드를 키워 온 젖줄과 같다. 중국 이름난 백주의 70%가 이 일대에서 생산된다는 말이 나올 정도로 명성이 대단하다.

V
감춰진 속살, 베이징 오리지널(何以北京)

베이징 시내 시청구의 후통 골목에 사합원과 핑팡을
전문으로 취급하는 부동산 중개소가 영업을 하고 있다.

　베이징 관광의 목표를 전통과 문화 역사 탐방에 둔다면 여행 백미 중 하나는 시내 중심부 인문 보고라고 할 수 있는 베이하이(北海), 스차하이(什刹海, 전해 후해 서해) 호수와 인근 후통(胡同, 전통 마을 골목) 지역이다. 베이하이와 스차하이 호수는 옛 원나라 때 강이 없는 베이징의 단점을 보완하기 위해 조성한 인공호수로서 이화원을 향해 도시 북서쪽으로 향하고 있다. 마치 강처럼 연결된 인공 호수군의 남쪽 기점은 중난하이

(中南海, 중남해)로 현재 중국 공산당 중앙위와 국무원 판공실 등이 들어서 있다.

베이징 중심부에 위치한 후통 골목은 양반 귀족들의 가옥인 사합원과 일반 백성들의 주택 핑팡(平房), 그리고 여기에 딸린 상업 거리 등 옛날 베이징 사람들이 생활하던 지역을 원형대로 보존해 놓은 곳이다. 좁은 후통에는 크고 작은 주택이 자리하고 있고 미로와 같은 골목길을 걷다 보면 시장통과 호수, 공원 등을 만날 수 있다.

후통은 베이징 시내 정중앙에 위치해 있고, 베이징의 가장 전통적이면서 유구한 인문 환경을 그대로 유지하고 있는 곳이다. 베이징 후통 골목 구경은 한국인들의 베이징 여행 상품 중에서도 언제나 인기 프로그램이었다. 지금은 30분에 2만 원을 줘야 하지만 4~5년 전만 해도 우리 돈 5천 원 정도면 3륜 인력거를 타고 한 시간 정도 스차하이 일대와 후통 거리를 돌아볼 수 있었다.

베이징의 3락(장성, 베이징오리구이, 후통) 중 으뜸으로 치는 후통은 베이징의 제2 순환도로 안쪽에 위치해 있다. 학자들 중에는 베이징의 제2 순환도로 내부를 라오베이징(老北京, 베이징 토박이)들의 생활상과 베이징 전통문화 인문이 농축된 '후통 노천 박물관'이라고 부르는 이들도 있다.

베이징 도로 교통 체계는 순환도로 시스템이다. 외곽을 향한 베이징의 환상형 순환도로는 순환도로 간 폭이 짧은 곳은 3킬로미터 내외, 먼 곳은 5킬로 내외다. 제1 순환도로는 없다. 굳이 말하자면 자금성 둘레가 1 순환인 셈이다. 도시가 팽창하면서 현재 제7 순환도로까지 건설됐고 제8 순환도로로 뻗어 가고 있다.

베이징 역사 연구가들은 과거엔 후통을 중심으로 5킬로미터 내외 지역에 주민이 거주했고 지금의 2환 밖은 대부분 농토였으며, 3환 밖에는 맹수가 출몰했을 정도였다고 말한다. 1949년 신중국 건국 직후까지 3환 밖이나 4환 밖, 차오양구의 한인촌 왕징 일대도 모두 인가가 드문 허베이성의 임야지대였던 것으로 전해진다.

홍등롱 아래 메이퇀 쌩쌩, 후통 달구는 신경제

베이징 옛 도성의 내성과 외성문은 주로 제2 순환도로(2환) 안팎과 3환 4환 이내에 위치해 있다. 현재 보존된 후통들은 거의 2환 안쪽에 속해 있다. 2000년대 초반까지 개발과 성장 우선주의가 활개를 치면서 많은 후통들이 철거됐다. 이후 후통의 문화적 가치를 내세운 보존론자들의 주장이 받아들여져 후통 철거 개발이 주춤해졌고 베이징 후통은 현재의 상태를 유지할 수 있게 됐다.

베이징 제2 순환도로 내 후통 거리가 형성되기 시작한 것은 처음 도읍으로 정해진 원나라 때 이후라고 한다. 후통 거리는 사합원 같은 주택과 시장통, 화장실과 공원, 문화공간 등 생활 주거지로서 형성돼 왔다. 현재는 주소지로 구역을 정하다 보니 베이징의 후통이 모두 4,000개에 달하는 것으로 알려졌다.

이 가운데 베이징 후통 연구가들은 난뤄구샹(南鑼鼓巷) 시장통과 담뱃자루를 쌓아 뒀던 옌다이시에가(烟袋斜街) 후통, 팡자(方家)후통과 우다오잉(五道營) 후통을 베이징의 4대 후통이라고 일컫는다. 이들 4대 후통은 스차하이(什刹海, 전해 후해 서해) 일대 후통과 함께 모두 2환 내, 자금성 동북쪽 방향에 위치해 있다.

베이징 정중앙부의 자금성과 동쪽 제2 순환도로 사이에 위치한 둥스(東四) 지역 일대를 비롯해 자금성과 서쪽 제2 순환도로 사이, 시단 상가 북쪽편의 시스(西四) 일대의 후통 골목도 베이징 전통 후통 골목의 모습이 비교적 잘 보존된 곳들로 인문적 가치를 높이 평가받고 있다. 후통 골목과 마을 안에는 아주 협소한 단층 전통 주택 핑팡(平房)과 크고 작은 사합원 등 다양한 주택들이 들어서 있다.

베이징 서쪽 중심가 시청구의 원창(文昌) 후통이란 곳은 과거 학군 때문에 후통 집값이 가장 비쌌고 투기가 가장 극심했던 곳 중 한 곳이다. 베이징시가 사회적 위화감 해소와 부동산 투기 억제를 목표로 학군 배정 제도를 개선하고 나서면서 후통 골목 내 주택 투기가 다소 수그러들었다. 하지만 후통 골목 내 주택은 희소성 때문에 여전히 집값이 크게 떨어지지 않는다.

유구한 역사와 전통, 인문적 가치를 지닌 후통은 베이징의 인문 보물로 여겨진다. 서울의 운현궁처럼 황제의 친인척이나 명사들의 대저택(왕부)도 몰려 있어 후통은 역사적, 문화적 가치도 높다. 후통은 현대화한 국제도시 베이징 정 중심부 한복판에 고즈넉한 자태로 말없이 그 옛날 베이징의 원형을 드러내고 있다.

후통에는 옛날 라오바이싱들의 생활 모습 그대로 골목골목에 공동 화장실이 들어서 있다. 후통 내 공동 화장실에는 좌변기는 아니지만 깨끗한 현대식 변기와 세면대가 설치돼 있고, 2000년대 중반만 해도 없던 화장지도 비치돼 있다. 일부 후통 화장실들은 냉난방 시설까지 구비해 놓고 있다.

'한 발짝 앞으로, 문화인의 금지를(向前一小步 文明一大步).' 후통 내 화장실을 비롯한 중국의 모든 남자 화장실에는 변기 앞으로 한 발 바짝 다가서서 용변을 보라는 의미의 이런 계도 구호가 적혀 있다. 다만 예산 때문은 분명 아닐 테고 후통 주민들의 전통 생활 풍속을 보존하려는 심산인지, 후통 내의 화장실들은 옛날 그대로 여전히 앞문을 달지 않은 상태를 유지하고 있다.

베이징 후통의 화장실은 10년 전만 해도 청결과는 거리가 먼 고질적인 중국 비위생의 상징처럼 여겨졌다. 하지만 당국의 집중 관리로 요즘 후통 화장실은 몰라보게 깨끗해졌다. 후통 내 공중 화장실의 청결도로 볼 때 중국 경제가 발전하고 도시 재정이 풍요해진 만큼 중국 사회의 전반적인 위생 환경 수준도 높아졌음이 실감된다.

　대충 돌아보려면 베이징 중심부의 4대 유명 후통을 포함해 며칠이면 모두 다 구경할 수 있지만 골목 구석구석을 자세히 살펴보고 체험하려면 꽤 많은 시간을 들여야 한다. 베이징의 인문이 녹아 있는 후통 동네는 마치 미로와 같다. 후통 마을은 실핏줄이 동맥으로 향하듯 주택지 작은 골목길에서 상업 거리인 시장터로 이어진다.

　후통 내 시장 골목 상가는 베이징 소비경제의 한 축을 담당한다. 천안문 서쪽의 시단상가와 천안문 동쪽의 왕푸징이 초현대적인 면모의 상업 거리라면, 난뤄구샹(南锣鼓巷) 시장터와 첸먼대가 상가 거리는 역사, 문화, 전통을 테마로 한 베이징의 인문 소비 공간이다.

　명품 브랜드를 구입하려는 소비자들은 왕푸징으로 향하지만 쇼핑과 농후한 베이징의 서정을 함께 체험하려는 소비자들은 후통 시장터를 찾는다. 소득 증가로 소비자들 사이에 단순 쇼핑 이상으로 전통과 문화 소비에 대한 욕구가 강해지면서 후통 소비 경제는 갈수록 활기를 띠고 있다.

　레스토랑과 일상용품, 기념품 가게 등 후통 내 상가들은 눈높이가 높아진 소비자들의 취향을 만족시키기 위해 예스러운 베이징의 운치를 살리면서 매장 환경을 쾌적하게 바꿔 가고 있다. 후통 거리를 걷거나 후통 내 상점을 이용하다 보면 현대와 과거가 공존하는 느낌을 받는 것도 이 때문이다.

메이퇀(美团) O2O 오토바이 택배 기사들이 부리나케 달리며 루이싱 커피와 맥도널드, 콜라 같은 패스트푸드를 실어 나른다. 중국 특유의 빨간 홍등롱, 단층집 핑팡의 낡은 문설주, 난뤄구샹 후통 골목 어귀에 파고든 스타벅스 커피점, 류리창 후통거리의 칭쥐(青桔, 청귤), 공유 자전거와 벤츠 승용차들, 후통 골목에는 늘 전통과 현대가 공존한다.

도심 속 은밀한 인문 보고, 수천억 원짜리 후통 사합원

베이징 후통을 걷는 것은 과거로의 시간 여행이다. 후통은 현대 도시 속의 옛 마을이고 현대 중국인들이 그 속에서 삶을 영위한다. 베이징 후통 중에서도 첫손가락에 꼽히는 난뤄구샹(南锣鼓巷)은 베이징의 오아시스 스차하이(什刹海, 첸하이 허우하이 시하이) 호수 중 첸하이(前海)에 연접한 큰 규모의 후통 마을이다. 난뤄구샹 상업 중심 거리는 아주 옛날 큰 시장 통이었다.

난뤄구샹 시장통 거리엔 두이추(独一处) 체인점과 다오샹춘(稻香村) 과자점 같은 라오즈하오(老字号, 수백 년 된 전통브랜드) 상점들이 영업을 하고 있다. 거미줄처럼 뻗은 후통 골목에는 전통과 현대를 결합한 주바(酒吧, 클럽)와 기념품 가게들이 들어서 있다.

베이징 후통 투어 1번지 난뤄구샹 중심가에서 마오얼(帽儿) 후통을 나가면 첸하이(前海) 호수 공원으로 연결된다. 회색 기와 붉은 대문, 마오얼 후통은 옛 시절 베이징의 농후한 서정이 함축돼 있는 곳이다. 이곳엔 청 말 황후가 황궁에 들기 전 16년 동안 살았던 사가가 있다. 어린 황후가 22대의 가마를 타고 인근 황궁의 주인에게 시집갔다는 얘기가 아련한 전설처럼 동네 사람들의 입에 오르내린다.

마오얼 후통 서쪽 끝에서 디안먼(地安门) 대로를 건너면 스차하이의 첸하이 호수가 펼쳐진다. 스차하이는 자금성의 북쪽에 위치해 있으며 사면이 후통에 둘러싸인 베이징 도심의 오아시스 같은 곳이다. 스차하이는 행정구역상 시청(西城, 서성)구에 속한다. 중국공산당 당 중앙이 들어 있는 중난하이(中南海)도 서성구다. 반면 같은 도심 중심부 자금성은 둥청(東城, 동성)구 관할이다.

스차하이는 열 개의 사찰을 품은 호수라는 뜻이다. 첸하이 호수를 비롯한 스차하이는 원나라 때부터 조성됐다. 호수에 바다라는 이름이 붙여진 연유가 궁금했는데 어느 날 첸하이와 허우하이를 가로지르는 인딩교에서 만난 중국인은 몽고어로 바다는 큰 호수를 뜻하기 때문이라고 설명했다.

첸하이와 허우하이(后海)는 베이징에서 손꼽을 만한 산책 코스다. 호수 후면으로는 후통 골목이 거미줄처럼 라오바이싱들의 삶 속으로 이어진다. 호수 둘레 사방에는 술집과 레스토랑이 빼곡히 들어서 있다. 첸하이와 허우하이 호수 서쪽 편 후통 골목 지역에 있는 왕실 친족의 저택인

궁왕푸(恭王府)도 후통 투어에서 빼놓을 수 없는 지역 중 한 곳이다.

첸하이 호수를 왼쪽으로 돌아 허우하이와의 접점 다리인 인딩교 쪽으로 다가가면 베이징 중축선의 북쪽 구간인 중구러우(鐘鼓楼, 고대 종과 북을 쳐서 시각을 알린 누각)가 한눈에 들어온다. 인딩교는 스차하이 중심지와 같은 곳이며 인증샷 포인트다. 이곳에는 언제나 관광객들이 발 디딜 틈 없이 붐빈다. 인딩교에서 바라보이는 허우하이 호수는 한 폭의 수채화 같다.

후통과 중구러우 탐방은 '시간의 비밀'을 더듬는 여행이다. 구러우 누각에서 베이징 중심가를 내려다보면 우리의 옛 도성 한양의 모습이 머릿속에 그려진다. 그 옛날 중구러우 누각에서 북과 종소리가 울리면 허우하이 수면에 잔잔한 파장이 일지 않았을까. 시각을 알리던 송소리가 마치 귓전에 들려오는 듯하다.

인딩교 인근 호숫가에는 손문의 아내로 신중국의 부주석을 지낸 송경영(숭칭링)의 고택이 자리하고 있다. 송경령 고택을 지나 호숫가 길을 걷다가 허우하이 호수 건너편 남동쪽을 바라보면 베이징 최고층 빌딩인 3환 밖의 '중국 존' 건물이 한눈에 들어온다. 길은 허우하이 호수 서편에 자리 잡은 쿵이지(孔乙己, 공을기) 식당으로 이어진다.

'공을기'는 저장(浙江)성 사오싱(紹興, 소흥)이 고향인 루쉰(魯迅, 노신)의 소설 제목이며 주인공 이름이기도 하다. '공을기'는 봉건과 구체제의 폐해를 지적한 소설이다. 노신은 공산당원은 아니었지만 대륙의 공산 혁명에 기여한 반청(靑), 반봉건 선각자로 추앙받는 인물이다.

허우하이 도처에 산재한 베이징의 후통을 돌아본 뒤 출출해지면 호숫가의 공을기 식당에 들러 저장성 음식을 안주 삼아 소흥이 자랑하는 명주 소흥주(花雕, 황주)를 맛보는 것도 괜찮다. 중국 남부 저장성 음식과 소흥주에 관심이 있는 사람이라면 허우하이에서 멀지 않은 둥스(東四) 일대 후통 거리에 있는 공을기 둥스점도 한번 찾아볼 만하다.

허우하이 호수 수질은 수돗물처럼 맑다. 요즘 베이징 같은 대도시는 수질과 대기질, 공원관리를 선진국 수준으로 하고 있다. 허우하이 호수에는 봄여름은 물론 영하 10도의 추운 겨울에도 수영을 즐기는 사람들이 있다. 수영을 할 수 없는 곳이지만 민속 활동으로 여겨 당국이 적당히 눈감아 주고 있다. 언젠가 베이징에 사는 한국인 지인도 추억을 남길 거라며 호수에 뛰어든 적이 있다.

베이징 중심부 시스와 둥스 거리 양옆으로는 옛 모습 그대로의 후통 마을들이 펼쳐져 있다. 시스 거리의 남단에서 시단 북대가 거리로 이어지는 접점 지대 서쪽에는 자메이(家美)라는 상호의 후통 내 부동산 매매 및 임대 전문 중개소가 들어서 있다. 자메이 부동산 중개소 앞 광고판에는 '핑팡(平房, 후통 내 단층짜리 서민 주택) 사합원(四合院)'이라고 중개소가 취급하는 주요 매물들과 업무를 표시해 놓고 있다.

이 부동산 중개 업소는 주로 후통의 가옥들, 즉 핑팡 서민 집과 고급 사합원에 대한 매매 임대, 재산권 보존 등기 등의 서비스를 제공한다고 했다. 중국에 거주하는 외국인도 비록 절차가 까다롭긴 하지만 후통 내 집을 매입할 수 있다. 후통 단지 내의 옛날 대갓집 격인 사합원은 매매 가격이 우리 돈으로 수백억 원, 또는 수천억 원을 넘는 매물도 있다.

서성구 시스 거리 일대에서 가장 빼어나고 이름이 널리 알려진 후통 골목은 '정의가 이르는 마을'이라는 뜻을 가진 이다리(義達里) 후통이다. 후통 입구의 파이러우(牌楼, 마을 출입문 누각) 옆 안내문에는 1750년 건륭제 손자인 애신각라 면덕이라는 황족이 살던 곳이라고 적혀 있다. 이다리라는 파이러우의 글씨는 장학량 휘하의 서예가가 직접 쓴 서체로 오늘에 이르고 있다는 설명이다.

이다리 후통 마을에는 부강, 민주, 자유, 애국 등의 내용을 담은 중국 공산당의 통치 이념인 12가지 핵심 가치관이 골목 이곳저곳을 장식하고 있었다. 붉은색 담벼락에는 '인민의 일상을 잘 보호하자'는 마을 치안을 위한 공산당의 선전 구호가 적혀 있고 주민들이 장기를 두는 모습의 벽화가 그려져 있다.

이다리 후통 마을 인근에는 사궈쥐(砂锅居)라는 라오즈 하오 베이징 전통 음식점이 있다. 각종 만두 제품과 요우탸오, 내장 무침 등 베이징 전통 음식을 맛보려는 미식가들이 즐겨 찾는 음식점이다.

중남해 지척에 성당, 바이블 든 유물론자들

베이징 시내 시청구의 후통 거리에 청나라 때 지어진 시스쿠 성당이 위치해 있다. 이 성당은 중국의 청와대라고 할 수 있는 중난하이 지근거리에 있다.

후통 마을을 동서로 가르는 시스(西四) 거리는 서방 종교의 중국 전래 흔적과 현대 중국사회의 교회 모습을 엿볼 수 있는 곳이다. 시스 거리 대로변에 1863년 영국 선교사에 의해 건립된 베이징에서 가장 오래된 강와스(缸瓦市) 교회가 자리하고 있다. 교회 이름의 강와스는 이 후통 거리가 옛날 도자기 시장이었던 데서 유래된 것으로 전해진다. 미중 관계가 좋았던 2005년에는 부시 미국 대통령 부부가 중국을 방문했다가 이 교회에서 예배를 올렸다고 한다.

베이징에서 가장 오래된 성당 시스쿠 성당도 이곳에서 도보로 20분 정도 거리에 위치해 있다. 베이징의 최고 중심가 베이징 서성구 시스 거리 후통가의 강와스 교회와 시스쿠 성당은 중국 시진핑(习近平) 국가주석의 집무실이 있는 중남해와도 채 1킬로미터도 안 되는 지근거리에 위치해 있다.

한번은 시스쿠 성당에서 미사를 마치고 나오던 중국인 순(孫) 씨와 만나 얘기를 나눴는데 그는 시스쿠 성당에 대해 몇 가지 얘기를 들려줬다. 이 성당은 하루에 예닐곱 차례 미사를 집전한다. 외국인도 미사에 참가할 수 있다. 순 씨는 시스쿠 성당은 1703년에 미사를 시작했다며 1784년 조선 사람으로는 최초로 이승훈이 이 성당에서 세례를 받았다고 설명했다.

성당 구내 게시판에는 "가난한 자는 복 있나니, 천국이 그들의 것이기 때문이다"라는 낯익은 성경 구절이 붙어 있었다. 성당 출입문에서는 신도가 안내 도우미를 하고 있었는데 외국인을 위해 주일 오전 11시에 영어 미사를 집전한다고 일러 줬다.

그는 한국은 신도도 많고 천주교가 잘 정립된 나라라고 말한 뒤 중국의 경우 베이징에만 신도가 약 10만 명, 전국적으로 수천만 명이 될 것이라고 소개했다. 성당 안에 성모마리아상 등 천주교 소품을 판매하는 기념품 가게, 커피 매장 등이 눈에 띈다. 성당 원내에는 봉헌함이 설치돼 있었고 옆의 입간판에는 "예수는 길이요, 진리요, 생명이다"라는 성경 구절이 적혀 있었다.

중국이 비록 사회주의 유물론의 나라지만 중국인들은 현세적인 기복 신앙에 있어선 세상 누구보다도 종교적인 사람들이다. 공산당도 그걸 잘 알기에 헌법 36조에 신앙의 자유를 명시해 놓고 있다. 삼자교회라는 제한이 있긴 하지만 누구든 원하면 제도의 틀 안에서 신앙활동을 할 수 있다. 종교인은 더 이상 '아편쟁이'가 아니다. 공산당은 '종교인도 사회주의 건설의 협력자가 될 수 있다'며 그들의 손을 당기고 있다.

중국인들은 불교 예수 이슬람, 유교사상을 믿고 공자와 노자 마오쩌둥과 관우를 경외하며 조상과 태산 봉우리, 500년 된 마을 동구 밖 당산나무에 제사를 지낸다. 영험하다고 믿는 모든 대상에 향을 피워 학업과 결혼 건강 재물 복을 기원한다. 하지만 역시 중국인 다수의 신앙은 공산당이다. 사람들은 공산당이 자신들을 지켜 주고 삶을 윤택하게 해 줄 거라고 믿고 순종한다.

베이징 서성(西城)구 시스 거리에서 자전거를 타고 10여 분 서쪽으로 이동하면 푸청먼(阜成門) 전철역이 나오고 역을 지나면 넓은 대로에서 오른편으로 야트막한 전통 가옥들로 이뤄진 마을이 모습을 드러낸다.

푸청먼 일대 옛날 원형이 잘 보존된 서성구의 궁먼커우터우(宮門口头) 후통이다. 서성구의 후통은 한국 교민들이 밀집한 베이징 동쪽 왕징이라는 곳의 대각선 방향에 위치해 있다. 같은 베이징이라도 거리 표정이나 분위기가 많이 다르다. 서성구의 후통 골목에 발을 들이면 마치 거대한 역사 드라마 세트장에 온 듯한 기분이 든다.

자동차가 무섭게 질주하는 베이징 서쪽 제2 순환도로의 번잡한 현대 세상은 도로와 맞닿은 골목 어귀를 통해 한적한 궁먼커우터우 후통 마을로 이어진다. 서쪽 제2 순환도로 인도에서 한 발자국만 옮기면 궁먼커우터우 후통인데 거리 표정과 사람들의 생활 템포는 천양지차다.

궁먼커우터우 후통 마을 입구에는 까마득한 아날로그 시대의 사진관이 옛 모습 그대로 영업을 하고 있다. 중국 사람들이 후통 탐방을 왜 과거로의 시간 여행이라고 말하는지 이해가 될 듯하다.

'앙상한 나뭇가지, 차가운 하늘을 배경으로 한 검회색 담벼락과 회색 기와, 붉은색 전통 문양으로 단장한 대문, 골목을 매섭게 쓸고 지나가는 매서운 삭풍.' 해가 짧은 한겨울 베이징의 후통 골목 마을은 어둡고 춥고 을씨년스러운 느낌이다.

추운 겨울 후통 마을을 오가는 사람들은 십중팔구 O2O 택배 기사와 환경미화원들이다. 가끔 주민들과 후통 거리를 지나던 행인들이 마을 내 공동 화장실을 이용하기 위해 후통 골목에 모습을 드러낸다.

수 세기 전 베이징의 농후한 서정이 응축돼 있는 곳. 베이징의 후통 마을로 이르는 길은 첨단 세상에서 과거로 거슬러 가는 비밀의 통로다. 번잡한 자동차 대로는 옛날 마차가 다녔을 후통 내 큰길로 연결되고, 그곳에는 사합원이 자리하고 있다.

사합원은 네모난 마당을 가운데 두고 사면에 가옥이 배치된 구조의 주거 공간으로 비좁은 골목의 서민 주택 핑팡에 비하면 대궐이나 마찬가지다. 실제 후통을 걷다 보면 옛날 황제들의 일가친척들이 살던 왕푸(王府, 궁궐)를 만날 수 있다. 사합원이나 왕푸 대저택이 들어선 넓은 후통 길은 동맥이 실핏줄로 연결되듯 점점 좁은 후통 골목으로 이어진다.

서민들의 주거 공간인 핑팡은 후통 마을에서도 제일 끄트머리 좁은 골목길에 위치해 있다. 핑팡 서민 가옥들이 밀집한 어떤 후통은 진입 골목의 폭이 채 1미터도 되지 않는 곳도 있다. 미로와 같은 하나의 좁은 후통 골목 안에 열 채 내외의 한두 칸짜리 옛 라오바이싱(老百姓, 서민)들의 보금자리가 둥지를 틀고 있다.

경제 굴기 발판으로 인문대국 포효

베이징 후통의 중앙을 남북으로 가로지르는 공간이 베이징 인문 중축선이다. 베이징 중축선은 북쪽 중구러우(钟鼓楼, 종고루, 종과 북을 쳐서 시간을 알렸던 누각)에서 시작해 정중앙 자금성을 거쳐 톈안문(천안문), 톈안문 광장, 정양문(첸먼), 첸먼대가(전문대가)를 거쳐 남쪽 기점 융딩문(中軸線)까지 7.8킬로미터에 걸쳐 뻗어 있다. 성(도시)의 남쪽에 위치한 융딩(永定)문은 우리가 남대문으로 부르는 숭례문과 같은 격이다. 중축선은 천년 고도의 역사성을 간직한 중국 최고의 전통문화 유산 집합단지다.

중축선은 원나라 때부터 축조가 시작돼 명, 청 시기를 거쳐 공산당과 '시진핑 신시대'에 이르기까지 800년에 가까운 역사를 간직하고 있다. 베이징 정중앙을 가르는 중축선은 옛 봉건 사회의 영고성쇠를 지켜봐 왔고, 현대 들어서도 계속해서 공산당 신중국 '새로운 황제'들의 비밀스러운 이야기를 기록하고 있다.

자금성 북쪽 종루와 고루(鼓樓) 건물은 언제나 고색창연한 풍모로 여행객을 맞는다. 고루는 저녁 무렵 석양빛을 배경으로 하늘 가득 새 떼들이 비행할 때 한층 고풍스러운 멋을 더한다. 고루의 1층 전시실 설명문에는 저녁에는 북, 아침에는 종으로 시간을 알렸다며 고루와 고루 북쪽 종루의 종이 4대 황궁문과 9대 내성문 안팎의 백성들에게 시간을 알려줬다고 적혀 있다.

고루 누각 2층 선방대로 가려면 족히 70세난도 넘어 보이는 사파른 나무 계단을 올라야 한다. 고루 누각 2층에 올라서서 남쪽을 바라보면 시원하게 쭉 뻗은 중축선과 경산 탑이 눈에 들어온다. 경산 뒤쪽이 고궁(자금성)이고 그 남쪽으로 앞에서 언급한 천안문 광장과 정양문, 융딩문이 위치해 있다.

베이징 중축선 구간에만 14개의 세계 문화유산이 직렬로 연결돼 있다. 베이징은 2035년까지 이 중축선을 통째로 세계문화유산에 등재시킬 계획이다. 2035년은 중국 공산당이 사회주의 현대화 기본 건설(선진국 진입)을 실현한다고 천명한 해다.

'희상가희(喜上加喜).' 기쁨에 기쁨이 겹쳤다는 뜻이다. 2022년 2월 동계올림픽의 큰 잔치가 열리는 가운데 눈이 내렸다. 정월(음력) 눈은 풍년을 예고하는 서설이다. 하얀 눈을 뒤집어쓴 자금성 태화문 전각을 물끄러미 바라보는데 고궁 참관객이 별로 눈에 띄지 않는다. 동행한 베이징시 직원에게 물었더니 오늘이 휴관일인 월요일이어서 그렇다는 대답이다.

그는 월요일엔 중국 전역의 모든 박물관이 일제히 휴관한다고 덧붙인 뒤 동계올림픽 미디어센터 중외 기자들을 위해 오늘 하루 자금성을 전세 낸 것이나 마찬가지라며 웃어 보였다. 그러고 보니 시진핑 주석은 코로나 발생 직전 트럼프 미국 대통령이 방문했을 때도 고궁을 통째로 비우고 통 큰 접대를 한 바 있다.

베이징 시내 정중앙 한가운데 위치한 고궁은 전 중국의 심장부로 통한다. 중국 문명과 중화 정신의 상징적인 곳으로 여겨지기도 한다. 고궁 박물관 당국은 태화문 동편에 있는 문화전(文華殿)을 열어 놓고 이곳에서 열리는 전시회를 관람하게 했다. '중국기원(何以中國)-중화 고대문명 국보급 보물 특별전'이라는 타이틀의 이 특별전은 중국 전역의 30개 박물관이 소장한 대표적인 문물 중 가장 중국적인 130여 점을 정선한 전시회였다.

전시장 안에는 신석기 시대부터 청나라 때까지 중국 오랜 역사를 통틀어 각 시대를 대표하는 진귀한 국보급 보물들이 망라돼 있었다.

'오성출동방리중국(五星出東方利中國).' 5개의 별이 동방에 출현해 중국을 돕는다. 수천 년 전 한나라(서한 시대) 장군의 어깨 보호 비단 견장은 이날 중국 기원 전시품 중의 압권이었다. 1995년 신강우르무치 쪽에서 출토됐다는 이 견장의 글귀는 장구한 역사 속 중국 대륙에 살았던 사람들의 희로애락과 염원을 구술하고 있었다. 중국은 '오성출동방리중국' 고사를 국가대극원에서 무극(舞劇, 발레와 뮤지컬, 무언극 등을 결합한 연극)으로 공연하기도 했다.

2000여 년 동안 땅속에 묻혀 있다가 썩지 않고 원형대로 발견된 비단 천 조각. 비단 바탕에 새겨진 '五星出東方利中國' 글귀 중 '중국(中國)'이라는 말이 궁금해 현재 나라 이름으로 사용하는 중국이라는 말을 한나라 때도 사용했냐고 묻자 고궁 박물관 해설원은 그렇다며 다만 당시엔 중국이 나라 이름은 아니었다고 대답했다. 출토된 비단 견장의 원본은 현재 신강우르무치 현지 박물관에 보관돼 있다는 설명이다.

고궁의 문화전 내 '중국 기원(중국의 원형)' 전시 행사장의 또 하나 지켜볼 만한 전시 문물 중 하나는 우리도 역사 시간에 배우는 청나라 시대 사고전서다. 이곳에는 사고전서 영인본 일부가 전시돼 있었다. 사고전서는 청나라 때 건륭제의 명령으로 편찬한 대형 총서로 청나라 이전 각종 중국 문헌에 대한 정보를 알려 주는 귀중한 자료다.

베이징 관광 명소 전문대가는 천안문 광장 남쪽의 첸먼(정양문)에서 남쪽으로 이어지는 폭 20미터, 약 1킬로미터 길이의 전통 상업 고거리다. 이곳은 2006년부터 약 2년간 재개발 공사를 거쳐 2008년 베이징 올림픽 직전에 재개장했다. '라오즈하오 박물관'이라는 별칭과 함께 베이징 10대 미식 거리로 꼽힌다. 베이징 상업 거리 중에서 인구밀도가 가장 높은 곳으로 소비경제의 풍향계로도 불린다.

전문대가 거리와 상가는 모두 전통 양식의 옛날 모습을 하고 있다. 전문대가 고거리 일대는 노천에 설치된 거대한 라오즈하오(老字号, 전통 브랜드) 박물관이라고 할 수 있다. 베이징 오리구이 전취덕, 중의약 회사 동인당, 사오마이(烧麦, 교자만두)로 유명한 두이추(独一处), 차 가게 장일원, 과자점 도향촌 등 수백 년 된 유서 깊은 전통 브랜드 라오즈하오들을 모두 만날 수 있다. 라오즈하오는 대부분 창업 200년~300년의 연륜을 자랑한다.

전문대가와 인근 후통은 베이징의 전통을 체험할 수 있는 공간이다. 옛날 사람들의 숨결을 느끼고 생활상을 엿볼 수 있다. 베이징의 첨단 패션에 관심 있는 사람들은 산리툰으로 가고, 베이징의 전통을 체험하려는 이들은 전문대가를 찾는다. 전문대가를 걷다 보면 마치 시간 여행을 온 것 같다. 홍루몽의 주인공이기라도 하듯 나들이객들은 멋진 전통 복장 차림을 하고 전문 거리를 활보한다.

정양교라는 이름의 파이러우(牌楼, 솟을 대문)에서 인증샷을 찍은 뒤 남쪽을 향해 발길을 옮기면 200미터 남짓 되는 곳, 좌우(동서)에 셴요우커와 다짜란이라는 아치형 거리 간판이 나온다. 전문대가 고거리에서 가장 번화한 곳으로 라오즈하오 점포들도 이 일대에 집중적으로 몰려 있다.

전문대가의 센요유커 미식거리 입구 모퉁이에 위치한 유명 라오즈하오 차 브랜드 우위타이(吴裕泰, 오유태) 점포. 우위타이는 1887년 창업한 차 판매점으로, 전문대가에서도 가장 호황을 누리는 매장이다. 이곳 오유태 차 매장은 9위안짜리 녹차 아이스크림을 판매한다. 워낙 인기가 좋아 반 시간 정도 줄을 서지 않으면 안 된다.

오유태는 녹차 아이스크림과 젊은 취향의 차 음료를 개발해 19세기 기업으로서 21세기 젊은 입맛을 사로잡는 데 성공을 거뒀다. 획기적 제품 혁신으로 세기를 뛰어넘어 롱런하는 기업이 된 것이다. 차 판매 영업도 체험과 휴식 공간을 앞세운 현대식 콘셉트로 바꿔 가고 있다. 오유태의 신경영 변신은 다른 라오즈하오 전통 브랜드 기업들에게도 롤 모델이 되고 있다.

미쉐린에 등판하는 중국 자장면집들

전문대가 오유태 인근에는 또 다른 유명한 라오즈하오 북경오리구이 전취덕(全聚德, 취안쥐더) 기원점이 자리하고 있다. 선전증권거래소 상장사인 전취덕은 청나라 때인 1864년에 이곳에서 개업을 한 것으로 전해진다. 전취덕은 중국 내는 물론 한국을 비롯한 외국인들에게 잘 알려진 베이징 카오야(烤鸭, 오리구이) 기업이다. 베이징에는 전취덕과 함께 비엔이팡(便宜坊)과 스지민푸(四季民福) 등의 유서 깊은 전통 오리구이 음식 체인 기업이 여럿 있다.

베이징의 명물 베이징 오리구이를 대표하는 전취덕 식당 첸먼점에
많은 고객들이 몰려들어 식사를 즐기고 있다.

전문대가 전취덕점은 두 개의 건물로 이뤄져 있는데 왼쪽 편은 포장 판매를 하는 곳이고, 오른쪽 솟을대문이 있는 곳이 식당 매장이다. 전문대가의 전취덕 기원점은 마치 전통 음식 전취덕 북경오리구이의 미니 전시 박물관 같았다. 솟을대문 입구에는 문화재 보호 건물이라는 표지석이 설치돼 있고, 안쪽으로 들어가면 청나라 때 개업 장소에 당시 건물을 재현해 놓고 있었다.

이곳 전취덕 매장에서 시식을 하는 데도 상당 시간 줄을 서야 한다. 전취덕 오리구이 한 마리의 식당 내 판매 가격은 250위안(한화 약 5만 원)이다. 중국 음식 분야 유명 라오즈하오 전취덕 체인점이 들어서 있는 곳은 대부분 그 장소 자체가 해당 지역의 랜드마크라고 보면 된다. 마치 스타벅스 매장과 같은 셈이다.

전취덕은 베이징의 최대 전통 고거리 첸먼(前門)대가 창업 본점 자리에 그대로 첸먼점을 열고 있고, 중국 굴기, 베이징 번영의 또 다른 명소인 인근 왕푸징과 하이뎬구 올림픽촌, 상하이 푸동신구 등 요소요소에 체인점을 두고 있다.

또한 시내 한가운데 선우(宣武)구에는 세계 최대 규모의 카오야 식당 전취덕 허핑먼점이 둥지를 틀고 있다. 한국인들도 일부 단체 여행 상품으로 베이징에 오면 어쩌다 한 번씩 들르는 곳이다. 전국 체인점을 모두 합해 전취덕의 문턱을 드나드는 고객 수만 1년에 우리 인구의 절반에 가까운 2,000만 명을 넘는다고 하니 오리구이집 전취덕의 영업 규모가 어느 정도인지 짐작할 만하다.

'장성에 오르지 못하고선 사나이라 할 수 없고, 전취덕 맛을 못 보고 베이징을 떠나면 유감이 아닐 수 없다(不到萬里長城非好漢, 不吃全聚德烤鴨真遺憾).' 베이징 오리구이를 베이징의 3락(樂)이라고 하는 이유는 베이징 사람들이 입에 달고 사는 이 말에서도 잘 알 수 있다.

중국인들은 베이징카오야(北京烤鴨, 북경 오리구이)를 맛봐야 베이징을 체험했다고 할 수 있다고 말한다. 중국의 술꾼들은 베이징에 가서 베이징카오야를 안주 삼아 베이징 소주(백주) 얼궈터우를 한잔 마시는 것을 낙으로 여긴다.

전취덕은 '중화 제일의 맛'이라는 자부심으로 가득 차 있다. 베이징오리구이 베이징 덕은 중국을 대표하는 전통 음식 문화의 일부분으로서 중국을 방문한 수많은 나라의 정상들의 입맛을 사로잡았다. 과거 저우언라이(周恩来) 총리는 국가 연회나 정상 만찬에서 늘 전취덕을 빼놓지 않았다고 한다.

전취덕은 실제로 베이징뿐만 아니라 전 중국을 대표하는 중국의 으뜸 음식이다. 중국의 음식 업체 500강 기업 중에서 전취덕은 당당히 중식 분야 1위 자리를 차지하고 있다. 1999년 중국 국가공상총국으로부터 서비스 분야 최초로 유명 상표(馳名商标) 칭호를 받은 진정한 중화 라오즈하오다.

최근 전취덕은 창업 연대인 '1864'라는 상표를 사용해 구이저우성 마오타이진에서 장향형 백주를 위탁 생산, 판매하고 있다. 전취덕 그룹 산하의 가족기업은 모두 100개에 달하며 전자상거래 시대를 맞아 최근엔 가정과 사무실 등 온라인 배달 영업을 강화하고 있다.

전문대가 중간쯤에 기와집 형상을 한 예스러운 모습의 건물 위안성하오(源昇號)가 자리하고 있다. 위안성하오는 베이징 일대의 유명한 전통술 얼궈터우(二锅头, 이과두주)를 만들던 회사로서 이곳이 바로 그 기원점이다. 간판에 창립 일자가 강희 19년이라고 적혀 있어 연대를 물어보니 관리인이 1680년이라고 일러 준다.

중국에서는 술을 빚는 기술을 기예라고 하는데 베이징 위안성하오의 얼궈터우 기예를 계승한 곳이 우리에게도 잘 알려진 홍싱 얼궈터우(红星 二锅头)다. 위안성하오 입구 솟을대문을 들어서면 홍싱 얼궈터우의 유래부터 제조 방법을 소개하는 한 얼궈터우 미니 박물관이 있다.

"홍싱 얼궈터우는 청향형이고 뉴란산 얼궈터우는 농향형입니다. 뉴란산 얼궈터우는 홍싱에 비하면 연륜이 짧은 술입니다." 홍싱 얼궈터우 박물관 안내원은 베이징 얼궈터우의 양대 브랜드인 홍싱과 뉴란산 얼궈터우 차이점을 묻는 필자의 질문에 이렇게 대답했다. 안내원은 "홍싱 얼궈터우는 1949년 10월 신중국 건국 이후 최초로 세워진 국유 주류기업"이라고 소개했다.

'수수를 갈아 반죽을 하고 쪄 낸 뒤 저장해 놓은 누룩을 혼합해 적당한 시간 동안 발효를 한다. 발효한 원료는 다시 반죽을 해 열을 가하는 증류과정을 거쳐 술을 받아 낸다. 받아 낸 백주는 토기 단지에 담아 지하실에 저장한다.' 전시 자료는 베이징의 전통 백주 얼궈터우 양조 방법에 대해 이렇게 설명하고 있다.

백주의 제조과정에서 누룩이 가장 중요한데 누룩은 밀과 보리, 수수, 완두 등 회사에 따라 다양한 재료로 만들어진다. 얼궈터우의 누룩은 밀과 완두를 원료로 만들어지고 술의 원료 곡물은 북방에서 생산되는 수수를 사용한다. 또 다른 전시물은 "백주를 빚는 데 있어 물은 술의 피요, 누룩은 술의 뼈고, 곡물은 술의 살이요, 기예(술 빚는 기술)는 술의 혼이다"라고 기술하고 있었다.

박물관 출구 쪽에는 홍싱 얼궈터우의 각종 제품이 진열된 판매장이 위치해 있다. 얼궈터우 판매장에는 한 병에 12위안(2,400원)부터 598위안(약 12만 위안) 하는 가격대가 천차만별인 다양한 등급의 홍싱 얼궈터우 제품들이 전시돼 있다. 판매장 지배인은 증류 방식과 원장주(원액)의 블렌딩 등에 따라 가격 차이가 나는 것이라고 설명했다.

'자장면집과 부채, 헝겊 신발, 옛날 과자점, 양꼬치, 얼궈터우 백주, 탕후루, 성씨 박물관….' 전문대가는 전통 고거리답게 베이징의 옛 먹거리와 볼거리, 문화 풍물 상품이 가득 들어차 있다. 전문대가 번화가 셴위커우과 다자란 사거리에 '팡좐창(方砖厂, 벽돌공장) 69호 자장면'집이 자리하고 있다. 팡좐창은 전문대가 일대에 밀집해 있는 자장면집 중에서도 가장 맛이 좋은 곳이다.

미쉐린 추천 식당이라는 선전 간판이 붙어 있는 베이징 전통 음식 루주(卤煮, 순대탕)와 팡좐창 자장면집에는 어느 때든 늘 긴 줄이 늘어서 있다. 지방에서 올라온 여행객들이나 입맛이 까다로운 외국인들에게도 인기다. 자장면의 경우 가격이 한 그릇에 25위안(약 5,000원)에서부터 재료에 따라 38위안까지 다양하다.

팡좐창에서 남쪽으로 길을 걷다가 왼쪽으로 고개를 돌리면 양꼬치를 파는 식당이 눈에 들어온다. 두툼하고 싱싱한 양고기를 7~8개씩 꿰어 판매하는데 가격은 꼬치 하나에 25위안으로 우리 돈 5,000원 정도다. 사람들은 양꼬치를 사서 들고 전문대가를 배경으로 인증샷을 찍어 친지에게 보낸다.

인근에는 중국인들이 밥처럼 많이 먹는 뉴러우몐(소고기 국수) 식당, 위페이(宇飛) 면관이 있다. 3년 정도 된 송아지 고기를 삶아 육수를 낸 뒤 질 좋은 국수에 고수와 소고기 토막을 고명으로 얹어 내놓는 소고기 국물 국수다. 한 그릇에 작은 대접은 25위안, 큰 대접은 50위안이며 음주 다음 날 해장에도 그만이다.

온고지신(溫故知新) 마케팅, 전통으로 밸류 창출

전문대가 번화가에서 남쪽으로 계속 발길을 옮기다 보면 다오샹춘(稻香村, 벼꽃 향 마을)이라는 청나라 때 개업한 라오즈하오 전통 과자 브랜드 가게가 눈에 띈다. 다오샹춘은 베이징 라오즈하오 가운데 점포 수가 가장 많기로 유명하다.

전문대가는 베이징에서 가장 유서 깊은 전통 고거리, 상업 거리이자 이름난 관광 미식 거리 중 한 곳이다. 전문(쳰먼)은 명 때 처음 지어진 것으로 정식 명칭이 정양문이다. 명, 청부터 중화민국 시기까지 이곳은 정양문대가로 불렸다가 1965년 정식 명칭이 쳰먼대가로 바뀌었다.

처음 명나라 때는 정양문 바로 옆의 전문 입구와 센위커우 랑팡후퉁을 중심으로 상점들이 들어섰다. 주로 신선 물고기와 돼지고기, 매탄 쌀 등 식량을 파는 가게들이 이 일대에서 장사를 했다. 지금도 다짜란 후통 거리 서쪽 끝의 매탄 거리가 과거의 역사를 전해 주고 있다. 청 때 이후 산시 등 외지 상인들이 하나둘 들어와 터를 잡으며 상권이 발달하기 시작했다고 한다.

전문대가의 랜드마크 셴위커우 맞은편 다짜란 거리에서 이어지는 랑팡후통과 먼쾅후통에서는 루주(卤煮)와 베이징 자장면, 궈테(锅贴, 속을 넣은 튀김), 천엽 요리 바오터우(爆头), 자관창(炸灌肠, 녹말 반죽 부침) 등 베이징의 다양한 전통 민속 음식들을 만날 수 있다.

전문대가에는 전통 고거리답게 류비쥐(六必居) 병원, 취안쥐더(全聚德) 오리구이점, 통런탕(同仁堂) 약국, 루이푸샹(瑞蚨祥) 실크 점포, 창춘당(长春堂) 약국, 네이롄성(内联升) 신발, 장이위안(张一元) 차, 웨성자이(月盛斋) 고기점, 그리고 두이추(都一处) 샤오마이(烧麦) 만두점 등 셀 수 없이 많은 라오즈하오 점포가 들어서 있다. 라오즈하오 노천 박물관이라는 별명이 무색지 않다.

매번 이곳에 오면 라오즈하오 상점 주인들에게 물어보지만 그들조차도 얼마나 많은 라오즈하오가 이곳에서 영업하고 있는지 알 수 없다고 고개를 저었다. 언젠가는 한번 이곳 전문대가의 골목 골목을 다니다가 대표적 라오즈하오인 다오샹촌(稻香村) 과자점의 숫자를 세어 봤는데 스무 개가 넘어 보였다.

정양문 쪽 입구에서 멀지 않은 곳에 '두이추(都一处)'라는 식당이 자리하고 있다. 하루는 이곳에 들러 종업원의 안내를 받아 두이추의 자랑거리인 양고기 사오마이(烧麦, 烧卖) 만두와 목이버섯 돼지고기 야채볶음 요리를 시켰다. 식사 비용은 120위안으로 중국 물가치곤 다소 비싼 편이었다.

베이징 고거리 쳰먼대가의 전통 브랜드인 라오즈하오 '두이추' 식당

두이추는 청나라 건륭 시기인 1738년에 산시(山西)성 왕(王) 씨라는 사람이 당시 정양문(현재의 전문)에서 좀 떨어진 전문 밖에서 천막 주점으로 개업했다고 한다. 왕 씨는 나중에 돈을 번 뒤 1742년 쳰먼대가 셴위커우(鲜鱼口) 인근에 작은 점포를 지어 사업을 확장했다. 처음에는 사오빙과 두부튀김에 소주를 팔았으나 나중에 '사오마이' 만두와 자산쟈오(炸三角, 삼각튀김)와 교자, 셴빙(馅饼) 등으로 메뉴를 늘렸다. 이 중 사오마이는 석류처럼 오므린 꽃 모양 얇은 피의 고기만두를 대바구니에 쪄

낸 것으로 두이추의 '강추' 메뉴 중 하나다. 사람들은 이 사오마이를 맛보기 위해 불원천리를 마다하지 않고 이곳 두이추 매장을 찾는다.

두이추라는 상호와 관련해서는 아주 흥미 있는 얘기가 전해 오고 있다. 청나라 건륭 황제가 어느 날 수하 두 명을 데리고 베이징 밖으로 암행시찰을 나갔다가 자금성으로 돌아오는 길에 날이 저물어 요기를 하려고 식당을 찾았다. 하지만 때는 섣달 그믐날이어서 설 쇨 준비를 하느라 도성의 모든 식당들이 문을 닫았다. 건륭 황제 일행은 간신히 불빛이 새어 나오는 주막을 찾아 들어갔는데 그 요리와 술맛이 궁중음식을 뛰어 넘을 정도였다.

미복 차림의 손님 건륭 황제는 왕루이푸(王瑞福)라는 주인에게 물었다. "밖에 호롱에 술 주막(酒铺)이라고 적혀 있던데 이 식당 이름이 무엇이오." 왕루이푸는 "보잘것없는 장사에 무슨 상호가 있겠소. 내 성이 왕이라 그냥 왕씨 주막이라고 한다오"라고 대답했다. "섣달그믐 모두가 설 쇠러 가고 도성에 식당이라곤 왕씨 주막 한 곳이라…." 손님은 혼잣말로 이렇게 중얼거린 뒤 주막을 나섰다.

황궁으로 돌아간 건륭 황제는 '도성에 딱 한 곳'이라는 뜻으로 친필로 '두이추(都一处)'라고 써서 편액을 만들게 한 뒤 다음 날 태감을 시켜 은 100냥과 함께 왕루이푸 주막으로 보내 줬다. 어젯밤 식사를 하고 간 손님이 건륭 황제라는 얘기를 들은 왕루이푸는 혼이 빠질 듯 놀라 황망히 엎드려 절을 하며 황제가 하사한 두이추 편액을 받아 들었다.

왕루이푸네 술 주막은 졸지에 베이징 도성에서 황제의 편액을 달고 장사를 하는 유명한 요리점이 됐고 이후 두이추는 맛도 맛이지만 황제가 내린 두이추 편액을 보기 위해 전국 각지에서 몰려드는 손님들로 문전성시를 이뤘다고 한다. 이미 설립한 지가 300년이 다 돼 가는 두이추는 지금껏 건륭 황제의 입맛을 사로잡은 전통의 맛을 계승하는 데 주력하고 있다.

베이징의 한의약 분야 라오즈하오인 동인당이
최근 경영 다각화의 일환으로 인터넷 온라인 판매 영업을 늘리고
구기자 라테 커피와 백주 등으로 취급 품목도 확대하고 있다.

베이징 남쪽 다싱구 일대 제5 순환도로와 6환 사이 스마오(思邈)로에 가면 우황청심환 때문에 한중수교 초기부터 우리에게 잘 알려진 중의약 회사 퉁런탕(同仁堂, 동인당, 600085.SH) 그룹의 신소매 사업체 1호점이 자리하고 있다. 동인당은 청나라 때인 1669년에 창업한 중약 분야의 대표적인 라오즈하오(老字號, 중국의 유명 전통 브랜드) 기업에 속한다.

오래된 전통 기업 동인당은 최근 원형을 찾아보기 어려울 정도로 대대적인 변신 작업에 돌입했다.

"인류의 양생을 돕고 건강을 판매합니다. 소비자들을 도와 건강한 생활 방식을 공유하는 회사입니다." 동인당 그룹의 신소매 사업체인 다싱(大興)구 동인당즈마건강영호점(同仁堂知嘛健康零號店) 직원은 취재차 들른 필자에게 회사의 성격을 한마디로 이렇게 소개한다.

동인당의 이 매장은 모두 5,000평방미터의 넓이에 3층 전시 및 연구개발 교육훈련장으로 구성돼 있었다. 넓은 면적 곳곳에 식의약품 섹터와 커피, 차, 빵과 스낵류, 전통 음식, 백주(고량주), 포도주 등의 전시룸이 마련돼 있었다.

필자가 이곳을 찾은 때는 마침 중국 24절기의 입춘(立春)이었다. 동인당 직원은 입춘 절기에는 감초와 큰 대추, 백합을 끓여 차로 마시면 양생에 좋다고 설명했다. 이어 입춘과 우수 등 24절기별로 마시면 양생에 좋은 중약탕을 알려 줬다.

알고 보니 동인당은 우리가 익히 알았던 그런 단순한 우황청심환(중약 회사) 회사가 아니었다. '직장 스트레스와 불면증 같은 수면 장애를 완화하는 식품과 중약 연구개발, 노화 지연을 돕는 약재에 대한 연구 제조 판매'하는 동인당은 "식품과 약품의 뿌리는 본래 하나다(藥食同源, 약식동원)"라는 이념에 기초해 식품과 의약을 통한 양생 제품 개발에 전념하고 있다. 중국 중의약 산업의 대들보 동인당은 현대적 바이오 회사로의 변신에 잰걸음을 하고 있었다.

중약과 건강식품, 차, 포도주, 빵, 스낵, 제비집, 서양삼, 올리브유 등 의약과 식음료 어떤 분야든 동인당이 발을 뻗치지 않은 분야가 없었다. 심지어 청심환 회사 동인당은 커피와 고량주 영역에까지 깊이 발을 들여놓고 있었다. 동인당 책임자는 중약회사인 동인당이 만들어 판매하는 백주가 어떤 특장점을 가졌는지 약장사처럼 유려한 말솜씨로 설명했다.

동인당의 바리스타 직원들은 익숙한 솜씨로 '뤄한궈 아메리카노', '기포 아메리카노', '구기자 라테' 커피를 만들어 시음해 보라고 권했다. 구기자 중의약 라테는 수면에 지장이 없고 중국 차처럼 심리를 안정시켜 준다고 한다. 일반 라테 커피 맛과 달리 한약 향이 날 것 같아 꺼려졌는데 막상 시음해 보니 전혀 아니다. 맛과 향은 커피로 즐기면서 몸에 좋은, 즉 양생 커피라고 관계자는 소개했다.

필자는 이곳에서 수교 30년 동안 우리가 알아 왔던 청심환 회사 동인당은 더 이상 눈앞에 찾아볼 수 없었다. 동인당은 라오즈하오라는 골간을 유지하면서 과거와 첨단, 동서양을 융합한 퓨전 기업으로 변신 중이었다. 동인당의 변신은 마치 원형을 찾아보기 힘든 오늘날 중국의 급격한 변화를 보는 것 같다. 요즘 중국의 무엇을 대하든 간에 그 속에서 지난 30년 동안 우리에게 익숙했던 모습을 찾아보기가 점점 더 힘들어지고 있다.

시간의 유골, 장성에 숨은 영토 야욕

만리장성은 한중수교 후 중국 관광 열기가 뜨거웠던 시절 한국 관광객들이 중국 여행 1번지로 꼽는 인기 관광지였다. 장성 여행 상품은 주로 베이징 옌칭(延庆)현 팔달령(八达岭) 장성이었다. 당시 화이러우구 무톈위, 미윈구(현) 쪽의 진산링 장성도 더러 한국의 중국 베이징 여행 상품에 포함됐다. 베이징 경내 각지의 장성 관광 안내문마다 한글이 영어 이상으로 비중 있게 표기돼 있는 것도 장성 관광에 대한 한국의 이런 열기를 반영한다고 볼 수 있다.

과거 중국은 만리장성을 소개할 때 '인민의 고혈과 희생의 산물'이란 점을 내세웠다. 1992년 8월 한중수교가 체결되기 직전 필자가 팔달령 장성을 찾았을 때만 해도 안내문은 봉건시대 장성 축조에 동원된 인민들 가운데 엄청난 규모의 인명이 희생됐다는 점을 집중적으로 강조했다.

하지만 개혁개방 이후에는 상황이 180도 달라졌다. 중국은 1987년 장성을 고궁(자금성) 등과 함께 중국 최초로 세계 문화유산으로 등재했다. 지금 중국은 장성을 찬란하고 유구한 전통문화의 상징물이자 중국과 세계를 잇는 교량으로 선전하고 있다.

만리장성은 한자, 시안의 병마용과 함께 중국의 3보(寶, 보물)로 불린다. 중국은 장이머우 감독이 연출한 2008년 베이징 올림픽 개막식 공연에서도 만리장성을 포함한 중국의 3가지 보배를 핵심 테마로 소개한 바 있다.

베이징의 한 공인이 베이징 관내의 깊은 산속에 방치돼
허물어져 가는 야생 상태의 만리장성을 보수하고 있다.

만리장성은 한자, 시안의 병마용과 함께 중국의 3보(寶, 보물)로 불린다. 중국은 장이머우 감독이 연출한 2008년 베이징 올리픽 개막식 공연에서도 만리장성을 포함한 중국의 3가지 보배를 핵심 테마로 소개한 바 있다.

수도 베이징에서는 장성과 함께 후통 골목, 베이징 오리구이를 베이징 3락(樂)이라고 부른다. 특히 장성은 시안의 병마용과 함께 외국 정상들이 가장 선호하는 중국 관광지로 꼽힌다. 베이징시 자료에 따르면 외국인 관광객만 2억 명이 장성을 다녀갔고, 500명의 정상급 외국 지도자들이 장성을 찾았다. 그중에는 닉슨과 대처, 엘리자베스 2세, 옐친 같은 지도자들도 포함돼 있다.

2023년 초 베이징 생활 10년이 넘는 한 지인이 한국으로 귀국을 했다. 귀국 며칠 전 송별 자리에서 이 지인은 "베이징에도 산이 있냐"라고 물었다. 필자는 잠시 할 말을 잊었다.

베이징의 지형은 연산산맥으로 인해 서북이 높고 동남 쪽이 낮은 구조다. 서북과 동북 방향으로 베이징 관내에만 해발 1,000미터가 넘는 높은 산들이 354개나 보금자리를 틀고 있다. 그중에서 해발 2,403미터로 베이징과 허베이성에 걸쳐 있는 둥링산은 베이징에서 최고 높은 산으로 이름을 날리고 있다. 10년이나 베이징에 살다가 귀국하면서 "베이징에도 산이 있냐"라고 물었던 건 등산에 관심이 없었기 때문인 것으로 보인다.

베이징에는 경제기술개발구(이좡 뉴타운)를 포함해 모두 17개 행정구가 있는데, 이 중에 핑구와 미윈, 화이러우, 옌칭, 창핑, 먼터우거우 등 6개 구가 장성을 품고 있다. 베이징의 장성 총길이는 600여 킬로미터이며 구간별로 약 100개의 장성들이 쇠줄을 엮은 듯 구불구불 연결돼 있다.

중국의 만리장성은 기원전 7세기경 춘추전국시대부터 시작해 진, 한, 당, 명 대에 이르기까지 2,700여 년의 시간에 걸쳐 축조된 것으로 전해진다. 상당 부분 소실되긴 했지만 진한 시대부터 축조된 장성 길이만 총 2만 1,196킬로미터에 이르는 것으로 알려졌다.

장성은 중국 31개 성시 자치구 중 15개 지역에 걸쳐 건축돼 있다고 한다. 404개 현과 시를 지나면서 중국 북방 일대를 뒤덮고 있다. 15개 지역 중 네이멍구 자치구 구간 장성의 길이가 가장 긴 7,570킬로미터에 이르는 것으로 전해진다.

중국은 과거 만리장성의 동쪽과 서쪽 기점을 산하이관(山海關)과 옥문관(玉門關)으로 삼았으나 최근에는 동서로 이를 압록강 인근과 신장 지역까지 늘리고 나섰다. 자료에 따라서는 장성의 동쪽 기점을 허베이성 산하이관, 랴오닝성 단동시 후산(虎山) 장성, 압록강 북중 변경 봉화대까지 늘려 놓은 것도 있다. 중국 정부의 공식 문건은 아니지만 어떤 지도는 장성을 아예 평양까지 연결해 놓아 눈살을 찌푸리게 한다.

베이징 구간의 눈 내린 만리장성 전경

현재 장성 가운데 비교적 상태가 온전하거나 일부 흔적이 남아 있는 것은 명 때의 장성을 중심으로 8,851킬로미터에 달하는 것으로 알려졌다. 이 중 베이징 구간 장성의 총 길이는 629킬로미터이고, 베이징의 간판 격 장성이 바로 한국이나 외국 관광객이 많이 찾는 옌칭현의 팔달령

장성이다. 이 밖에 험하기로 소문난 베이징 결(結)과 인근 젠커우(箭扣), 무톈위, 구베이커우, 진산링, 스마타이 등이 모두 베이징을 대표하는 유명한 장성들이다.

베이징 북쪽은 산악지대로 이뤄져 있고 장성이 높은 봉우리를 감싸고 돌다 보니 베이징의 높은 산을 등산하다 보면 자주 장성 구조물을 만나게 된다. 등산 활동에서 만나게 되는 산중의 장성은 대부분 깊은 산중에 방치된 채 수백 년 동안 사람 발길이 닿지 않는 원시 야생 상태의 유적들이다.

베이징이 연경, 유주, 북평으로 불리던 시절에도 만리장성은 새로 축조되거나 보수되면서 늘 그 자리를 지키고 있었다. '봉화대와 요새, 보루, 역참, 참호, 장벽 망루, 무너진 장벽, 세월에 파인 장성길, 깨어진 벽돌, 널브러진 돌무더기.' 장성을 걷다 보면 중국의 어떤 역사 학자의 얘기처럼 "만리장성은 시간의 유골이다"라는 말이 실감 난다.

관광 포인트로서 장성은 동쪽 산하이관(三海关)에서 서쪽 자위관(嘉峪关)까지 구간에 걸쳐 펼쳐져 있다. 베이징 구간에서는 쥐융관(居庸关)과 인근 팔달령, 무톈위, 스마타이가 풍광이 빼어난 장성으로 관광객들에게 인기를 독차지하고 있다.

베이징 구간의 장성은 험난하기로 소문난 베이징 결(結)을 기준으로 북쪽으로 멀리 지우옌러우(九眼楼)가 자리하고 있다. 베이징 결은 베이징 구간에 있는 만리장성의 삼거리와 같은 곳이다. 베이징 결 서쪽으로는 쫭다오커우(撞道口)와 쥐용관, 그 서북쪽으로 팔달령이 이어진다.

베이징 결에서 동쪽으로는 바로 옆에 70~80도 각도의 가파른 벼랑으로 축조된 장성 젠커우(箭扣) 장성, 텐티(天梯) 장성이 버티고 있다. 스릴을 즐기는 등산 애호가들이 가장 선호하는 장성이지만 예전 한국 설악산 죽음의 계곡처럼 자주 인명 사고가 발생하는 곳이어서 주의가 필요하다.

그 동쪽에는 무텐위와 선당위 운몽산 장성, 우쥐러우(五座樓)와 구베이커우(古北口), 판룽산(蟠龙山), 진산링, 스마타이(司马台) 장성이 펼쳐져 있다. 이 중 한국인 관광객들이 가장 많이 방문하는 곳은 팔달령과 무텐위, 진산링 스마타이 장성 등이다. 하나같이 건축 및 예술적 가치가 높고 경관이 뛰어나다. 전문가들은 이 중 진산링이 장성 사상 가장 완벽미를 자랑한다고 평가한다. 현대에 와서 장성은 빼어난 풍광과 함께 자연 상태 그대로의 노천 영화 세트장으로서 높은 활용 가치를 뽐내고 있다.

'울긋불긋 산복숭아꽃과 산살구나무꽃, 산대추꽃.' '만산피옌예(漫山遍野)'라는 말 그대로 봄이면 장성을 품고 있는 산 천지가 온통 흐드러진 산꽃으로 뒤덮인다. 여름이 되면 장성 산은 짙은 녹음으로 새 옷을 갈아입고, 가을에는 붉은 단풍으로 현란한 자태를 뽐내다가 어느새 백설의 은빛 신세계를 연출한다.

자연은 만 리에 펼쳐진 장성을 무대로 사계절에 걸쳐 무릉도원을 연출한다. 시시각각 장성이 발산하는 절기의 변화를 두고 어떤 장성 연구가는 장성에는 여덟 계절, 아니 열두 개의 계절이 있다는 주장을 펴기도 했다. 2천여 년에 걸쳐 축조된 '시간의 유골' 만리장성은 천 개의 얼굴, 만 개의 형상을 가졌다.

중국은 만리장성을 중국인의 기상을 일깨우는 중화의 심벌로 내세우고 있다. 베이징 전인대 회의장이나 국가박물관, 국가외교부 등 주요 국가 기관 건물에 만리장성의 유화나 사진 그림이 걸려 있지 않은 곳을 찾기 힘들 정도다. 만리장성은 오랜 시간 시인 묵객들에게 창작의 소재가 돼 왔다.

'장성은 만 리에 아득하고 만세의 영웅이 웅지를 펼친다(万里长城万里空 百世英雄百世梦).' 청나라 때 장성이 지나는 베이징 옌칭현의 시골 선비가 이런 글을 지어 장성의 벽에 적어 놨다고 한다. 당시 황제가 보고 높이 평가해 선비를 찾아 높은 관직을 내렸다는 고사가 전해져 온다.

'장성에 오르지 못하고선 사나이라고 할 수 없다(不到萬里長城非好漢).' 마오쩌둥도 대장정 시절인 1935년 사나이의 기상과 포부를 강조하는 내용으로 만리장성에 관해 이런 시를 한 수 남겼다. 이는 최근까지도 장성에 대한 불후의 광고 카피로 인구에 회자되고 있다. 외국인들이 많이 찾는 팔달령 장성의 한 모퉁이에도 마오쩌둥의 이 시구가 새겨져 있다.

베이징시의 장성 소개 책자 '베이징 만리장성'에는 장성과 관련된 다음과 같은 에피소드가 담겨 있다. 영국의 한 학자는 "1754년 장성이 육안으로 볼 수 있는 지구상의 유일한 인공 구조물"이라는 학설을 발표했다. 하지만 이 주장은 200여 년 후 아폴로의 달 착륙으로, 전혀 과학적 근거가 없는 희대의 거짓말로 판명됐다.

영국 학자의 이 유명한 '만리장성 학설'은 서방세계의 중국에 대한 이해가 얼마나 터무니없고 왜곡된 것인지 일깨워 주는 하나의 본보기가 됐다. 서방에서 잊을 만하면 제기되는 중국 위기론과 쇠퇴론, 붕괴론도 설익은 연구이거나 개인의 주관적 기대감이 반영된 게 적지 않다. '아니면 말고 식'인 이런 중국 예측은 우리의 중국 대응을 전략적 실패로 이끌 수 있다는 점에서 각별히 경계를 할 필요가 있다.